匠心学校

现代职业学校的文化逻辑

李小华　著

华东师范大学出版社

图书在版编目（CIP）数据

匠心学校：现代职业学校的文化逻辑/李小华著
—上海：华东师范大学出版社，2020
ISBN 978－7－5760－0786－2

Ⅰ.①匠… Ⅱ.①李… Ⅲ.①中等专业教育-研究-
上海 Ⅳ.①G719.2

中国版本图书馆 CIP 数据核字（2020）第 164653 号

匠心学校： 现代职业学校的文化逻辑

著　　者　李小华
责任编辑　刘　佳
项目编辑　林青荻
特约审读　陈成江
责任校对　唐诗文　　时东明
装帧设计　卢晓红

出版发行　华东师范大学出版社
社　　址　上海市中山北路 3663 号　邮编 200062
网　　址　www.ecnupress.com.cn
电　　话　021－60821666　行政传真 021－62572105
客服电话　021－62865537　门市（邮购）电话 021－62869887
地　　址　上海市中山北路 3663 号华东师范大学校内先锋路口
网　　店　http://hdsdcbs.tmall.com/

印　刷　者　上海展强印刷有限公司
开　　本　787×1092　16 开
印　　张　18.75
字　　数　291 千字
版　　次　2020 年 10 月第 1 版
印　　次　2020 年 10 月第 1 次
书　　号　ISBN 978－7－5760－0786－2
定　　价　58.00 元

出 版 人　王　焰

（如发现本版图书有印订质量问题，请寄回本社客服中心调换或电话 021－62865537 联系）

目 录

　　好学校不在于它的大小，在乎的是其内在的教育品质。用"匠心"凝集学校的精气神，为每一个师生创造更多人生出彩的机会，让所有的人都能向往美好、感受美好、追求美好，成为"有能力的好人"，最终成就美丽人生、实现美好梦想、享受美好生活，是我们的价值追求。

第二章　从读书到做人：培养"有能力的好人" / 37

德育不是慷慨激昂的话语，不是响彻校园上空的口号，不是堆砌如山的标语。立德树人需要"人师"旷日持久的慢养，培养"有能力的好人"是发乎自然、集聚内心的生命再造。"美好教育"是一种生命信仰，是学校教育哲学和文化基因，因而也是学校的个性和精神。

第三章　从封闭到开放：推动产教跨界深度融合 / 85

产教融合是学校发展的引擎。新技术带来产业变革，由此必然改变相应人才需求、人才培养模式，必须打破现有办学格局，打通有形无形边界，加速专业转型升级。育训结合，形成新的核心竞争力，促进人才培养与产业需求的持续动态匹配，是学校变革的难点。

第四章 从学技到素养:形成"三全"综合实践育人体系 / 117

建设 T 型课程体系,丰富学生的专业学习经历,夯实学生的专业知识技能和职业素养。将工匠精神融入人才培养全过程,满足学生多层次发展需求,全面提高学生核心素养,形成全员、全程、全方位的"三全"综合实践育人体系,是学校课程变革的使命。

第五章 从理想到现实:培育匠心匠艺的教师团队 / 151

打造德技兼备、育训皆能的工匠之师,是我们的努力方向。坚守"工匠精神",用匠心去打破传统与创新的边界，是教师专业发展的核心。从探寻"匠艺"到发现"匠心"，从凝聚"匠心"到提升"匠艺"，给足"阳光雨露"，助力"茁壮成长"，"工匠精神"正在传递到年轻一代手中。

第六章　从管理到赋能：激发团队创新活力 / 189

变革是需要激情的，传递激情是校长的重要职责。用美好的眼光、专业的态度、微笑的方式来处理矛盾，为学校团队的每个人赋能，是学校管理的中心议题。以合理的价值管理来撬动团队创造更大的价值，激发"英雄辈出"的学校发展格局，是"美好教育"的常态运作。

第七章 从参照到变革:走向公共空间的未来学校 / 233

　　未来职业学校不仅是职业教育、技能培训的场所,也是社区居民可以共享的公共活动空间和社交空间。让学校成为开放的社区公共空间,成为重塑人际关系的公共场所,具有独特的意义。未来学校不仅要考虑年轻人的需求,还要满足老年人的需求。如此,打造"匠心学校"、弘扬工匠精神就会透过围墙、超越学校、甚至跨出教育领域。

序

  《匠心学校：现代职业学校的文化逻辑》一书即将付梓，诚邀为序，欣然命笔。

  因为工作关系，我与上海市商贸旅游学校李小华校长及他们学校的老师常有往来。每次与李校长见面，听他介绍学校的现在和未来，与他交流学校教育改革的一些创新想法，我都深深地感受到他是一个有梦想、有激情、能创新的人，且为学校发展倾注了全部心血与感情，《匠心学校：现代职业学校的文化逻辑》证实了这一点。作为一个具有丰富办学经验的实践者，身处职业教育改革第一线的校长，他具有教育家的情怀，是一个低调务实不张扬、实干坚韧敢创新的思考者、探索者，具有敏锐的创新意识、强烈的担当精神。一个好校长就是一所好学校，在他的带领下，学校在上海众多职业学校中脱颖而出，形成了精致化的育人特色和办学风格，创造了很多经验，在很多方面发挥了示范引领作用，其教育理念和办学举措总能走在职业教育改革的前列。李小华校长怀着教育家的情怀，把他从事教育管理二十多年来的经验、智慧，以及他担任中职校校长十四年来对自身办学的认真审视和对上海城市核心区域职业学校未来发展的理性思考汇聚成这一本书，从多个侧面展现了他对教育的理解，对职业学校创新办学的独到见解，特别是对职业教育的"细腻感悟"，书中的很多观点、实践给了我们很多启示，对职业教育改革具有很好的借鉴意义。

  上海市商贸旅游学校与其他职业学校的改革创新有不少相似之处，

但有一个非常显著的特点，体现在文化的追求上，李小华校长把学校文化作为持续变革、持续创新、持续发展的关键变量。处于这样一个转型时期，一些校长可能会不自觉地产生浮躁的心态，也有个别人哗众取宠、投机取巧，这会给学校带来致命的伤害。这几年，上海市商贸旅游学校并没有停下改革的脚步，继续保持改革创新的发展势头，重在把教育理念消化、深化、转化为实实在在的行动，一步一个脚印，发展非常稳健，走在上海职业教育改革的前列。李校长选择了文化这一纲领性的要素，把"美好教育"作为学校的教育哲学和文化基因，用"匠心"凝聚学校的精气神，为每一个师生创造"人人都有出彩机会，人人都能有序参与学校治理，人人都能切实感受温度，人人都能拥有归属认同"的平台，使每一个师生都能成为"有能力的好人"，最终成就美丽人生、实现美好梦想、享受美好生活，实现"美好教育"的价值追求。一所好学校之所以长盛不衰，最深层的因素就是精神和品格的力量，而"匠心"就是上海市商贸旅游学校的精神品格，就是学校的软实力，是其"逆流而上、逆势飞扬"的动力所在，也是快速重生的背后力量。祖国建设需要培养千千万万的一流工匠，工匠精神应该成为职业学校根深蒂固的文化。

上海市商贸旅游学校还有一个特点，就是它的创新与务实。过去几年，"做大"这个命题一直困扰着上海的职业教育。作为国际化大都市的上海，其职业教育未来该如何适应城市经济转型发展和城市功能定位转型带来的学校转型发展的变革，上海的职业教育能否探索出不同的成长路径？李小华校长围绕"提质培优"，提出办"小而美"职业学校，从重视"规模"转变为狠抓"质量"，聚焦"专精特新"、推进产教融合育人。他亲自推动"三教"改革，构建 T 型课程体系，激发团队创新活力，打造一支高素质的教师队伍，形成"三全"育人机制，注重工匠精神的磨炼与发扬，注重学生人品与心性，走出了一条精耕细作、精心育人的发展道路。同时，李小华校长创办了国内首家中外合作的职业技能培训机构——上海蓝带厨艺职业技能培训学校，区域性的中小学生职业体验中心，职业培训反哺职业教育，育训并举并重，充分体现了类型教育特点。他提出逐步走向公共空间的未来学校变革，这是其对时代精神的理解和实践，是对透过围墙、超越学校,甚至跨出教育领域的"匠心学校"的乌托邦式畅想,更是一个教育者对教育的追求和对生命的敬畏,从思想、精神、文化层面,很好地回答了职业学校改革创新应该具有什么样的追求、胸襟、底气的时代命题。

面向未来的职业教育有很多机遇和挑战,但是转型发展势在必行。站在新的历史起点上,长期关注上海市商贸旅游学校发展的我,在给李小华校长和学校送上祝福的同时,希望能贯穿学校的发展史,深入研究上海市商贸旅游学校发展变化和始终不变的东西。我相信,上海市商贸旅游学校是一所值得我们期待,值得我们长期深入研究的职业学校,它会给我们不断地带来更多、更新的东西。

石伟庆

2020 年 7 月 18 日

(华东师范大学职成教所所长、教授、博士生导师)

前言　打造面向未来的"匠心学校"

　　上海市商贸旅游学校是我工作了十三年的学校。《匠心学校：现代职业学校的文化逻辑》这本书记录了我近几年的办学思考，也记录了学校连续的、从谋划到实施到初见成效的改革过程。可以说，这本书融入了我作为校长对现代职业学校应该怎么办、如何培养人以及到底何为"美好教育""更好的教育"的理解，阐述了我对"类型教育""未来学校"与"立德树人""产教融合""育训结合"等关系的探索与实践。这些文稿大多是近年来自己在媒体发表的文章、市内外的交流、各种会议讲话、工作笔记等整理、修改而来。这次疫情又让我有了一段相对连续的时间，可以静心梳理、总结和写作。希望用直白的语言、直率的态度，用我自己的方式，让大家了解"匠心学校"应该怎么做、怎么改、改些什么，以及今天怎样做校长？从某种程度上说，这本书不是"应景之作"，不是心血来潮一时"写"出来的，而是实实在在多年"干"出来的。写作的痛苦，相比于商贸旅游学校这几年所承受的压力来说，也许不值一提。但是，"爬格子"还是像蜗牛一般，有过很多次想放弃的念头，好在遇到了非常有责任感，也颇有技巧的"催稿人"——华东师范大学校长培训中心的领导万恒老师，以上海名师工程"高峰计划"来鞭策我。现在，不少校长都在写书、出专著，而我只想低调做一些实在的事，并不想成为关注的焦点，更不想让领导、老师们误以为是在"作秀"。

　　究竟什么是"匠心学校"？我内心有很多个概念，请教的专家越多越觉得拿捏不住，它有太多的涵义。我认为，工匠精神是以上海为代表的中国工人阶级的核心精神，祖国建设需要培养千千万万的一流工匠，工匠精神应该成为职业学校根深蒂固的文化。校长应该把精力放到人才培养质量上，专注、极致、注重口碑，打造业内有影响、有特色的专业，育训结合、优化人才培养工艺。平时讲这个学校是"大校"，不仅是指规模，更多的是讲学校的办学品质、层次水平、教育质量，办学品质是学校的尊严，校长的尊严。在这样一个集体浮躁的时代，讲"匠心"可能是奢侈的，但培养"工匠"没有捷径可走，花拳绣腿没用，只能踏踏实实、一步一个脚印，"工匠"不可能速成。我们现在向这个方向在努力，从"精致化"办学到"匠心学校"，这是给同事们一个强烈的心理暗示，要从细节改善做起，培育匠心文化，探索人才培养的新型师徒关系和传承模式，注重学生人品与心性，以学生喜欢的方式，进行工匠精神的磨炼与发扬。培育工匠，教师是关键，只有具有"匠心""匠艺"的教师才可能铸就一流工匠。要从人生价值实现的高度关注教师的培养培训，投入更多的精力和财力，提升教师的教学技能，逐渐由技而艺，由"匠心""匠艺"驱动创新，培育具有"匠心"的劳动者和一流工匠，形成"劳动光荣"的氛围。教师的水平就是学校的水平，要创设有利于富有个性品质和独立思想的优秀教师成长的环境，形成具有"匠魂"人格的优秀教师群体，才能逐渐支撑起"匠心学校"，使工匠精神真正落地、生根、开花、结果。

我是个性情中人，燃点比较低，很容易被感动。我对师生们满怀希望和真诚，期许每一个师生都有美好的未来。当看到、听到一个美好故事，或者是因为教师，或者是学生，我都会被深深感动，哽咽激动。有毕业的学生说，学校的规矩多，而且不是一般的多……但他从来没有后悔当初选择这里，"商贸"是一所神奇的学校，有一群神奇的老师，他们不会放弃任何一个学生，虽然不至于脱胎换骨，但是至少每个人都会有属于自己的收获。每年还会收到许多家长来信，惊喜于学生的变化：待人有礼、勤劳友爱、懂得感恩父母，学校教会了孩子"做人"……"千教万教教人求真"，在现在的大背景下，学校坚持"崇德强技"，坚持劳动教育，培育"工匠精神"，培养"有能力的好人"，同样是一条艰苦之路。校长要敢于讲真话、做实事，摒弃道貌岸然、盛气凌人的假言、空话和说教，以开明开放的心态,倾听师生们的吐槽和建议,同时要进行宣传、解释,向师生、家长讲清楚我们"为什么这么做"。一位老师跟我说:您是一位让别人乐意服从的感召者,创建一个个令人向往的前景,大家愿意去试去做,帮助我们实现自我。校长就是一个先行者、示范者、发动机,是引导学校发展的布道者、协调人。校长的教育价值取向决定了教育的目的,直接引领学校的教育追求,是学校特色发展、个性发展的原创动力,决定了学校的办学成败。

我们做教育,首先要搞清楚什么是"育"?什么是"育人"?怎么才有好的育人实效?育人不是"教"人,要用"育"的方式来育人,而不是"教"的方式来育人,要重视内环境、重视学校文化。"育"在哪里?在课堂、在课程、在课本、在校园中,在学校教育教学活动的整个系统中,在全员、全程、全方位中。无为而治可能才是最实在的,最有实效的教育,春风化雨,润物无声,不令而行。我现在有许多疑惑,什么检查都要看"台账",检查开了大大小小的会多少个,是否层层会议落实?开会是我的软肋,我最不喜欢的一件事就是开会,开无意义的会。领导们现在已经开惯了会,认为不开会是管不好学校的,可怎么落实到每个人?怎么让内容入耳入脑入心?管理就是报表、就是开会,每项活动都要通过会议造势,发号施令,以会议落实会议,老师们现在也已麻木,信息化社会如果还是沿袭过去的做法,那"治理能力"在哪里?这次疫情给了我们很好的教育。还有就是学校的口号标语,各种宣传栏、专题报道,现在有 200 多个"进校园""进课堂",就算贴满学校也无法保证每项都能落实,关键是把自己摆进去。墙壁贴满不是学校文化,而是太没文化,太没层次和教育内涵,把师生当作警告的对象、管教的对象。很多校长到我校参观时,印象很深的是学校很干净,走廊、墙壁上展示的是学校自己的故事、专业的故事,立德树人、学校文化不是贴标语喊口号。文化是一种品位,体现学校的高度、深度和温度,内涵和价值。

商贸旅游学校这几年的改革力度还是很大,花这么多精力的投入"未来学校"建设,到底值不值得?当大家都在讲规模、占地盘,我们却主动放弃阵地、讲品质讲品牌,讲"一体两翼"发展、讲"育训结合",讲职业教育职业培训并举，是不是"劳民伤财""形象工程""政绩工程"？来自教师的、学校外部的不理解、质疑声，曾一度不绝于耳。但随着职教20条的公布，广大教师逐步体会到了学校改革的各种"好"，这种争议声才日渐变少。作为校长，你做事就会有人反对，不做也会有人议论，只有让实践来检验。看到新趋势、新机遇，要敢于领时代之先，敢于否定自己以前成功的经验或做法，不要过分去算成功的概率，尝试做自己喜欢做的事，格局不能太小，过度考虑个人的利益得失，放弃了则永远没有希望，只要对学校的长远发展有好处，日后一定会得到教职工的支持。想清楚了就要去做，但必须要经过一定的民主决策程序，校长要有一定的抗压力、抗风险能力。只有义无反顾地去做，"做成了"才是回应各种质疑的最好的办法。有时候，沉默是金，沉默可能比解释、语言更有力量，要耐得住寂寞，在沉默中积蓄力量，把事做实。大仲马说过，"不管一个人说得多好，你要记住，当他说得太多的时候，终究会说蠢话"，这也是自己的教训。几年间，"做成了"大大小小的项目，逐步形成一个体系，"顶层设计"让学校悄然发生了蜕变，每当看到学生、家长和各界朋友发自内心的真诚点赞，上海、全国同行的充分肯定，感觉自己"做对了"，这也是我和学校的"缘"。

我认为，未来职业学校不仅是职业教育、技能培训的场所，也是社区居民可以共享的公共活动空间和社交空间。商贸旅游学校一直养在"深闺中"，只有"职教人"在自我欣赏，包括区域的领导、居民都不了解家门口的这所"好学校"。我提出打开大门、打破围墙，让学校成为社区居民的一个好去处，使开放实训中心真正成为"开放"的社区公共空间、"文化客厅"，成为重塑人际关系的公共场所，具有独特的社会学意义，还有生理学意义、心理学意义。人是群居生物，是需要相互交往的，生活在上海的人，原本生活在"弄堂"里，那时居民之间的关系还是比较紧密的。现在，虽然天天见，但也仅仅是点头之交，缺乏人际互动。为什么呢？因为缺乏公共活动空间。所以，对周边居民来讲，我们打造的"未来学校"，并不是一种可有可无的奢侈品，而是城市、社区重要的基础设施、功能设施，是市民生活的必需品。"未来学校"不仅要考虑年轻人的需求，还要满足老年人和儿童的需求,"小手拉大手",孩子们来了,老人和大人自然也就来了,实训中心自然"开放"了;我们打造"匠心学校"、弘扬工匠精神的影响就会透过围墙、超越学校、甚至跨出教育领域,有利于全社会形成劳动光荣的社会风尚和精益求精的敬业风气,同时争取全社会对职业教育的支持。

本书以"由规模到质量""从读书到做人""从封闭到开放""从学技到素养""从想象到现实""从管理到赋能""从参照到类型"为切入口,选择了七个横切面,形成全书七个章节的主要内容。本书阐述了我对职业教育的理解,对匠心学校的期望,融合教育与社会、教育与技术、教育与人文,为未来学校走向勾勒出一幅有质感、有温度、有秉性的蓝图,也是职业学校办学必须遵循的文化逻辑。一个学校,问题无处不在、无时不有,关键是善于发现问题,抓住关键要害,形成精准的解决举措,用"工匠精神""钉钉子精神",用绣花般的细致管理,以"匠心学校"建设推动形成"匠心文化",进而转化为学校独特的办学优势,为上海职业教育改革提供经验和智慧。

第一章

由规模到质量：
办"小而美"职业学校

　　好学校不在于它的大小，在乎的是其内在的教育品质。用"匠心"凝集学校的精气神，为每一个师生创造更多人生出彩的机会，让所有的人都能向往美好、感受美好、追求美好，成为"有能力的好人"，最终成就美丽人生、实现美好梦想、享受美好生活，是我们的价值追求。

01　通达美好生活的必由之路

我一直在思考，什么才是"美好教育"？我们把"美好教育"定义为：通过我们的学校教育让学生们成长得更好，踏上社会工作得更好、生活得更好，将来能过上"美好生活"。作为公办职业学校的校长，要以创造"美好教育"为己任，为每个学生铺就通达美好生活之路，提供更多人生出彩的机会。从学生、家长最关心的问题入手，把改革发展责任扛在肩上，把高质量发展举措落地实施，推动发展成果更多更公平地惠及全体学生；始终把学生利益摆在至高无上的地位，顺应我国社会主要矛盾已经发生历史性变化的实践要求，着力解决发展不平衡、不充分的问题，在更高水平上不断满足人民群众日益增长的优质教育需求。"美好教育"回答了究竟"为谁发展"的基本问题，应该成为我们的奋斗目标。

什么是"美好教育"？每个人给出的答案不尽相同。但我认为，培养"有能力的好人"，培养出来的每一个学生都能感受美好、向往美好、追求美好、创造美好，成就美丽人生、实现美好梦想、享受美好生活，这就是我的"美好教育"。"美好教育"是现阶段人民群众对优质教育的要求与落实，希望通过我们的教育让孩子们能"成长得更好"，踏上社会能"工作得更好"，更多孩子未来能"生活得更好"，过上美好生活。进入新时代，人民群众对"美好教育""美好生活"的向往，就是我们全体教职员工的奋斗目标，也是党和政府办学的根本立场，它诠释了全心全意为人民服务的根本宗旨，诠释了新时代职业教育的根本追求。人民群众对美好生活的需求愈发迫切，对"美好教育"这种可以改变个人、家庭、国家命运的重要公共产品的供给质量要求不断提升，因而群众的满足感、获得感差异较大。我们既要遵循职业教育办学规律又要顺应家长学生期盼，真正把学校办到人民满意、学生喜欢。"美好教育"不是纸上谈兵，需要我们真正领悟人民立场，才会自觉站在学生、家长的立场上想问题、作决策，做事情、干事业。"美好教育"需要我们点点滴滴去积累，扎扎实实去工作，更需要在学校战略规划下通过切实可行的具体措施去稳步推进，做有利于人民、符合学生眼前利益和长远利益要求的事。

我们的办学理念：向往美好，追求美好。立德树人是学校的根本任务，要不断引导师生向往美好，追求美好。真正以人的发展为本，关注学校魅力，思考如何让学校更有磁性，关注学生对学校的向往度，成为心目中的好学校。学生只有一个童年、一段学生时代，要让学校成为创造他生命中最重要的经历的地方，并且留下美好记忆，成为他人格提升、心灵升华、智慧生成的地方，成为走向成长、成才、成功的起跑线。我讲"美好教育"，就是希望学校呈现出积极向上的生命活力，师生有梦想，追求生命的意义。讲"工匠精神"需要有勇气，因为外部对教育的误导、干扰太多，功利性的诱惑太多，真的很难静得下心来慢慢琢磨。学校应该为每一个学生张扬个性、自主发展创造更多的机会，通过更多"美好"的明示、暗示与引导，不断提高自我要求和审美高度，不断自我完善、追求卓越、提升自信。我们每年评选"商旅好人"，希望通过"美好"的榜样力量，让"好人"指引我们向往美好，进而追求美好，走向美好，最终让梦想照进现实，实现美好愿望。希望通过我们的"匠心"，为每一名学生的内心种下一颗成为"工匠"的种子，找到自我成长的方向，激发自我成长的力量，努力奋斗，拼搏追求。学生必须严格要求自己，坚持内心真正美好的指引，对自我美好的要求负责任，培养出好的性格，优秀的品质，专业的能力……一切美好属性都是对美好未来向往和追求的结果，让内心那颗"工匠"种子生根发芽，最终开花结果。

以立德树人为根本遵循，更加注重"五育"并举，注重知行合一，注重育训结合，注重面向人人，注重因材施教，注重融合发展，注重终身学习。希望通过"美好教育"让学生们成长得更好，未来踏上社会通过自己的努力成为"工匠"，能工作得更好，获得更稳定的工作、更满意的收入、更可靠的社会保障、更高水平的医疗卫生服务、更舒适的居住条件。我们讲"美好教育"，也是助力脱贫攻坚，切断贫困代际传递，改变弱势人群的贫困处境，让更多孩子未来能过上体面生活，过上美好生活。

02   让教育充满情怀

我 1979 年 7 月中学毕业，考入华东师范大学，1983 年 7 月毕业走上工作岗位，成为一名人民教师，至今已经 30 多年。我庆幸自己在 1977 年 10 月 21 日国家正式宣布恢复高考制度后，能作为"文革"结束后第三批考入高等院校进行深造学习的"幸运儿"。1982 年党中央第一次把教育提高到现代化建设战略重点之一的地位，当 1983 年大学毕业时我就主动要求分配到中学任教，我觉得教师职业非常崇高、光荣。我庆幸自己选择了教师这个职业；我庆幸自己有着 15 年的一线中学教师的从教经历，在学校领导、前辈的指引下快速地成长，我对他们充满真情与感激，他们让我懂得了教育的真谛、领悟了人生的价值，更使我明白了教育的力量和魅力。我爱教育！我庆幸自己，在领导、前辈的提携下，于 1997 年走上了教育管理岗位，从事了 20 年的教育管理工作，经历了"不识庐山真面目，只缘身在此山中"的困惑，也体验了"逆水行舟用力撑，一篙松懈退千寻"的艰辛。特别是担任了十三年的中职校长，让我对教育有了更多的思考与追求，让我体验到了实现人生价值的快乐与幸福。

要教学生做"好人"。当前，社会环境深刻变革，价值观念日益多元，人们思想观念的选择性和差异性显著增强。在重大原则问题和大是大非面前绝不能模棱两可、遮遮掩掩，更不能人云亦云、随波逐流。我们头要"顶天"，在深刻认识和理解社会主义核心价值观内涵的基础上，抓住世界观、人生观、价值观这个"总开关"，用核心价值观统领思想，在心灵上产生共鸣、在精神上聚集价值、在思想上达成共识，形成正确的价值导向、崇高的精神追求、准确的思想坐标，使之成为每个学生思想上的信仰、精神上的追求、行动上的习惯。践行社会主义核心价值观不仅需要思想"顶天"更要双脚"立地"，外化于行，要接地气，贴近中职学生实际，将社会主义核心价值观转化为日常生活中的社会公德、职业道德、个人品德。坚持开展"商旅好人"和"感动商旅"十佳好人好事评选，用师生亲身经历的事例、喜闻乐见的方式、乐于参与的渠道、接地气的宣传教育，让大家充分了解"好人""工匠"的内涵，核心价值观的内涵，认识哪些是正确的、积极向上的，哪些是错误的、消极的。通过对"好人""好事"的宣传，让师生受教育、受感染、受激励、崇德向善、见贤思齐，用工匠精神、核心价值观统一思想，解决"怎么做"的问题，激励和引导大家求真、趋善、臻美，把"匠心文化"扎根于学校实际、学生实际、扎根于凡人小事、扎根于广大师生的深厚土壤中。

要让学生有教养。把"礼仪当先"作为提高学校质量的重要抓手，通过构建系列化、全方位的校本化礼仪特色课程群，外塑形象、内修文明，促进学生素质的全面提高和优良校风的形成，从而提升学生职场竞争的"软实力"。自编的《校园礼仪手册》，为学生的文明礼仪提供了"标准"，让礼仪教育贯穿从学生入学的第一天一直到毕业实习结束的全过程，贯穿学校教育教学、学生社会实践、家庭教育指导的整个过程。通过《值星班服务要求》，在细节、流程、规范上做文章，使"值星班"成为"值星检查班""文明礼仪检查班"，突出行为规范训练的行规要求和示范作用，引导其成为"文明礼仪示范班"。以"拓展教育途径，发挥整体效应，加强养成训练，获得最佳效果"为指导思想，遵循以学生礼仪技能培养与职业岗位相联系的原则，建立礼仪教育的目标体系、内容体系，提出"贴近""系统""有效"的要求；"贴近"即教育内容要与学生生活贴近、与职业岗位要求贴近；"系统"即教育内容分课程教学类、养成教育类和实践拓展类；"有效"即各部分内容互相渗透、有机融合，提高学生对学校教育的认同度和参与的积极性。把文明礼仪养成的过程还给学生，让学生用身体去实践，用心灵去体验，通过细致务实的"做"和"活动"来深化礼仪教育的内涵，实现"内心的愉悦，内在的需要"。通过寻找身边的"微笑人物""微笑使者"的示范和校园内的"温馨提示"，让更多学生养成文明礼仪习惯，学会微笑，主动微笑，成为学校一张靓丽的名片，师生们用自己的"魅力微笑"诠释了商贸旅游学校礼仪教育的成果。

要让学生有"梦想"。以"生命教育"为主线，既让学生追求知识的掌握、智能的发展和学业的成功，更关注学生的生活、学生的生命和学生的心灵，让学生珍爱生命、敬畏生命、感恩生命、享受生命，认识生命的本质、理解生命的意义、创造生命的价值。学校把"梦——让生命更美好"这一主题教育活动作为学校"生命教育"的重要载体，作为学校德育的品牌项目，通过为学生播种"梦"、寻找"梦"、点燃"梦"、追求"梦"、拥有

"梦"、兑现"梦"等系列主题教育活动,努力使商旅校园成为学生的"精神家园",成为学生"成功的起点"。通过这一主题教育活动,商旅校园涌现了一批"梦的代言人",他们用自己出色的成绩单,获得令人称羡的成功,涌现了一批"商旅达人""商旅好人",一批批学生走向社会成为企业的岗位能手、一流"工匠",有的学生自己创业,我看到了"梦"的力量。学校提供一种"海阔凭鱼跃"的"散养"环境,放手让共青团、学生会组织各种学生喜闻乐见的集体活动,以活动为纽带把学生个人、班级、专业、学校联系起来,为每个学生充分展示自己的个性与特长提供舞台,让学生的"玩"与学校教育形成良性互动,为学生提供一个真正释放自己的空间,找回自信,找到自尊,使校园真正成为"学生的乐园",增强班集体、专业、学校的向心力、凝聚力,增强学校教育的认同感和归属感。组织学生参加各种社会实践、职业实践,让更多学生用更多时间走出校园,接触和了解社会,走出自己的世界,学会合群、学会分享、学会与他人合作,不断增长成为"工匠"的智慧和能力。

要让学生有文化底蕴。上海要打造"全球城市",国际交往、国际合作、国际竞争日益频繁,对"工匠"的综合素质也提出了很高的要求,中职生也需要加强中国传统文化学习,以及对世界多元文化的理解与把握。这些以文化为标志的内容对学生主流价值观、科学正确的人生观和世界观的形成,都起着至关重要的作用。通过举办"文礼书院",让一部分学生通过这一平台增加文化内涵、拓展国际视野,培养学生的自学能力,培养"崇尚道德、知晓文化、遵循礼仪"的儒雅新人。积极推进"文化育人",通过品读经典,让学生走进经典,了解传统的经典名作,熟读部分精品,接受经典作品的熏陶;通过品赏大师,让学生走近大师,赏析大师的精彩,学习与大师对话,领悟大师的教诲;通过品鉴艺术,让学生走进艺术,学会欣赏艺术,感受艺术的魅力,培养对艺术的兴趣;通过品味生活,让学生走进生活、走进自然、走进社会,培养学生感悟和认知生活的能力。积极发展特色社团,如书法、装裱、篆刻、竹刻、顾绣、茶艺、插花、面塑、陶艺、古琴、评弹、戏曲表演、武术、围棋、中国象棋等。"博雅茶韵"茶艺社荣获上海市首批民族文化传承基地称号,引进"上海本帮菜""南翔小笼包"两个国家级"非遗"项目落地,把艺术、体育、专业教育和优秀文化传统教育有机结合起来。注重写作、演讲、研讨、辩论、团队合作的学习方式,通过"走进中华艺术宫""走进大剧院""走进上图"等活动,拓宽学生实践领域,拓展学生国际视野,提升学生全面素质,培养真正"适应工作变化的,知识型、发展型的技能性人才"。

培养"有能力的好人"。通过完善 T 型人才培养标准，推广"学评用"一体化教学模式，用培育"精英"的方法培育操作型的技能性人才，并以高水准培养实践能力、管理能力、创新能力，使学生既具备基本的专业理论，又具备多样化的知识和能力构成，更适应社会、企业实践需要。我讲的"精英"教育实际就是注重"品质"、培养"工匠"的教育，这是我坚守的信念和努力追求的目标，培养学科带头人、优秀骨干教师，引进行业企业的名师和一线技术能手，形成双师结构教学团队，用"名师"带动专业发展、学生发展，真正让学生享受到优质的教育、特色的教育、品牌的教育。创设有利于"工匠"成长的环境，投入资金，为实训室、工作室配备一流设施设备，全天候向学生开放，强化学生主体和"工匠"人才培养意识，产教融合、校企合作，对专门化方向的专业技能进行深度培养，加强学生实战能力的培养，使学生学得更深、更广、更细，为学生营造自主学习、个性化学习的氛围。打破固有模式，以学生技能训练、技能考核、技能比赛为抓手，推出课堂学习与课外实践紧密结合的专业竞赛和毕业作品展示。推出激励措施，用"创新"学分及综合素质评价全面加以鼓励引导，激发学生的参与热情，把大众的教育做成"工匠"的教育、小众的教育，避免用一个尺度来衡量每个学生。利用学生社团、工作室等载体，着重培养学生的团队协作能力、适应能力，提升学生自我管理和激励的能力、人际交往和团队协作的能力，为学生成人、成长、成才奠定坚实基础。引进第三方评价，通过校企合作、院校合作、名师带教等途径，科学地建立教育质量评价体系和质量监控机制，以促进教育质量的全面提高，学校目前已在上海学生职业技能大赛等方面取得优异成绩。

教育是理想的职业，不能热衷于"竞争游戏"，而要从教育本真出发，遵循教育固有的规律，让学校慢下来，应该为理想、梦想而奋斗，用决心和毅力精心钻研、认真琢磨，慢工出细活，铸就"工匠精神"，让学校形成自在、充实、喜悦的氛围，成为"匠心学校"。让灵魂跟上躯壳，享受教育的精致、品质与智慧。

03 存在于每一个人内心的匠心文化

2020 年是一个具有标志性、转折性意义的年份，十分关键特殊。必须树立起"收官"的意识，在此基础上开好局、开新局，确保"收官之年"圆满收官。上海市政府 2019年 12 月公布了《上海职业教育高质量发展行动计划（2019—2022 年）》。在大变局中，学校面临着许多不确定性，面临着何去何从的选择。不少人担心，学校占地面积小，在大力发展高等职业教育背景下，学校优势正在丧失。在我看来，优势不仅没有失去，反而更加凸显。关键是要跟上时代的步伐，不能身子进了新时代，思想还停留在过去，看问题、作决策、推工作还是老观念、老套路、老办法。这样的话，不仅会跟不上时代、做不好工作，而且会贻误时机、耽误工作。

能否跟上时代，关键是创新，关键是敢想敢干，把不可能变为可能。我们是否有这样的魄力？在原有"家底"基础上二次创新、老树开新花？能否在新兴产业分支上找到新的突破口，在某些专业领域一枝独秀……我们是否有这样的眼光？机遇无处不在，挑战如影随形。倘若陶醉于"高档地段""现有成绩"而不思进取，那么这份优越感很快就会失去；倘若囿于各种客观困难而不去突围，就会白白错失许多发展机遇，被越甩越远。尤其是学校的干部，要提振干事创业的精气神，增强狠抓落实的紧迫感，着力提高学校治理水平。把优秀骨干放到关键岗位上锻炼，在承担重要任务、重大项目时练就有担当作为的硬脊梁、铁肩膀、真本事，在攻坚克难中开辟天地、创造业绩，用青春和汗水创造出令人刮目相看的新奇迹！不能照抄照搬固有模式，而是对标"精致化""品牌化""国际化"，围绕"数字化""复合化""柔性化"，以更长远的战略定力培育创新生态，不忘本来、吸收外来、面向未来，坚持在改革中守正出新，不断超越自己，这是我们学校存在的核心价值所在，也是未来能否跻身"国内一流"的关键所在。要有壮士断腕的精神,更要有十年磨一剑的精神,不为各种纷争干扰所惑,能静得下心、耐得住寂寞、坐得住冷板凳、下得了苦功夫、慢功夫。"工匠精神"不仅是技术技能,更是一种精神品格,坚守"工匠精神"很苦很难,却是唯一正确的路,也是勇立潮头的制胜法宝。

培育"工匠精神"从中汲取前行力量。现在讲"工匠精神",言必讲德国、日本,忘记讲我们自己的"鲁班""老字号"。"工匠精神"的内涵,指的是一种精工制作的意识,一个产品的每个环节、每道工序、每个细节都要精雕细琢、精心打磨、精益求精,专注、精确、极致,追求卓越。在家长、学生眼中,我们学校的不少教师就是能"化腐朽为神奇"的"工匠",在他们身上都有这种"工匠精神",一旦"工匠精神"存在于每一个人内心,整个学校就会弥漫"匠心文化",她代表了我们学校的气质,坚定、踏实、精益求精、追求卓越。我更寄希望于青年教师们,秉承"工匠精神",修身琢业,"敢于做先锋,而不做过客、当看客,让创新成为青春远航的动力,让创业成为青春搏击的能量,让青春年华在为国家、为人民的奉献中焕发出绚丽光彩"。"工匠精神"不只是口号,关键是形成一种文化与思想上的共同价值观,成为一种工作方式、生活方式,成为一种信仰,身心合一、知行合一。以更加开放包容的胸襟营造创新生态,孵化出更具主人翁意识的商旅精神,打造一片适合创新创业的"沃土",能让"种子"生根发芽,让"小树苗"长成"参天大树",涌现出新一代的"英雄",培养造就一支高水平创新教师队伍,以及新一代专业、学科领军人才和拔尖人才,从而将改革创新优势转化为学校办学优势。希望以"匠心"守"初心",由"匠心"激发教师发展的内生动力,提升教学技能,不断凝练成为教学艺术,使学生强烈地感受到"匠心""匠艺"的熏陶,"工匠精神""匠心文化"融入学生成长全过程,存在于每一个人身上、心中,成为独特的学校特质。

用"工匠精神"推动学校转型发展。打造"未来学校",这是《行动计划》职教体系建设的"商旅方案",是用终身教育理念调整办学定位、发展走向,着眼类型教育＋层次教育属性,打破封闭的发展观念和办学格局,职业教育职业培训并举并重,"一体两翼",打造定制化、个性化、弹性化、多元化、信息化的"未来学校"。追求卓越的发展取向,用"一体两翼"这种新布局,强化创新驱动、创新突破、创新跨界、创新协同,向数字化、复合化、柔性化转变,促进教育链、人才链与产业链、创新链有机衔接,培育发展新优势,推动多专业跨界融合,多维度、立体化、全方位打造新的专业集群,成为受人尊敬的"匠心学校"。不在学历、规模上做文章,由参照普通教育办学模式向企业社会参与、专业特色鲜明和"工匠"培育的类型教育模式转变,坚持开放办学,拓展新的发展空间,把学校的地域优势转化为办学优势。打开校门，拥抱开放，这既是学校"自信"的需要，也是"自信"的重要体现，更是推动学校未来发展的深层力量，这几年所取得的成绩，就是致力创新，注重品质，以创新追求卓越，以包容聚合力量的结果。要让社会了解学校，不仅要"讲"，还必须让人能看到、触摸到、有现场感受，亲眼看到学校的现状，看到学生灿烂的笑容。

打造面向未来的"匠心学校"，是顶着巨大压力为创新投入，为未来蓄力，是体现我们眼光和定力的举动。以对标国际、比肩先进的雄心壮志，用"小而美""一体两翼""专精特新"来应对上海职业教育改革，以此推动学校转型发展。这是一项跨部门、跨专业、跨层级的系统工程，需要完善顶层设计和整体谋划，以系统思维聚合力，用系统方法谋全局，进行全流程革命性再造。要有"一盘棋"思想，从各部门、各专业"各自为战"转向"联合作战"，增强"联动"意识，做好"统筹"文章，建立新的"朋友圈""生态圈"。深水区的改革，任何一项措施的推进都会涉及相关的利益与协调，各环节的关联互动更加凸显，聚焦痛点、难点、堵点问题，全力以赴地实施具体、务实、富于创造性的举措，经过艰苦奋斗，必将迎来更加灿烂的明天，"匠心文化"将存在于每一个人内心！

04 办学生喜欢的现代化精致学校

办人民满意的职业教育，办学生喜欢的职业学校，回应人民群众对优质教育的期盼，促进学生全面发展、个性发展和可持续发展，这是我们初心使命的重要体现。商贸旅游学校这几年取得不少成绩，发生了很大变化，家长、学生、企业和院校对学校的满意程度逐步提升。当然，还有许多"不满意"，要辩证地看待"不满意"，充分理解家长"望子成龙""望女成凤"的美好心愿，理解社会对学校的更高期待。随着社会主要矛盾的变化，人民群众对美好生活的需求愈发迫切，质量要求不断提升。把学校办到让人民满意、让学生喜欢，既要补短板更要扬长板，现代化、精致化、多元化、高质量、顺应新时代新要求、比肩国际先进水平，使老百姓"家门口上名校"的梦想真正照进现实。人民群众对职业教育的不满意更多是担心"输在起跑线上"，家长们都希望自己的孩子考取 985、211 院校；政府招聘公务员时，职业院校毕业的学生基本被排除在外，毕业学生的政策也不一样，这在某种程度加深了社会对职业教育的歧视。职业教育要让人民满意，必须增强解决问题的"针对性"，为学生提供"适合的教育"，更多提供与个性需求相适应的弹性、多元教育供给，调动更多社会资源参与做好教育供给，由学校、家长和社会各界一起，完成这场既尽力而为，又行之有效的努力，逐步提高教育质量，回应人民群众"上好学"的热切期盼。

在大变局下，伴生着百年未有之不确定性和百年未有之机遇，我们仿佛正进入"无锚之境"，何去何从？严峻的挑战之下，是选择恐惧，还是选择创造希望？站在新时代的关口，必须要寻到一条适合自身发展的道路。我认为，使学校强大的不是规模，而是要寻找空位、找准定位，定位是学校发展战略的核心。我们提出办"小而美"的"现代化精致学校"，就是为了解决"粗放"与人民群众教育需求多样、个性丰富之间的矛盾，增强职业教育特色和吸引力；就是想聚焦能量，建立长远的竞争力、影响力，摆脱学校间恶性竞争，促进深层次的、质量上的、本质上的发展，拥有自己的灵魂和内涵，贯彻"美好教育"理念。强调"匠心"就是表达一个思想：对标国际水平，体现上海特点，把学校打造成为一个深度产教融合的"平台"，在自己擅长的领域实现"精准"发展、"精致发展"，凸显专业特色、专业优势，让学校内部质量提升转化为外部成果；坚持"腾笼换鸟"，在新生的领域实现精准突破，实施专业发展新旧动能转换、打造新的专业高地、推动各专业融合发展，在高质量发展道路上笃定前行，在竞争中赢得优势选择，使学校成为上海职业教育未来一个重要的高质量增长极。历史和现实告诉我们，必须坚持特色发展、错位发展，必须更加重视教育品质，促进每个学生核心素养和专业实践能力全面提升，追求可持续、有质量的发展，把学校打造成为促进学生多元化、个性化、可持续发展的"平台"。

办人民满意的教育，必须沿着正确的政治方向发展。教育的首要问题是回答好"培养什么人、怎样培养人、为谁培养人"。我们要把立德树人作为根本任务，坚持育训结合，工学结合，知行合一。两年一届的世界技能大赛刚刚结束，中国代表团再次荣登金牌榜、奖牌榜、团体总分第一，上海将承办2021年第46届世界技能大赛。这一项目在中国的推广，会让更多人认识到技能的重要性，无疑会是一种积极的导向与示范，弘扬劳动光荣、技能宝贵、创造伟大的时代风尚。从这些优秀选手的事迹说明，时代对于奋斗者，总是慷慨大方，从不吝啬，我看到了梦想的力量，工匠精神的力量。"我命由我不由天，是魔是仙，我自己说了算"，要让学生有梦想，以足够的耐心来成就每一个学生，不抛弃、不放弃任何一个人，让学校成为学生实现梦想、人生出彩的地方。坚持立德树人，完善"好人德育"全面培养体系，在遵循国家课程方案的基础上，系统构建 T型课程体系，健全"三全育人"机制，让学生根据自己的兴趣和爱好，选择适合自己的课程和发展方向，满足学生多元、多层次的需求，开阔他们的眼界，真正做到以学生为中心，努力让每个孩子都享受到公平而有质量的教育，为未来"工匠"奠基。

针对现实存在的问题，深刻认识和把握"德智体美劳全面发展"。德智体美劳全面发展，这个口号由来已久，但以知识传授为主的教育始终未根本扭转，热爱劳动这一中华民族的传统美德如何传承？"技艺精湛"的"能工巧匠"如何培养？现在学生肥胖率上升，近视率高发，如何五育并举？我认为，还是要坚持光荣传统，坚持教育必须与生产劳动相结合，生产劳动与智育相结合，加强体育锻炼，与体育、身心健康相结合，推进美育教育,提升核心素养。在新时代,强调劳动教育,强调学以致用,培养劳动能力和工匠精神,对于引导学生形成正确的价值观,培养德智体美劳全面发展的社会主义建设者和接班人具有深远意义。现在我们职业教育最大的困境是实践教育,尤其是数字经济快速发展,劳动总是处在不断的创新和发展之中,而教育面对生产劳动的发展变化,往往处于被动滞后的境地。邓小平认为:"现代经济和技术的迅速发展,要求教育质量和教育效率的迅速提高,要求我们在教育与生产劳动结合的内容上、方法上不断有新的发展……更重要的是整个教育事业必须同国民经济发展的要求相适应。"未来,课程的生命周期越来越短,未来人才培养要适应经济社会发展变化,满足企业对新生劳动力的素质要求,就要不断深化课程教材改革,让学生有更多社会实践、职业实践的机会,帮助他们健康成长,获得发展自身、奉献社会、造福人民的能力,真正使各类课程成为培养"工匠"的重要载体,回应人民群众对优质职业教育的期盼。

职业教育作为类型教育天然地要与企业紧密结合。培养"工匠",关键是产教融合、校企合作。这些年仅在国家层面,就出台了至少8份文件,反复强调"产教融合"的问题,这一现状迫切需要改变。学校要想做得更好,只有聚焦"小而美",围绕"专精特新",聚焦行业细分领域做最专注的发展,聚焦特色化发展,更要有十年磨一剑的精神,保持定力,当务之急就是补最短之"产教融合"板、解最迫切之"融合化""数字化"题。绵绵用力、久久为功,通过持续不断地改革创新,专业建设才能步入良性循环,毕业生也就会越来越受企业青睐,不断上台阶上层次,促进教育资源更优配置,从而全面提高教育质量。把紧密型合作伙伴的需要放在首位,让企业深度参与到学校的办学过程之中,感受到学校精心育人的态度,让企业无法回绝对学生的需求,做高做精合作企业。聚焦新兴产业发展,拓展与企业深层次合作空间,广泛开展"双元制""订单式"模式人才培养,培养出更能贴近产业发展需求的复合型技术技能人才。与更多行业头部企业合作,满足企业个性化的需求,提供更多软性服务和增值服务,不断推动课程创生和人才培养模式创新,推进学生复合化、多元化的精准培养,满足学生的个性需求、可持续发展,不断提升企业更多的良好体验,真正让学生喜欢、人民满意。

教师的专业化程度、课程特色和工匠精神将成为学校发展的关键变量。如何比别人做得好一点,如何进一步优化内部结构、完善教学模式、强化师资力量和使管理更加科学规范,体现精巧细致、精耕细作、精益求精,关键是要让外部认可,让学生喜欢,家长、院校、企业满意。加快培养专业协调人、学科带头人、项目负责人,通过各个重点改革项目的实施，缩小管理的单元，逐步使组织结构扁平化，管理简单化，给第一线的"班长"充分授权、参与决策，不断强调速度，强调企业需求导向，有更多触角伸向市场、对接市场，发挥小团队的灵活性和创造精神，通过自我管理不断释放整体的能量，让每个教职员工成为价值的真正创造者。弘扬"勤奋精进、严谨治学"的教风，着力提升教职工的育人意识和服务学生、服务企业、服务社会的能力水平，努力建设一支师德高尚、业务精湛、充满活力的专业化教师队伍。通过引路子、架梯子、压担子、搭台子，形成"精心、精细、精品"意识，形成有利于教师专业发展的良好生态环境，形成一种有助于优秀教师（名师）专业成长的机制、舞台和氛围，让"行政力"和"学术力"产生"共振"，提升整个教师团队的工作效能，提升教师的个人满足感，产生"几何效应"，形成基于共同愿景的群体智慧，增强学校发展的内生动力与活力，涌现更多"学生喜欢的教师"，使优秀教师（名师）能脱颖而出，形成优秀教师群体的品牌效应。

知行合一，不断把对"工匠精神"的认知和实践形成的经验转化为下一步行动的基础，这样"匠心学校"的目标才会越来越近。滴水穿石，体现着朴素哲理，蕴藏百折不挠的"过程哲学"，象征着精神力量。面对上海职业教育的"微妙时刻"，要做行动派、不做观望者，从世界职业教育优秀案例中汲取成功经验，教育教学走"精心"之路，学校管理走"精细"之路，学生培养走"精英"之路，教师发展走"精艺"之路，坚守"美好教育"初心不变，通过不断改革与创新，同心筑梦凝聚更强动能，"匠心学校"的梦想一定能变成灿烂现实。"行之力则知愈进，知之深则行愈达"。

05　纵向衔接、贯通培养，在专精特新上做文章

　　上海中等职业教育，面临着日益严重的"生源危机""质量危机"，国务院常务会议讨论通过"高职院校扩招 100 万人实施方案"，对退役军人、下岗失业人员、农民工、新型职业农民等单列招生计划，取消高职招收中职毕业生比例限制，允许符合条件的往届中职毕业生参加高职招生。在高职扩招政策背景之下，如何思考自己的办学定位、办学方向？原有的办学路径已经无法满足家长、学生的需求，办学重心必须向提升"专业品质"转变，高质量发展成为上海中职摆脱当前困境的当务之急。未来高职教育将真正成为大众的教育，退役军人、下岗职工、农民工、残疾人等为代表的群体均将成为接受高等职业教育的人群，高职扩招为中职教育发展带来的是机遇，更是挑战。中职学校应该怎么办？我认为，中职教育使命已经转向，应该是职业教育职业培训并举并重，"要适应经济高质量发展的要求，办好职业教育和技能培训"，这是新时代中等职业教育的发展重点，党的十九大报告指出"完善职业教育和培训体系，深化产教融合、校企合作"，为职业教育发展指明了方向。

　　上海中职业教育必须转型发展，市教委应该对上海有条件的中职学校升格为（3＋2）高职院校进行系统布局，顺应大力发展高等职业教育的需要。从长期实践看，中职的大部分学生已被反复证明更适合"动手＋动脑"这种综合实践的学习方式，职业教育不能走单纯升学教育的老路，不能回到过去搞综合高中、应试教育的老路，处理好与上海普通高中、特色高中之间的结构性关系，要由参照普通教育办学模式向企业社会参与、专业特色鲜明的类型教育转变。克服应试教育的思维，聚焦学生核心素养，抓好与高等职业教育专业技术的衔接，高标准对标专业人才培养标准，高质量培养适应企业

产业结构转型升级,高品质夯实学生可持续发展基础,满足学生个性化发展需要,为更多毕业生凭一技之长实现人生价值提供舞台,促进其职业生涯发展比普通高中毕业生更具可持续发展的优势,使职业学校成为技术技能人才培养培训高地,培养国家需要的创新型、复合型、应用型技术技能人才。

专业是人才培养的基本单元,在职业学校日趋同质化的背景下,"质量危机"四伏,要做好学校治理的变革,向产业转型看齐,引进一批有社会责任感的企业、"领头羊"式的企业和学生向往的企业,产教融合、校企合作,体现其类型教育的特点,这是提升专业水平的关键。促进与优质企业合作的不断扩大,引进一批名师、大师组建工作室,提升专业教师的双师素养,形成具有影响力的双师结构教学团队,构筑起多元而丰富的多边互动。上海要提供政策保障和具体办法,保护企业的合法权益,真正推动双元制、现代学徒制人才培养。与行业头部企业合作,体现"四新"(新技术、新产业、新业态、新模式)特点,主动参与供需对接和流程再造,落实 1 + X 证书制度,坚持育训结合、工学结合、知行合一,培育学生的认知能力、合作能力、创新能力和职业能力,保证"育训结合"模式落地,提高学生职业胜任力,实质推进协同育人。

把握产业升级的新机遇,不搞大而全,采用细分市场、精耕细作的策略,在专、精、特、新上做文章,加快专业布局调整优化,推动专业建设与产业发展相适应,实现专业定位准确、特色鲜明、具有一定行业优势,有较强的社会服务能力。既要讲清旅游、烹饪、酒店、营销等传统专业的新内涵,也要讲好文物、美术、商英等专业的新发展,更要讲好人工智能、电子竞技、现代音乐等专业的独特故事。人工智能是引领新一轮科技革命和产业变革的战略性技术,它将渗透每一个行业、每一个工作岗位,它会在几年之内改变、颠覆、取代现在的很多岗位,这也是我们创办人工智能专业的初心,要激发传统专业潜力,促进新旧动能转换,推动大旅游、新商科和文创三大专业群建设,打破路径依赖和制度惯性,推动跨专业融合发展。推动中本(3 + 4)中高(3 + 2)贯通培养研究,形成一体化人才培养方案,加强科学文化素质以及技术技能教育,提高高等职业类院校的参与程度,形成纵向衔接、系统化的贯通培养机制。与境外教育机构等开展国际合作,引进专家团队,形成多种衔接机制和衔接路径,形成通畅的学生生涯发展通道,提升国际化水平。

课程是人才培养的核心要素,需要围绕人才培养全面提质,特别是要加强学生的综合实践能力,深化产教融合、校企合作,全面构建专业综合实践课程群,推进育训结合、德技并修，落实立德树人根本任务。我认为，未来对职业变化很难判断，但对劳动者软性职业能力、综合素质要求肯定会越来越高，如何迎接冲击选择适合自己的道路，是中等教育要思考的问题。因此，有必要以国家教学标准为基本遵循，从学校层面对各专业课程进行自上而下的顶层设计和变革，完善专业人才培养方案的科学性、适应性和衔接性。突破传统的学科型教学模式，以"任务引领""项目驱动"为基本理念，以核心素养为课程内容开发的重要参考，推进各专业综合实践课程群的开发与建设。专业综合实践课程群是以典型工作任务为主线，从工作领域—任务—能力出发，课程实施不是简单的知识传授，而是知识、能力、素质的结合，教学过程中可能没有标准答案，更多的是能力和思维的训练，注重学生批判性思维、合作能力、复杂问题解决能力的培育。

课程内容具有时代性，强调实践性、综合性，有机融入信息技术。以学生为中心建立教与学新型关系，学习形式体现互动性、探究性和个性化，重视学生的体验和获得感，关键是"学生喜欢"。打破校内外的壁垒，引进企业深度参与，育训结合、知行合一，着力培养学生的专业精神、职业精神和工匠精神。专业综合实践课程群由若干模块组成，每一模块构成一个相对完整的学习单元，通过不断优化教学内容、教学组织，更多考虑学生的选择、需求和兴趣，从知识、技能到真实的世界，培养学生解决复杂问题的综合能力，以独特的人才培养特色形成专业优势，实现高质量发展。开启中职个性化培养时代，为不同兴趣、能力的学生配置不同的培养目标，不断完善 T 型课程体系，将公共基础文化课程、素养类拓展类课程与专业核心课程、方向课程、综合实践活动相融合，将职业教育与社会培训相融合，引导行业企业深度参与人才培养，用培养"精英"的方法培养技术技能人才，特别是在组织领导、人际交往、人文素养等方面，提升学生的职业道德、职业技能和就业创业能力，形成自己独特的"匠心"品质与气质。

06　推动学校数字化转型

商贸旅游学校要成为"匠心学校"，要向数字化转型，干部是关键。要始终保持锐意创新的勇气、敢为人先的锐气、蓬勃向上的朝气，这是须臾不可或缺的精神力量。担负时代赋予的新使命，必须要有一支本领过硬、素质过硬、能打硬仗的干部队伍，必须要有几把"刷子"，掌握几门"硬功"，克服本领恐慌，争当行家里手。

坚持鲜明的实绩导向，形成真抓实干的高效能。着力整治形式主义、官僚主义，从一些无谓的事务中解脱出来，集中精力抓教育、抓改革、抓转型。"痕迹主义"必须叫停，"责任甩锅"必须防止，"问责走样"必须纠正，督查检查必须精简，要以可量化、可操作、可考核、可评价指标体系为牵引，让大家高效率地去"忙"。把精力放在"匠心学校"建设上，建立导向更鲜明、体现差异性的科学考核体系，坚持特色化、差异化发展，腾笼换鸟、凤凰涅槃，以更加务实管用的举措，逐项梳理、逐一落实各项目标任务，使优势更优，特色更特，强项更强。推动创新，关键在人。"要加大年轻干部选拔培养使用力度，打破条条框框、隐性台阶，不拘一格选人才"，形成"谁有本事谁来，谁有潜力谁干，谁先成才谁先上，让干得出色、干出成绩的干部有舞台、有前途、有奔头"，压担子、经磨砺，形成优秀年轻干部梯队。对人才"家底""家当"进行系统全面的把握，制订人才储备计划，关键时刻能给得出名单、挑得出人选、拉得出队伍，要有政策倾斜。

生存意识或者危机意识是创新的核心驱动要素。华为是一个富有创造力的企业，却很少在公开场合宣称自己是创新型公司，挂在华为人嘴边的更多是"生存"。如何具有生存意识，能够基于学生、家长的视角去做判断和选择？只有这样，我们所谓的改革才会具有价值，为学生创造价值的创新才是真正有意义的创新。金杯银杯不如老百姓的口碑，学校所作所为最终都是由学生、家长和高校、企业、社会共同做出评判的。这是最有效的价值判断标准。我们要更好地理解各方需求，更好地提供真正的价值，全校上下的认知要保持一致。数字化让"以学生为中心"变得更加容易，将促进"边界"不断被突破，这种突破就会不断诞生新的培养模式、管理模式，要有等不起、慢不得、坐不住的危机感和紧迫感。建立"工匠"培育思维，① 关注真正需求，学生的需要和偏好是什么？② 快速传递价值，我们怎么来满足各种需要和偏好？③ 保持动态沟通，我们怎样来满足学生、企业个性的教育需求，提供适合的教育服务？④ 打破传统的专业边界，保证资源的有效投入，把专业的特色、独特性看作是各专业价值的核心，促进学生核心素养提升与未来职业发展。

加快谋划学校转型、发展自己的办法招数，在未来发展上赢得主动。人工智能是新一轮科技革命和产业变革的重要驱动力量，加快发展人工智能专业是事关能否抓住新一轮产业变革机遇的战略问题。要深刻认识发展人工智能的重大意义，加强领导，做好规划，明确任务，夯实基础，顺时应势工业互联网、远程办公、在线文旅、生鲜零售电商、无接触配送等在线新经济发展。上海要打造"全球性的数字经济中心城市"，必须接受数字化带来的挑战，我们对它的价值认知已经越来越明确，这种明确的认知使我们的焦虑变为思考：怎么理解市场的变化、怎么理解技术的变化、怎么理解现代"工匠"的变化？加快专业的数字化转型是事关学校未来发展的战略问题。以全面落实"十四五"规划、中央即将召开职业教育大会为契机，把每一个当下做好，才能够面向未来。

以新的视角引领学校治理模式创新发展。主动顺应数字化转型发展趋势，在现有组织体系框架下作出适当调整，强化机制创新、管理创新、教学创新和技术创新，构建学校治理体系变革与技术体系赋能深度融合、迭代发展之"双轮驱动"的学校治理新形态，促进学校组织模式、治理体系、资源配置等的全面变革。树立大数据思维，破除"数据孤岛"，形成"用数据对话、用数据决策、用数据服务、用数据创新"的现代学校治理模式，实现从资源属性到生产力禀赋嬗变，从线上教学到线上服务，优化运作流程和服务模式，有序推进数据治理，从粗线条、粗放式管理趋向精细化、智慧化，推动智慧治理创新。要利用新一代信息技术全方位、多层次、多角度增强学校教育服务能力、信息传导效能，用"全周期管理"意识于"匠心学校"建设的方方面面，一张蓝图绘到底。

加快向数字化转型，是绕不过的一场自我革命。"数字化"超出了我们的认知，而新职业广受关注，说明这些新职业认同感很强，种种共鸣之声恰恰说明新职业满足了社会新需求。向"数字化""柔性化"转变，根本动力来自市场、学生需求，也是对更高生活品质、更好就业质量的向往，而不是应急之策、不是为了赶时髦。"数字化"融合，绝不是过去商贸、旅游加"数字化"的简单组合，而是基于深度"融合"，是以人工智能、大数据为代表的新一代信息技术与传统产业的融合创新，其内涵是从过去"传统专业＋信息技术"到"信息技术＋传统专业"的提升，是"数字化"的全面渗透、融合和赋能，这是专业变革的决定性力量。数字化时代的战略不再是竞争，而是转向共生。学校能够在未来不断地成长，跟它整个协同效应有非常大的关系，需要各种合作伙伴。我提出把整个学校当作一个大的"平台"，大的"专业群"，打通各专业之间有形无形的边界，从单打独斗到建立"生态圈"，通过多维、跨界、融合、互通，实现校内资源互融、共生协同。技术穿透，就是要放弃自己固有的优势和行为习惯，用开放学习的心态和行动，在技术框架下展开沟通和信息共享。

着眼类型教育属性，建立相匹配的专业建设机制。"动荡时代最大的危险不是动荡本身，而是依然用过去的逻辑做事"，这是一次专业建设范式的革命。突出"一盘棋"思想，强化协同创新、增强联合攻关能力；突出"没有大小、不分彼此"，调动各种力量参与到课题研究、合作攻关、创新突破上来；突出产教融合，加快"引企入校"，探索"双元制"等形式的"校企共育"人才培养模式，创新实训基地、实训室综合管理。市教委即将出台《开放实训中心建设指导意见》，推动实训中心能级提升，向"产教融合型实训基地"提升转型；突出专业治理机制创新，打通全校学生的培养、管理、考核等各环节，把整个学校建设成为一个相互支撑、相互关联、资源集成、管理集约的"生态圈"，激发各专业的内在动力和外在活力；突出类型教育特点，市教委即将出台《职业院校育训结合绩效考核办法》，主动思考和落实面向全体社会成员开展职业培训，参与"百万产业工人培训与学历提升"，建立线上线下相结合的培训新模式。邀请有关专家共同参与，建立高效的定期沟通、问题诊断、知识共享、共同学习机制；合理分解任务，通过全链布局、多种方案齐头并进，找出可行的方案。

聚焦"三教"改革，建立与新业态相适应的创新教学团队。推进教师、教材、教法改革，打造一支德技兼备、育训皆能的工匠之师。从机制上保证专业教师下企业，真正到产业一线去工作和学习，把自下而上的"自觉革命"与自上而下的"强力推进"同步起来，实时了解业态发展、数字技术应用、新的拓展应用场景，探索1＋X证书试点。抓住教师职务评聘改革契机，完善教、研、评、修一体化机制，让教师在易变和不完全确定的系统中发挥个人的聪明与才智。统一指挥，整合现有教师力量和技术基础，发展符合未来需要的教学创新团队，实现专业、部门间协同配合和优势互补，创造良好的"共生"生态，掌握更多"杀手锏"，关键是"能打胜仗"，从而达到单一专业难以达到的目标。打破部门壁垒，打破"各自为战的地域和组织藩篱"，建立"共享员工"机制，把优质人力资源分配到"瓶颈"环节，增强教师自我效能感，更好地形成战斗力并释放战斗力！建立新型的教师专业发展共同体，"去行政化"建立各类"工作室""项目团队"，培养教师逐渐具备专业视角，提升实践智慧，获得共生力量。

建立与新业态、新岗位、新技术相适应的课程体系。专业转型的核心是课程体系的重构，需要由原来知识、技能的单项应用向系统集成的"数字""复合""交叉"联动转变，确保学生的知识结构、专业能力和综合素质能适应社会经济转型发展。由教务处统筹安排相关课程的植入，成为新生的专业核心课程、方向课程、拓展课程，聚焦技术链、核心技术，建立"跨专业"的教学团队，优化专业建设重点，提升人才培养质量标准。每个专业不仅要有"小家"意识，还要有供应链"大家"意识，推动融合发展。加快专业综合实践课程群建设，将相关"技术模块"转化为不同专业的特色"共生""共享""共融"课程，通过选修、社团和线上学习等多种形式，以实现学生学习素养的内化与提升，以及良好习惯的培养。推进泛在学习，把线上线下学习资源有机地联系起来，促进教学资源的开放和共享，有传统的知识学习，也有基于虚拟及增强现实技术（VR/AR）的课程学习，也有社会实践、职业实践，为学生提供更为丰富的真实学习情境。通过学习成果的认定、积累和转换，加强学生信息素养、劳动素养、实践能力、审美情趣和高阶思维。泛在学习将打破原有课堂边界、专业边界和学校边界。

落实即将颁布的《上海市职业院校教材管理实施意见》。思想政治、语文、历史课程必须使用国家统编教材，公共基础必修课程教材在发布的国家规划教材目录中选用。专业核心课程教材原则上从国家发布的规划教材目录中选用，支持骨干教师参与市级"品牌专业教材""三新教材"等规划教材编写。专业综合实践课程（模块）设计要充分关注学生的选择、需求和兴趣，从本专业到跨专业，从知识、技能到真实的世界，加快推进专业综合实践课程及其教材建设，以独特的人才培养特色形成专业优势。① 探索与企业合作开展项目教学，形成"双元"培养的专业课程教材；② 西烹、西点及西餐服务世赛项目涉及最新技术工艺及其训练要点的转化教材/手册；③ 重点开发顺应"互联网＋"的发展趋势，适应混合式学习、泛在学习的数字化教材和学习资源；

④ 开发一批中小学生职业体验、劳动教育教材。重点开发一批反映学校特色、专业特点的活页式、工作手册式新形态教材。强调实践性，适应项目学习、案例学习、模块化学习等不同学习方式要求，注重以真实生产项目、典型工作任务、案例等为载体组织教学单元。

混合式教学将会"常态化"应用。本次线上教学将驱动越来越多的教师参与变革，用持续的变革促进自身不断成长。未来，教师不再是传统的知识传授者，而将以典型工作任务作为教学内容的载体和训练素材，这并不是我们预先完全设计好的，而是在学习中有教师和学生真实的、情感的、智慧的、思维和能力的投入，有互动的过程，既有资源的生成，又有过程状态生成，课堂的价值在于通过师生碰撞，相互讨论，生成许多新的东西，师生共同参与"资源"建设、"课程"建设，这是我心目中的好课、"金课"。这些课，可能不是十全十美，但是真实的、不粉饰的、值得反思的、可以重建的课，有缺憾恰恰是真实的指标。本次在线开放课程给了学生这样的机会，会对他们产生巨大的吸引力，对比之下自然会对当前学校的常规课程提出新的诉求，必然会给我们的教学带来新的挑战。探索数据挖掘，用"数据"了解学生的潜能与优势，为教师课堂教学决策提供充分有效的数据和依据，以创造更高效能的智慧教学。通过构建学科质量分析模型，包括试卷分析、学生学情分析、命题内容结构分析和各试题的技术指标情况等，完善终结性评价手段，解决教学诊断与改进中隐藏的问题。

要用全面、辩证、长远的眼光看待学校转型，增强辩证思维、战略思维能力，把各项工作做得更好，使学校真正实现"产业有需求、行业有地位、国内有影响"。

07　坚持特色发展、错位发展

现在第一位的想法就是要活下来。为什么？国家大力发展高等职业教育，未来高职教育将成为真正的大众教育，中等职业教育未来将成为终身教育的一部分。我们应该为未来学校做哪些准备？作为校长如何把握这种政策趋势？未来产业发展迭代周期可能会更短，在专业布局调整优化过程中，如何融合创新，实现文化的理解、课程的融合、方法的互补、学生多元的发展？师资团队如何更具创造性？如何提升学生的综合竞争力？实际上，我现在无法判断每个专业5年以后会变得怎样，无法判断学校5年以后会变得怎样。我认为，职业学校的核心是专业特色，是教育质量、教育服务形成的社会影响力，要增强品牌意识，实施品牌战略，弘扬专业精神工匠精神，从组织形态、学习环境、课程资源、教学方法、管理单元、激励评价等方面进行全方位的改革，形成有利于专业品牌建设的生态和机制，强化数字赋能、平台赋能、服务赋能，以更强的竞争力拓展发展空间，满足人民群众对"更好的教育"的需求，这是一个系统工程。

关于专业品牌建设，要遵循简单、聚焦的原则，只有简单的信息才能被人记住，定位要聚焦，只需要让一部分人满意。不需要过度地与其他学校进行比较，可以借鉴别人的优秀做法和办学智慧，但更关键是知道自己今天在什么地方，要走向哪里。我们既需要脚踏实地，也需要"诗和远方"，梦想和价值观能让我们做对的事、贵的事，做人家不愿做的事，做长远而有意义的事，树立更加高远的目标，突破发展瓶颈，真正实现更高质量的发展。一个学校也不是事情做得越多越好，而是要正确地做事和做对的事，用正确的方法做对的事这是最难的。未来学校的办学形态会发生很大的改变，要进行平台化转型，我想了好多年，一直在想、在研究。今天请大家来，也是让大家来帮我出主意，让我有再次深度思考的机会，把"未来学校"想明白，我认为，这是经济发达地区职业学校的发展趋势。如果我们还是用封闭的、非常强调边界的这样一种套路来办职业学校，只会是死路一条。从一些成功的商业模式身上，可以看到如何从一个极致的产品切入，逐渐做成一个"平台"。苹果手机卖得好，因为它改变了我们的思维、颠覆了我们的观念，带来了苹果消费平台生态圈。

坚持"差异化"发展战略。必须要改变原来的专业格局，敢于放弃传统核心竞争力，打开边界、拥抱共生，致力于不可替代性。走"小而美"学校之路，努力为学生提供更加优质、个性化的教育服务，促进学生可持续发展。上海职业学校同质化竞争非常激烈，我看杭州职业学校布局调整非常好，包括青岛等。我去年到了青岛，学校之间的布局规划由政府顶层设计，各个学校根据布局做强各自的专业，相互之间冲突比较少，学校间"定位""差异化"特征明显。商贸旅游学校这几年也是主动有所为有所不为，根据学校的办学历史、区位优势和资源条件，关停并转了10多个专业，聚焦能量，努力探索"精准"发展，力图摆脱学校间恶性竞争，适应数字经济的快速发展。敢于冲破"小富即安"的自满自足观念、简单重复过去的思维定势、唯条件的发展模式，用壮士断腕的精神，加快"顶层设计""系统设计"，进行有意识规划和提升，既立足当前，更是放眼未来，考虑长远，不要跟在别人的屁股后面，重新确定具有学校自身特点的办学定位、发展规划，把创新的因子和元素融入到转型发展的具体实践中去。

提升各专业人才培养规格和质量标准。突出专业特色、课程特色、教师特色和"工匠"人才培养特色，把教育当服务业来做，满足企业、家长、学生的要求。世界著名学校都是以自己人才培养特色而形成独特优势的，通过高质量的人才培养而赢得人们的赞誉和社会认可的。尽管在一段时间内，我们拥有领先的"成绩"，但市场变幻莫测，任何看似一个偶发事件，犹如"蝴蝶效应"，都会导致丧失竞争优势，不能为了眼前的各种利益诱惑而忽视、放弃学校发展的未来愿景。我们每个专业都在"聚焦"两字上做文章，聚焦细分市场，数量不必多，保持"高端"，造成稀缺性，我认为，就这一点改变（创新），就会在若干年后形成新的超越，使进化、创新成为学校的特质。我们的每个专业都在重新定位，努力把品牌"故事"讲好，充分挖掘自身价值，使原有的专业内涵发生变化，打造"品牌专业"，树立"质量领先、特色鲜明、创新开拓"的学校形象，办成一所"学生喜欢的现代化精致学校"，吸引更多的"追随者"。

提炼专业品牌核心点，有别于其他学校、其他专业，吸引适合的学生。您的专业最能打动学生、家长、企业的是什么？有哪些是标志性的、创新的东西？我们的合作企业益海嘉里，有个经典广告：金龙鱼调和油 1：1：1 黄金比例。金龙鱼调和油＝1：1：1（概念），让你一想到这个概念就想到这个品牌，想到这个品牌就想到这个产品。重复不断的宣传品牌＝产品特点或者概念，最终嵌入消费者的头脑心智中。商贸旅游学校这几年也帮自己贴了几个标签。

一是精致。是整个教育过程去功利化的一种精致，关注教育教学的全过程，注重细节，注重学生个性发展，把大众教育做成非常专业、高品质的"工匠"教育，形成自己独特的育人精致化模式，逐步演化成上海职业教育的"精致"符号。

二是时尚。学校新开设的人工智能、电竞、现代音乐等专业，开展的各种活动是非常 Fashion，标新立异的，充满活力的，给人耳目一新的感觉，是高品位的，高尚的，领先的，引领上海职业教育的。

三是有文化。形成无处不在的"美"，形成独特校园文化，培养学生良好的行为习惯、语言习惯和思维习惯，让学生讲礼貌、有教养，有一颗学习变美的心。教育家叶圣陶先生说过："什么是教育？简单一句话，就是要养成习惯。""德育就是要养成良好的行为习惯，智育就是要养成良好的学习习惯，体育就是要养成良好的锻炼身体的习惯。"我们有个传统项目，新生在教师节回母校看望老师，初三班主任反馈觉得学生"焕然一新"。学生到学校报到，经过军训，仅仅一个月，这个学生外在的行为就改变了，他会觉得这个学校很神奇。当然，要转化成内在的教养则是一个需要长期坚持的过程。

四是国际化。你身处南京路、陆家嘴，怎么体现中央核心商务区的职业学校特点，为什么坚守在南京路上？我校坚持走国际化道路，成立了国内首家中外合作培训学校，与法国蓝带合作开展高品位的职业培训，合作建设西餐专业；商务英语方面则引进了澳大利亚"商业四级证书"，与澳大利亚艾迪斯科文（ECU）大学战略合作；旅游专业与新西兰皇后镇旅游学院合作，西餐、商务英语、人工智能专业引进格兰德 PVQC 专业英语证书培训等。

品牌已成为各专业教育品质的体现，当人们看到我们某个专业，就和时尚、文化、价值联想到一起，我们品牌专业、示范品牌专业建设就成功了，学校内部质量提升转化为外部的"口碑"，被社会认可、接受，品牌建设才会产生其市场价值。学校在创品牌时需要不断地创造时尚，培育文化，提升质量，形成创新优势，赢得优势选择。

以市场需求为导向，做对战略抉择。作为校长，面对众多信息，需要有方法、有思考，不断去学习。自己要去体验、多跑多观察，特别是向行业专家、头部企业专家讨教，做职业教育必须养成和企业交朋友的习惯，这样才能了解真实的东西。通过直觉、基本的逻辑判断和分析，由此来判断未来的趋势，当然这需要眼界、境界和格局。要学会从外向内看，不要只从内往外看，因为所有的机会来自于市场、企业，不能摆正这个关系，就会产生认知错误。从主体、客体、环境、政策、管理等各个方面来分析学校创新发展系统的构成要素；以专业为主线从社会、政府、学校、教师、课程、资源等层面分析这些构成要素之间的因果关系，建立创新发展系统的要素因果关系模型；在此基础上，构建学校创新发展系统动力学模型，找到学校的创新发展路径，并设计保障这一创新发展路径的运行机制和措施方法。华为胜出的原因有很多，其中最为关键的是战略选择，格局决定了你的天花板。不能停留在经验中，职业教育是在不断变化中进化的。如何面对市场变化？我们常常说天时、地利、人和，必须抓住一切变化和机会，处理好"快"与"慢"的关系，坚持"腾笼换鸟""融合创新"，实施发展新旧动能转换，打造新的专业高地，推动各专业融合发展。

"谋事在人，成事在天"，外部的力量未必不可抗拒，关键是你自己的力量有多强大。历史和现实告诉我们，必须坚持特色发展、错位发展，必须更加重视教育品质，品质成就品牌，只有用好的质量、服务和口碑赢得社会的信赖，学校才能好好活下来。

08 学校发展的"平台思维"

今天，我们在这里举行 G6 联盟的合作签约仪式，长三角商贸旅游类学校校际合作的启动仪式暨研讨会。要具体商讨合作"一体化"的内涵，在专业特色建设、教师跟岗锻炼、学生交流比赛、校间教科研合作、教学改革交流和深度校企合作机制建设等方面如何更好地合作，扬长避短、互补优势，积极贡献各自长板，为兄弟学校发展赋能提速，把各自优势变为区域内六所学校的共同优势，提升整体效能和核心竞争力，合力探索区域一体化发展的职业教育体制机制改革和路径模式，为全国职业教育发展提供更多可复制可推广的经验。特别感谢常州、南京、杭州的同行老师过来交流互动，未来同行之间可以更好交流。

职业学校之间、兄弟之间没有老大、老二之分。为什么？关键是各自学校必须与产业变革相适应，与供给侧改革相适应，适应当地对技术技能人才和高素质劳动者的需求，主动对接当地经济社会发展特别是产业发展战略，增强职业教育对产业发展的支持力和贡献度。特别是江苏、浙江，包括广东、山东等地，职业教育改革发展态势非常好，也非常快。过了若干时间，一个新生的业态、职业可能都不知道从什么地方就冒出来了，人工智能、互联网给我们带来无限想象。新一代信息技术与制造业深度融合，正在引发影响深远的产业变革，形成新的生产方式、产业形态、商业模式和经济增长点。智能装备、智能工厂等智能制造正在引领制造方式变革；网络众包、协同设计、大规模个性化定制、精准供应链管理、全生命周期管理、电子商务等正在重塑产业价值链体系……阿里巴巴、腾讯、百度都将迎来创业 20 周年。作为中国任何城市的一个市民，在过去 20 年里，跟信息的关系、跟商品的关系、跟服务的关系，跟金融、跟空间的关系都因为互联网得到了巨大的改变。

"平台"作为一种新兴模式，正在改变我们的商业行为与生活方式，也会深刻改变职业教育的形态。今天我讲"构建平台型学校的战略思考"，也是最近几年一直在思考的问题，与大家分享。近 10 年来商业模式上最大的创新是什么？阿里巴巴、亚马逊成为全球最有影响力的企业之一，它们凭什么？最近成为热点的各类共享单车、盒马鲜生，凭的就是平台战略。1 月 21 日，由美国权威杂志网站《外交政策》评选出的"过去 10 年对世界产生巨大影响的 10 位思想者"，马云成为唯一一位入选的中国人。马云入选的理由是："真正能改变一个社会的人很少，马云是其中之一。"他的"平台"作为一种新兴模式，对我们整个时代的生活方式、工作方式和思维方式进行了颠覆，已经改变了人类商业行为与生活方式，他可能是对我们社会的贡献或者讲是对这个社会的"捣乱"程度最大的一个人，可能也是中国在世界上最有"地位"的一个人。

将平台战略的核心理念引入学校变革之中，将会产生许多意想不到的变化。某天早晨，我在听新闻，上海市领导去调研上海汽车，上海汽车现在是国内最大的汽车集团，但我讲，未来肯定不是它。未来不知道是谁，或许是特斯拉，或许是百度，或许是阿里巴巴。为什么？未来真正造车的人不一定是传统汽车产业的人，或许是从行业外面钻进来的。全球汽车产业正在进入百年未遇的大变革，随着 5G 移动互联、北斗导航、传感技术、智能交通和能源基础设施等相关支撑技术和产业优势日趋增强，未来几年，我国智能网联和自动驾驶汽车技术将迎来快速发展，智能汽车就是一个"长了轮子的超级手机""移动游戏机"。这两天，感受最深的是打不到车，现在你没有"滴滴"就没有办法打到车，人就是这样一点点被改变的。滴滴第一个冲进来，把出租车的行业规则改变了，颠覆了原先价值分配方式，然后迅速垄断，迅速的把人家灭掉。现在，新的竞争又出现了，人家又要来灭他，这就是市场竞争。"平台"带给我们很多思考，传统的竞争优势可能在短时间内被颠覆。

未来学校形态、边界也会发生颠覆性变化。马云在海南讲："（海南）弯道超车基本没有可能，还容易翻车，谁也不会让你超，只能换道超车。跟在后面是没有前途的……"职业学校也要拥有"平台思维"，借鉴国内外经验，扎根上海实际，我们提出"连接本土、国际资源"、职业教育职业培训并举并重、"一体两翼"，创新职业教育实施形式，参与新的职教体系建设，打造定制化、个性化、弹性化、多元化、信息化的"未来学校"。（1）纵向衔接，积极推动中高（3＋2）、中本（3＋4）贯通培养研究，重点推进中本（3＋4）贯通培养，完善一体化人才培养方案，形成纵向衔接的技术技能人才贯通培养机制；加强国际合作，与澳大利亚艾迪斯科文大学(ECU)、新西兰皇后镇旅游学院等高校合作，形成通畅的国际合作通道，为学生铺平多元发展的路径。(2)横向联系，依托市级的现代商贸开放实训中心，建设了上海首个"中小学生职业体验中心"，首创以"嘉年华"活动形式向全市中小学生开放；形成了"FAIR 营销节""蓝带美食节""暑期职业小达人""国际木工邀请赛"等体验活动品牌项目。

推进职业培训、落实并举并重。最近，我校成立了首家区域职业体验活动中心——"黄浦区中小学生职业体验学习中心"，与中小学建设合作共同体，合作开发职业启蒙、职业认知和劳动教育课程，打造集职业体验、劳动教育、非遗传习和创新创业"四位一体"的综合性学习平台；在上海市教委支持下，依托黄浦职教集团平台，携全市19 所职业院校在"大世界"开展非遗传承传习活动，弘扬中国传统文化。2015 年，引进蓝带国际集团这一具有全球影响力的培训机构，建立了国内首家中外合作培训学校——上海蓝带西餐厨艺职业技能培训学校，以职业培训反哺职业教育，丰富了职业教育国际合作模式；举办"上海蓝带"对我们更好地了解世界高水平职业教育发展动态，用国际视野、理念、手段，高起点、高水准建设一流专业，做实可持续发展的职业学校具有很大帮助。我们要进一步与相关企业合作，举办面向高端服务业、信息服务业的职业培训，1＋X 的证书培训，参与现代职教体系建设、促进职业教育与普通教育横向联系，这是办学观念的革命，也是职业学校的法定职责。

深化产教融合，促进教育链、人才链与产业链、创新链有机衔接。这是当前推进专业教学改革的迫切要求，对新形势下全面提高教育质量、推进传统专业转型升级、培育适应新经济发展的新生劳动力具有重要意义。江苏、浙江、广东、山东职业学校产教融合做得很好，实际上上海做得不够好，没有真正把产业、企业引入学校、融入学校。现在国务院提出"深化产教融合，促进教育链、人才链、产业链、创新链的衔接"，怎么样从供给侧改革的角度来具体推进实施，就是要由产业来引领学校的教学改革。鲁部长到上海来做过一个报告，她讲了一个观点：要提高本科教育质量，你用的教材，你讲的内容都是传统的不变的，怎么提高质量？如果还是沿用多年之前的教材在教，有用吗？现在要把所有专业搞成一个标准，统一起来，有价值吗？区域、产业特点完全不一样。所以，要把学校做成"平台"，让企业深度参与办学，深入参与教育教学改革，多种方式参与学校专业规划、教材开发、教学设计、课程设置、实习实训，促进企业需求融入人才培养环节。

从起步，至真正做到"四链衔接"也是不断解放思想的过程。我想，未来也不排除有更多"引企入校"项目，设立企业工作室、专业实验室、创新基地、实践基地，引入相关行业头部企业深度参与专业建设，探索"根据企业工作岗位需求，开展学徒制合作，联合招收学员，按照工学结合模式，实行校企双主体育人"。探索"混龄学习"、发展各类专业学生社团、工作室、俱乐部，让每个学生成为最好的自己。《国务院办公厅关于深化产教融合的若干意见》指出，鼓励有条件的地区探索推进职业学校股份制、混合所有制改革，允许企业以资本、技术、管理等要素依法参与办学并享有相应权利。现在产业资本非常关注职业教育，他们正在准备进军职业教育、职业培训市场，我们现在属于国资举办的学校，限制框框太多，根本无法谈合作。但是从长远看，未来它一定会是另外一番景象，会产生出新的混合所有制学校，更多企业举办的职业学院。职业教育的回报周期比较慢，但现在产业资本有这个耐心来参与，说明产教融合既是堵点、难点，也是大势、趋势。

"平台型"学校是个新事物，也有一个认识过程。有的领导觉得我讲得有点"大"，一个学校没有资格做"平台"，但是"四链衔接""育训结合"的要求本质上就是做"平台"。职业教育改革，不仅对全体教职工要教育，对各级领导也要教育、沟通和交流，面对职业学校内外部不确定性增多的问题，需要各级领导的支持，才能确保改革行稳致远。不实行改革，不走育训结合是死路一条，在这个根本问题上，我们头脑必须十分清醒。

09　未来学校是真善美的化身

　　我们职业教育应该培养怎样的人？应该怎样培养人？未来怎样的人才有用？未来，凡是标准的、规则的、整齐划一生产的这样一些职业、岗位，一定是会被取代的。前两天在开玩笑，智能化机器人出来以后，未来如果你对谈恋爱整个过程没兴趣的话，就不要去谈了，因为生理问题用机器人全能解决了。机器越来越像人，人会不会越来越像机器呢？传统的教育，把人当成机器一样加工、改造，把人的教育过程，当作一个工业机器人生产的过程。如果学校的育人方式不变革，就难以适应时代发展的需要，校方要使学生从"被动接受"向"自主创新"的学习模式转变，关注学习过程，因材施教、知行合一。未来职业教育非常重要的是加强学生人际交往与协作能力、组织与领导能力、创新与创造能力，包括信息素养等，提升学生的批判性思维与解决问题的能力，提升学生的沟通与跨文化的交际能力。

　　未来学校就是人与人互动交流的平台。按照华师大袁振国教授的讲法："未来的学校，是一个学生活动的地方，是学生们互相交流思想、交流情感的场所。一句话：学校将真正成为师生共生共创、共同成长的地方。"著名音乐家曹小夏于 2008 年成立了关爱自闭症儿童的"天使知音沙龙"，一周一次举行小型音乐会，"城交"青年志愿者组成慈善义工队，坚持 10 年用音乐打开"来自星星的孩子们"的心。我们学校的教师志愿者在曹小夏老师感召下，也已坚持数年为"天使知音沙龙"自闭症儿童开展职业体验、职业培训，让他们有更多机会与人交流。未来教育最重要的是什么？是教会人的交往，教会人的感情互动。未来学校传递知识、技能是次要的，应该聚焦核心素养，五育并举，更加聚焦学生个性发展，注重学生身心发展、审美情趣。职业教育现在更要把加强劳动教育放在重要的位置上。现在学校 60、70、80、90 年代四代教师同堂，怎么样来共事？怎么样来育人？思维方式、工作方式和生活方式完全不同，给学校"三全育人""育训结合""因材施教""知行合一"带来一些新的问题。

坚持把培育"工匠"作为打造和提升学校品牌的突破口，作为核心竞争力，作为学校发展的"软实力"，作为品牌培育的着力点和内在特征。反复强调，为学生提供优质的教育服务，但不是一般意义上的商业服务，是社会公共服务，不是简单地把学生和家长看作是"顾客"和"上帝"，一味地迎合、放任学生。学生在发展过程之中，需要在教师匠心匠艺引领下，通过严格的要求、严谨的管理，让"匠魂"铸就"工匠"。教育服务应该成为我们的"看家本领"，将优质的教育服务提供给学生，也就是工匠精神的传承，也是"学生合理需求不断得到满足的过程、不合理需求不断得到引导和校正的过程、单一和浅层次需求不断得到丰富和提升的过程"。倾力打造"商旅好人"这一精神文化品牌项目。通过弘扬学生中的义举、善举、爱举、壮举、孝举，让大家学习、效仿，倡导学生为自己做点事、为他人做点事、为社会做点事，持之以恒，在"学会做事"的过程中"学会做人"，提升"人品"，筑高道德平台，塑造积极人格，使商旅校园成为"工匠的起点"。

加强美育，"以美育心"。通过校本"礼仪"特色课程、人文素养课程、校园文化活动和社会实践活动，让学生主动发掘新鲜想法，调动学生的好奇心来解决实际问题，丰富学生对真、善、美的体验，培养学生具有美的理想、美的情操、美的品格和美的素养，具有欣赏美和创造美的能力，成为"绅士""淑女"，成为有教养的人，成为上海中职的独特风景线。我们把打造"匠心学校"作为重要抓手，不断丰富"梦——让生命更美好"系列主题教育活动的内涵和特色，成为"美好教育"的重要载体，成为独特的学校文化和核心价值。我相信"梦"的力量，它可以激发和唤醒学生的"内动力"，帮助更多的学生寻找到更多的"梦"，让学生找到自信、自尊，找到自己的"坐标"、找到自身价值，焕发出对美好事物的追求，促进身心健康，开心快乐成长。一所好学校，提供所谓好的教育，优质的教育，就是要给予学生美好事物的体验，个体生命的高度不在于其外在的形式，而在于其内心对于真善美的追求程度。让学生有梦想，有个体生命的高度，有实践真善美的平台，使每一名学生卓越发展、成为"工匠"。

10　编制两张"清单"，推进依法治校

　　把编制《小微权力清单》《办学行为负面清单》作为强化权力监督，推动全面从严治党、依法治校的重要内容，作为推进学校治理能力现代化建设的关键环节，努力打造高标准的依法治校示范校。

　　切实提高政治站位、落实学校《小微权力清单》《办学行为负面清单》，规范教育、管理、服务各个环节的标准和要求，大力推进依法治校。《小微权力清单》内所列事项是相对于"三重一大"事项而言，亦包含"三重一大"事项决策流程中的"微小权力"，各职能部门是"两张清单"的具体执行者和落实者。由校务办公室牵头编制《小微权力清单》《办学行为负面清单》，"两张清单"所列内容依据各项教育法律法规、规章制度梳理汇总，重点关注办学过程中，易发多发违规操作或教师、家长、学生关注度高、反映强烈的事项。各部门要及时按照新的法律法规，不断完善各项管理制度，建立健全各种办事程序、议事规则等，形成健全、规范、统一的制度体系，在学校网站上予以公开。把"两张清单"的建立与学校规章制度的"废改立"作为一个有机整体和重要环节，对涉及师生利益的管理制度、重大事项，实施前均经过适当的公示程序和期限，未经公示的，不得施行；重大事项需经教代会、学代会讨论通过。由校务办公室牵头，对照两个清单进行自查自纠，明确学校领导班子、各职能部门的工作职责，内化为加强党的建设、依法治校的重要理念，建立健全工作要求与目标考核机制。

　　通过梳理行政权力，解决学校能做什么、不能做什么的问题，解决学校现实问题。打破路径依赖和制度惯性，围绕教育质量提高、科学决策管理，形成"三足鼎立"、分工制衡的权力结构和权利关系，每个环节权责明确、各司其责，使决策更加科学，执行更加高效，监督更加有力。对照《小微权力清单》内容，细化分解权力事项，做到权力制

衡、公开透明，让"微"权力在阳光下运行。2—3 年调整一次《教学管理制度汇编》《德育工作制度汇编》，根据上级文件要求、每年调整《学校内控制度》《学校"九费一卡"制度汇编》等，规范经费使用，方便干部、教职工严格自律。强化"家长委员会"职能，不仅关注学生午餐、校服、保险、春秋游、修学旅行等事项，还邀请家长参与专业建设，探索家庭教育指导和完善家委会的活动方式。比照两张"清单"，给学生、家长们一份承诺，也便于家长和学生进行监督。建立《校企合作管理办法》，解决产教融合、校企合作管理、学生实习岗位选派等深层次问题，完善制度，深度打通学校内部治理和校企合作的对接。

学校党组织是凝聚全校教师合力、有效地激发全体成员的积极性、创造性的核心力量。"两个清单"制度为教育改革与发展创造了良好的法治环境，具有纲举目张的意义，把写在纸面上的制度创造性地转化为学校治理效能。从一定意义上说，制度优势更好地转化为治理效能，是一个知行合一的过程，需要作为制度主体的人的全体参与、全程参与，涵盖从制定到实施的全过程。没有建立一套完备的制度，就谈不上制度优势，更谈不上有效治理。要让教职工参与制度建设、分享发展成果、认同制度安排，这是检验学校治理效能的根本标准。把落实《办学行为负面清单》与全面贯彻中共中央、国务院《关于全面深化新时代教师队伍建设改革的意见》有机结合起来，"坚持把教师队伍建设作为基础工作"，进一步激发干事创业的内在动力。开展各种形式教师全员培训，在教师的岗位培训过程中，明确法制教育的内容与学时，切实提高广大教职员工依法实施教育教学活动、参与学校管理的能力，提高课程育人的能力，加强师德师风建设，提高其对法治理念、法律意识的理解与掌握程度，努力成为"有理想信念、有道德情操、有扎实知识、有仁爱之心"的"四有"好教师。

社会参与，探索借助社会资源和力量，邀请专家咨询、专业机构测评相结合的决策、服务、评价机制，综合推进依法治校。制度化水平的提高不是简单增加制度的数量，关键是各领域的制度构成制度体系，相互联系、相互支撑、相互补充，从而形成制度合力，确保治理的整体效能。因此，在依法治校大背景下，靠我们这些"外行"肯定是不专业的、不行的，必须在守正创新上下更大功夫，借助专业机构、专家等社会资源和力量，通过统筹顶层设计和分层对接、统筹制度改革和制度运行，有效地引导学校步入各领域"专家治校"的发展轨道。学校聘请律师事务所作为法律顾问，协助学校处理法律事务，对学校出台的有关管理措施、对外签订的合同、实施改革方案等，进行合法性评估、论证。聘请会计师、审计师事务所作为财务顾问，对学校财务管理制度、资产管理制度、内部控制制度及项目实施规范发挥参谋和助手作用，综合推进依法治校。引进第三方机构、专家参与学校教学质量评价、学生就业质量跟踪调查。加强廉洁风险防控，完善内部控制制度，形成事前、事中、事后均向有关专家征求意见、科学论证、风险评估、监督执行的制度。

治理效能不是固定不变的，不同发展阶段会有不同的治理问题，因此衡量治理效能的标准要不断充实完善。从这个意义上讲，治理制度需要不断现代化，学校治理现代化只有进行时，没有完成时。上海市政府于 2019 年 12 月公布《上海职业教育高质量发展行动计划（2019—2022 年）》，将会带来治理主体多元化、治理问题复杂化和风险化的新挑战，对我们的学习本领、改革创新本领、科学发展本领、依法治校本领、驾驭风险本领提出了新的要求，考验我们的治理技术、动员的治理资源以及应对问题的能力。现在，5G、大数据、物联网、人工智能快速发展，也会给学校治理带来广泛而深刻的影响。我们如何抢抓信息化机遇，实现互联网思维领先一步、治理效能领跑一路，不断增强对现代科技的适应力、掌控力、驾驭力，跟得上、用得好、管得住，使互联网这个"最大变量"成为促进学校治理能力现代化的"最大增量"。更重要的是依靠科技力量用好两张"清单"，成为一套刚性运行机制、保障机制，在解决矛盾的过程中推动学校发展。

第二章

从读书到做人：
培养"有能力的好人"

德育不是慷慨激昂的话语，不是响彻校园上空的口号，不是堆砌如山的标语。立德树人需要"人师"旷日持久的慢养，培养"有能力的好人"是发乎自然、聚焦内心的生命再造。"美好教育"是一种生命信仰，是学校教育哲学和文化基因，因而也是学校的个性和精神。

01 传递信仰：做有能力的好人

  2007 年，学校把自己的育人目标概括为"培养有能力的好人"，商贸旅游学校围绕"好人"主题开展系列活动，应该说是花了很多心思和功夫的。以"知行合一"为主导，成为学生"出彩"的新平台，它用学生"喜欢"的方式、话语，用深度的跨界合作，有针对性地回答学生所关心的问题，让学生在良好的互动中有超值的获得感、满足感。"有能力的好人"已被大家接受，已潜移默化地影响着教师与学生，成为学校新时代公民道德建设、推动社会公德、职业道德、家庭美德、个人品德建设的着力点。2014 年"商旅好人"被评为上海市校园文化特色品牌称号。

  首先，"好人"的提法非常平实且具有亲和力，是朴素的治学理念或是办学思想，同时它的内涵也很宽泛，是务实和接地气的。"好人"，应该说每个人都有各自的评判标准，但应该有基本的标准。我认为：在家里做一名好儿女（有孝心、懂感恩、能自立、会生活），在学校作为一名好学生（有品德、会学习、有个性、善合作），在社会做一名好公民（爱祖国、勤劳动、讲诚信、重友善）。我到商贸旅游学校后做的第一件事，就是与区检察院未检科合作，预防未成年人犯罪和校园暴力伤害事件，但一时一事的堵是不行的，根本还是要让法治意识、公共意识、规则意识、责任意识逐步深入人心，并成为基本生活理念，让每个学生成为好人做好事，而不产生不良动机做坏事。其实所有人都希望自己道德上更好、生活更幸福，没有人愿意做坏人。"好人"的定位就是抓住中职学生、未成年人教育的核心内容，抓住学校这一公民道德建设的重要阵地，最低要求就是培养遵纪守法不去犯罪的好人，更高的要求就是"持续强化教育引导、实践养成、制度保障，不断提升公民道德素质，促进人的全面发展，培养和造就担当民族复兴大任的时代新人"。"美好教育"关注学生对未来美好生活的向往和生命成长，也关注学校的魅力和磁性，我们的学校应成为创造他生命中最重要的经历的地方，并且留下美好记忆，成为他人格提升、心灵升华、智慧生成的地方，成为走向成长、成才、成功的起跑线，成为有素养的好公民。

其次，围绕"好人"主题，学校从学生典型案例评选到好人群体乃至在教师群体中开展好人评选，进而上升到对好人文化，这一点应该说是开先河性的，社会影响巨大。十年来，一位位"商旅好人"，用凡人善举诠释着心灵的高贵，用爱心与善行镌刻着人间的美好，用实际行动讴歌着社会主义核心价值观的内涵。我们年年评"好人"，就是要激发、唤起学生一种积极向上的生命状态，这就是我心目中的"美好"，不管学生自身条件如何，家庭背景怎样，都能在各自的生命历程中，焕发出对美好事物的追求，激发积极的生命状态，找到自己的人生坐标，对自己、对班级、对学校、对家庭、对社会负责任，这就是人品好，这就是"好人"。好的学校就要提供"美好教育"，优质教育就是给予学生体验美好事物的经历的教育。我们从评学生"好人"到评教师"好人"，为什么要让教师参与其中？教师是"和乐"校园的关键因素，连接着学校、学生、家长、企业等各个方面，只有"诚其意"，才能"信其有""信其言"。"诚其意"在人格道德层面是生成魅力的本质要素，教师的一言一行，学生们看在眼里、记在心里，你为学生发展服务，为他们成长所说、所做会是他们一生的美好记忆，也是学生对学校、教师信任的基础，即"信其言"的基础。通过多年的实践，对社会主流价值观的正确引导和引领，"好人"的内涵也就日渐明晰——应该是有思想信仰，有道德素养，能够遵纪守法，能够自食其力为社会作出贡献的人。

第三，构建"商旅好人"德育综合实践课程找到了"立德树人、德技并修"的结合点，实现了从"思政课程"向"课程思政"的创造性转化。"商旅好人"德育综合实践课程其实质不是增设一门课、一项活动，而是学校致力于"立德树人"的有效途径和实践方法，将学校教育、社会教育、家庭教育与学生成长需求点和生长点紧密结合，是"强调方法、培养习惯、注重解决实际问题、提升实践智慧"的实践性学习。围绕时事热点探索、生涯发展体验、德育活动养成课程三大模块，使单一的"思政课程"走向融合的"课程思政"，有效落实社会主义核心价值观进教材、进课堂、进头脑，实现德育润物无声。以"梦——让生命更美好"为主线，围绕"青春梦""中国梦"对德育活动持续不断地改进与创新，形成"感动商旅"经典课程、"阳光礼仪"精品课程、"工匠之声"特色课程和"红色基因"校本课程，把社会主义核心价值观与学校"好人"价值观融为一体。重视操作层面的设计与实施，长短课、大小课共生，改革"常作业"，探索"长作业"，把"小课题"与"大社会"联系起来，贯通价值观、思维力和创造力。"商旅好人"德育综合实践课程，使学校各类课程、各项活动和原有碎片化的教育成为规范系统、内容广泛、复合交叉、较为稳定的课程体系，从注重知识、技能的传授转变为强化职业关键能力的提升。2017年"'商旅好人'德育综合实践课程体系建构与实施"获上海市教学成果（职业教育）一等奖。

第四，社会需要好人，好人是家庭养成的，好人需要社会、家庭的认可和支持。现实中，道德教育仍然被边缘化，社会、家长对学校的认识依然是以学历层次、考试成绩和升学率来评定的，甚至说教育界的同行们对学生能否成为"好人"也是淡漠或不屑，所带来的社会弊端有目共睹。大部分学生并不太愿意非常深入地去反省自己的日常生活。聪明的学生在回答问题时，往往假定老师需要什么样的答案，但在家里与家长沟通时，所说的话和课堂上讲的并不一样。我觉得我们的思想政治教育，还没有真正触及生活、家庭，具体到一个人的道德实践，学校教育与社会教育、家庭教育是割裂的，大多数家长对学校的认可依然是以子女能否考上大学、找个好工作来评判的，并没有多少人在意子女的思想、心理是否成熟，是否健康健全。在家校互动中，我们的班主任需要扮演多重角色，他们既是孩子困惑的倾听者，也是家长的"传话筒"。近年来，我们聚焦亲子沟通、青春期话题和职业规划，通过线上线下各种途径，为家长提供学习的机会，助力家长提升自身素质和育儿能力，家校形成教育合力，用良好家教家风涵育道德品行。我们请家长代表一起来参加"商旅好人"表彰会，深入挖掘自强不息、敬业乐群、扶正扬善、扶危济困、见义勇为、孝老爱亲等传统美德，成为全体师生精神生活、道德实践的鲜明标识。在中国悠久文化传统中，有强大的"好人"传统和"美好教育"的文化基因，需要我们最大程度地激活和唤起师生的良知和善端，形成好人好报的价值导向。

信仰信念指引人生方向，引领道德追求。

02 让学校涌现更多好人

办好学校是每一位校长的追求，教育的灵魂就是引导着人们不断去欲求美好事物。我们提出"办学生喜欢的学校"、培养"有能力的好人"，希望学校真正以学生为本，以人的发展为本，关注的是学校的魅力，如何让学校有磁性，关注学生对学校的向往度，成为几十年后众人心目中的好学校。学生只有一个童年、一段学生时代，我们的学校应成为创造他生命中最重要的经历的地方，并且留下美好记忆，成为他人格提升、心灵升华、智慧生成的地方，成为走向成长、成才、成功的起跑线。我们倡导的"和乐"文化在学校的各个层面都已彰显出她的魅力，深入人心，使人感受到其中的价值和意义。教育是慢的艺术，是基于生命、贯穿生命的，好学校就是要让我们的师生呈现出积极向上的生命活力，引导师生有梦想，追求生命的意义。这需要有勇气，因为外部对教育的误导、干扰太多，功利性的诱惑太多，真的很难静得下心来慢慢琢磨。

我们年年评"好人"，从评学生到评教师，为什么要让教师参与其中？教师是"和乐"校园的关键因素，连接着学校、学生、家长、企业等各个方面，只有"诚其意"，才能"信其有""信其言"。"诚其意"在人格道德层面是生成魅力的本质要素，教师的一言一行，学生们看在眼里、记在心里，你为学生发展服务，为他们成长所说、所做会是他们一生的美好记忆，也是学生对学校、教师信任的基础，即"信其言"的基础。我们讲"和乐"，但学校还是要有正义、正气，刚性制度也反映在教师身上，"其身正，不令而行；其身不正，虽令不行"，希望有更多"好人"教师涌现、更多真正有魅力的好教师涌现，这样学校才能真正走向"和乐"。所谓"山不在高，有仙则名；水不在深，有龙则灵"，一种文化只要其灵魂在激励人们对真善美的欲求，这种文化就是有高度的。

我们年年在学生中评"好人"，希望能够引导学生不断去欲求美好事物，以个体心灵中不断萌生的对美好事物的欲求来激励、激发自我成长的力量，聚集起自我成长的方向与动力。我们培养"有能力的好人"，最重要的就是经过学校的教育，激发、唤起学生一种积极向上的生命状态，这就是我心目中的"好"，不管学生自身条件如何，家庭背景怎样，都能在各自的生命历程中，焕发出对美好事物的追求，激发积极的生命状态，找到自己的人生坐标，对自己、对班级、对学校、对家庭、对社会负责任，这就是人品好，这就是"好人"，这就是好的学校提供的好的教育，优质的教育就是给予学生体验美好事物的经历的教育。这也是我一直坚持评"好人"、做"好人"的出发点。个体生命的高度，并不在于其外在的形式，而在于内心对于真善美的追求程度，在于其在何种程度上追求和实践真善美的生命理想。衷心希望涌现更多"有能力的好人"。

03　成为平凡而高尚的人

德为立国之基、树人之本。2019 年 10 月，中共中央、国务院印发《新时代公民道德建设实施纲要》（以下简称《纲要》）。《纲要》，既充分体现了新时代的新观点、新实践、新经验，也标定了全社会的精神航道，更树起了新时代的道德风向标。明确了"筑牢理想信念之基、培育和践行社会主义核心价值观、传承中华传统美德、弘扬民族精神和时代精神"等四项重点任务，为新时代加强社会主义精神文明建设、推动全民道德素质和社会文明程度达到新高度提供了重要价值规范。党的十八大以来，思想道德建设成效显著，从"时代模范"到"最美奋斗者"，从"全国道德模范"到"国家勋章和国家荣誉称号获得者"……一串串闪亮的名字，一个个光荣的事迹，使爱国主义、集体主义、社会主义思想广为弘扬，人民思想觉悟、道德水准、文明素养不断提高，道德领域呈现积极健康向上的良好态势。多年来，商贸旅游学校把公民道德建设摆在更加重要的位置，坚持培养"有能力的好人"，把德、礼、技、群作为核心内容，把培养学生的良好品质和培养技术技能有机结合起来，引导学生树立"做什么像什么""干一行精一行"的信念，不断拓展有形和无形的思想政治教育融合平台和路径，为学生创造更多的机会，提供更好的条件。学校肩负着培养精致化专业人才、传承技术技能、促进就业创业的重要职责，让每个人都有人生出彩的机会，努力培养高素质劳动者和技术技能人才。

我校大力弘扬时代新风，加强思想道德建设，加强和改进思想政治工作，把社会公德、职业道德、家庭美德、个人品德建设作为着力点，通过劳模报告团、校友讲师团等形式，树立鲜明时代价值取向，彰显社会道德高度。我校开展使命意识和责任意识教育，通过"商旅好人"这一文化品牌项目，持续推出年度"商旅好人"，广泛推荐宣传最美中职生、身边"好人"，让大家学有榜样、行有示范，形成见贤思齐、争当先进的生动局面，推动人们在为家庭谋幸福、为他人送温暖、为社会作贡献的过程中不断提升学生思想觉悟、道德水准、文明素养。"推动践行以爱岗敬业、诚实守信、办事公道、热情服务、奉献社会为主要内容的职业道德，鼓励人们在工作中做一个好建设者"。儒家文化当中有一段经典名言，"格物、致知、诚意、正心、修身、齐家、治国、平天下"。从某种角度看，格物致知、诚意正心、修身是个人层面的要求，格物致知储"正"为上，用正能量修身养德，做正能量的传播者和守护者，在源头上把好立德树人总开关。修德，既要立意高远，又要立足平实。要立志报效祖国、服务人民，这是大德，养大德者方可成大业。同时，还得从做好小事、管好小节开始起步，"见善则迁，有过则改"，踏踏实实修好公德、私德，学会劳动、学会勤俭，学会感恩、学会助人，学会谦让、学会宽容，学会自省、学会自律。

我们坚持"习礼育人"。礼是中国古代社会关系的基础，也是维护社会秩序的主要支撑。"礼义也者，人之大端也""道之以德，齐之以礼，有耻且格"。中华优秀传统文化给我们留下了很多宝贵的思想资源，礼仪礼节是学生道德素养的重要体现，也是道德实践的重要载体，"德"寓于礼仪之中。我们通过"'商旅好人'德育综合实践课程"明确了道德实践养成的诸多载体途径，也是教育与实践相结合的过程，知行合一的过程，植根于学生生活实践的过程，使道德内化于心、外化于行，使追求有"德"成为习惯。核心价值观，其实就是一种德，既是个人的德，也是一种大德，就是国家的德、社会的德。中国古代重视仪式感教育，贯穿于人成长的主要阶段，《十三经》中就有《周礼》《仪礼》《礼记》三部专门讲礼仪的书，《童蒙须知》《童子礼》等蒙学读物强调以礼仪教育来养成儿童良好的言谈举止，礼仪教育是一种唤醒良知、激发潜能的生命教育与认同教育，它使人逐渐萌发敬畏感与责任感。"礼"与"仪"联系在一起，无"仪"不成"礼"，仪式本身就是一种文化传承和教化力量。

最近几年，从学校层面规范了一些仪式制度，如升国旗仪式、成人仪式、礼仪日、礼仪操、校园礼仪等，强化仪式感、参与感、现代感，这也是依法治校的重要体现；充分利用重要传统节日、重大节庆和纪念日，它们就是一种潜移默化的感恩教育与生命教育，从祭祀先人到缅怀革命先烈，是家庭教育的拓展与延伸，是家国情怀的教育，会在学生心中增加诸多正能量。以"梦让生命更美好"为主题，增强学生对党和国家的认同感和归属感，丰富道德体验、增进道德情感。仪式既是传播渠道，也是传播内容，让学生现场参与、聆听、观看，把叙事的"浸入式"、主题的"思想性"、现场的"体验性"结合起来，这种传播场景的建构,有利于吸引学生的深度参与,让爱国主义具象化。礼仪是宣示价值观、教化学生的有效方式,是整个中国人世界里一切习俗行为的准则。礼仪教育在过去几千年中华文明史中承担着继承和发扬中国传统美德的使命,同时对规范社会秩序也起到了极其重要的作用。我们坚持"习礼育人",就是"推动践行以文明礼貌、助人为乐、爱护公物、保护环境、遵纪守法为主要内容的社会公德,鼓励人们在社会上做一个好公民","推动践行以爱国奉献、明礼遵规、勤劳善良、宽厚正直、自强自律为主要内容的个人品德,鼓励人们在日常生活中养成好品行"。

坚持"德技并修""崇德强技"。学校是公民道德建设的重要阵地,坚持培养"有能力的好人",根据职业教育的特点,全面贯彻党的教育方针,充分发挥"强技"的综合育人功能,强化劳动精神、劳动观念教育,引导学生热爱劳动、尊重劳动,懂得劳动最光荣、劳动最崇高、劳动最伟大、劳动最美丽的道理。劳动不仅能锻炼身体,强健体魄,还能磨炼人的意志,培养人的品质。"技"是职业学校立校之本,学生的立身之本,我们把"技"作为"好人"的重要内容,作为"有能力"的核心,就是希望同学们立志追求人无我有、人有我优、技高一筹的境界,学到真本领,用勤劳和智慧创造美好人生。对于职业学校来讲,要真正让"强技"落地,必须弘扬劳动光荣、技能宝贵、创造伟大的时代风尚,营造人人皆可成才、人人尽展其才的良好环境,把"工匠精神"有效传授给学生。马克思认为,人之为人,正因为劳动,是劳动创造了人。那么,远离劳动,也必然会造成人的退化,在下一代身上这种退化已经表现出来,不仅仅反映在体质上,还反映在品质与意志上。事实上,"强技"教育是塑造人不可缺少的一环,我们必须清醒地认识到坚持产教融合、校企合作,以及工学结合、知行合一的重要性和必要性,认识"德技并修""崇德强技""学以致用"的重大意义。

积极推进 T 型课程体系建设,就是深入推进"三全育人",深度挖掘学校各专业课程所蕴含的思想政治教育资源,传授并培养跨界的知识、技能与核心素养,形成各类课程同向同行的大格局。其次,要培养学生奋勇争先的进取精神,历练不怕失败的心理素质,保持乐观向上的人生态度,使顺境逆境都成为人生的财富而不是人生的包袱,帮助学生扣好"人生第一粒扣子"。当前,新兴科技和产业革命加速兴起,新技术、新业态、新模式不断出现,要营造注重创新的良好氛围,激发学生创新欲望,培养学生创新意识,使创新创造成为推动学生成就事业的"新引擎"。最后,就是"群","合群""敬业乐群",提升学生人际交往技能,培养合作能力,尤其是学生团队合作能力,以积极乐观的态度适应环境、认真工作、幸福生活。学会尊重他人、学会关心他人、学会顾全大局、学会"和而不同"，发挥自己在团队中的积极作用，协同合作、共同奋斗。

我们强调知行合一、以知促行、以行求知，正所谓"知者行之始，行者知之成"。每一项事业，不论大小，都是靠脚踏实地、一点一滴干出来的。做人做事，最怕的就是只说不做，眼高手低。社会实践、职业实践是职业学校学生练就过硬本领的"大熔炉"，既要读破万卷书，更要到企业去实践、去体验，去行万里路，看中国社会的大变化，既要多读有字之书，也要多读无字之书，注重学习人生经验和社会知识，注重在实践中加强磨练、增长本领。在人工智能＋背景下，更需要人际交往能力，需要跨专业技能与职业经验，对创新、合作、解决问题及知识运用等能力大有裨益，才能更好地促进自我发展。志向是人生的航标，我们多年开展的"梦让生命更美好"这一主题教育，就是要让每一个学生要有自己的志向，这也是人生的脊梁，也是我们培养"有能力的好人"的初心。

04 帮助学生"扣好人生第一粒扣子"

　　无数人强调知识改变命运，却常常忽视比知识技能更为重要、更为隐形、更能决定命运的一种关键力量——习惯。我们培养"有能力的好人"，离不开"德"和"礼"，习惯的养成无法一蹴而就，也不可能一劳永逸，需要"化"、更要管，必须重视学生习惯养成，帮助学生"扣好人生第一粒扣子"。我们抓习惯养成不仅是追求"美好教育"的高度，更是我们丈量自身行为规范的尺度。希望以习惯倒逼"素质"的落实，以外在的"礼"促进内涵的"德"的培育，把内在的难以触摸的"素质"，变成能够外显、可以培养的"习惯"，通过一个个可操作实施的课程，形成一种自然品质，是隐之于内，同时又是可以感知、触摸的显之于外的东西，促进学生形成稳定的价值观，塑造良好的人格，创造幸福完整的人生。伴随新一代信息技术的蓬勃发展，高端服务业迭代升级，除了需要具备专业领域知识、技能以外，更需要具有沟通、合作、涵养、气质等"软性"职业技能，更要有"由内而外"的良好教养与习惯。我们培养出来的学生不一定都要有双眼皮大眼睛，但一定要有对人真诚友好的眼神；不一定都要长得漂亮，但一定要阳光，会自然亲切地微笑；不一定能说会道、口若悬河，但一定要会适宜地问候、致谢、道歉，真诚地待人接物处事，做有良好教养的人。注重习惯养成是我们学校的优良传统，养成路径与方法都有明确的规范与要求，其目的就是希望学生围绕德、礼、技、群，逐步养成"好人"所应具有的良好习惯。可以说，以特色"礼仪课程"为代表的习惯养成项目，为良好"习惯"落实提供了行动路径。

　　传统美德是社会文明的"根"和"魂"，法治和规则是其基本"骨架"，二者缺一不可。这就好比在松散的沙子当中，将道德的水分与制度的水泥、规则的石子混合，才能产出比花岗岩还坚硬的文明基石。遏制校园不文明行为，除了持之以恒的道德教化，还必须要有严格的惩戒，否则会缺失对规则的敬畏，诱使人们仿效那些失"礼"少"德"的无素质行为。规则的落实效果，是展现文明水准与"素质"高低的标尺。"素质"与名声无关、与身份无关、与是否高学历也无关，而与人内在的"德"有关。我们要以"养成"和"做人"为育人的核心价值取向，注重学生良好"教养""习惯"的培养，"从小做起，就是要从自己做起、从身边做起、从小事做起，一点一滴积累，养成好思想、好品德"。要做"好人"，教养是最重要的品质，教养决定了一个人的生命层次。个人的发展空间有多大，靠的不是颜值，而是知识、教养与智慧；要教会学生感恩，感恩父母、感恩老师、感恩国家，感恩是一种教养，是一种态度，更是一种责任，"投之以桃，报之以李"。学校的影响力有多强，评判标准不在大楼，而在育人能力和文化内涵，我们抓学生的"礼"和"德"，展现的是学校独特的教育思考、精神底蕴，让文明内化于心，始于自发、成于自觉，培养出一个个有教养的"商旅人""上海人"，彰显学校的文明高度，滋养"诗和远方"。

"家庭是人生的第一个课堂"，中国人一向重视"家庭"在个人成长过程中的作用，"无论时代如何变化，无论经济社会如何发展，对一个社会来说，家庭的生活依托之作用都不可替代，家庭的社会功能都不可替代，家庭的文明作用都不可替代"。可以说，"家庭是人生的第一个课堂，父母是孩子的第一任老师"。家长对孩子的道德观念、行为原则以及一些良好行为习惯养成起着重要影响。教育家马卡连柯就此指出："没有父母的爱，培育出来的人往往是有缺陷的人。""问题孩子很多源于问题家庭。"媒体多次报道未成年人犯罪案件、校园暴力事件，其背后往往是家庭教育的缺失。有的家庭是生而不养，有的家庭是养而不教，更多的是教育不当。有的家长无视教育孩子的责任，往往会以忙于事业、忙于工作为借口，将教育孩子的责任推给学校。孩子有了问题，就习惯于责怪学校教师、抱怨社会环境。马克思说过："法官的行业是法律，传教士的行业是宗教，家长的行业是教育子女。"这句话非常深刻。给予自己孩子呵护，无条件地爱孩子，这是每个父母都能做到的。但是我们不能只有爱，还要让孩子"怕"我们，至少"怕"父母中的一个，否则无法无天，出了大事就后悔莫及了。家长要重视"底线教育"，要为孩子设置清晰的界限、规则和行为标准，让孩子知道，自己言行的边界在哪里，用爱和规则为孩子设立一个屏障。譬如，告诉孩子，不能随意拿别人的物品，和同学发生矛盾要以理服人而非动手打人，不能说谎……这些具体细微的"底线"，有利于其更好地和他人交往，坚守良好的品行。

俗话说：不犯错的孩子长不大。孩子做了错事不要紧，但一旦孩子突破了"底线"，要让孩子明白做错事的后果，给与适当的惩戒，懂得为自己的行为负责，而不是一味地包庇孩子，这样才会帮助他们健康成长。现在的孩子不是不懂法，他们知道刑法关于刑事责任年龄的规定，但是理解上有重大偏差。事实上，对于已满 14 周岁的未成年人，犯故意杀人、强奸、抢劫等重罪的，也一样要负刑事责任，应该加强有效的法治教育。家长也要对自己的情绪进行管理，这个时期的孩子处于青春叛逆期，即便再怎么糟糕，学会点到而止即可，学会管住自己的嘴，很多悲剧往往来源于家长的不当言行。要注意观察孩子的思想动态和行为变化，随时做好教育引导工作。最近，一个家长在大桥上批评孩子，孩子直接选择跳江自杀，结束生命。人们会说现在的孩子怎么这般脆弱，其实是进入叛逆期，青春期有一个过程，家长要陪伴孩子平安度过。从另一方面看，现在不少学生，往往把在家里的少爷小姐脾气在学校发，克制脾气是教养，很多人缺乏对情绪的掌控能力。家长要善于从点滴小事中教会孩子欣赏真善美、远离假丑恶。譬如坐电梯的时候，电梯门马上要关上，有个人飞奔而来，这时候帮他按一下电梯，等他一下；过马路不闯红灯、不随手乱扔垃圾、不在地铁上抢座位……家长要将明确的"底线"落实在具体的日常琐事之中，孩子很容易有样学样。父母应该通过自己的行为示范，让孩子"看见""践行"，给孩子做出榜样，通过"教"和"养"，从而养成良好的习惯。

我为什么到现在还坚持要班主任上门家访？如果只是在学校接触学生，我们的很多青年老师都会郁闷：不少学生学习不努力，不爱交往，不愿参加体育活动，不讲究仪表……但是看到学生的家庭环境，那一刻突然顿悟：他为什么有这些优缺点。通过家访，教师真实地了解了学生家中生活、成长情况，有利于教师在以后的教育中，依据学生家庭的实际改善教育方法，真正达到因材施教，特别是对于"问题学生"，家访有利于发现他们的闪光点，有利于找到施教的切入点。我们的学生操着不同的方言，从天南海北汇聚在此，为了同一个梦想——通过教育改变家族漂泊的命运，在上海顽强地扎下根，切断贫困代际传递，更好地生活。要让我们的学生和家长知道，学校可以让他们梦想成真。要让家长明白，家教家风造就一个人的"素质""教养"，为什么"葛优瘫"比端坐着安逸？很简单，求舒服、图自在几乎是人的本能。但是，在家可以随便，出门不可随意。要告诉家长，学校的规矩和要求，告诉家长这些"教养""习惯"对孩子未来发展的重要意义，好家风才能滋养出好的品格。这个时代，为什么还需要家访！家访是教师把一个个名字代表的符号具象化的方式，这种面对面带来的交流、理解和宽容，是微信、电话所不能替代的，也是青年班主任的基本功。更重要的是，这种家访、互动让教育有了温度。

要让家长明白，教育的根不在学校，教育的根就在家，优良的家教家风是良好习惯的精神滋养。班主任要让我们的学生明白，"千里之行，始于足下。每个人的生活都是由一件件小事组成的，养小德才能成大德。……不要嫌父母说得多，不要嫌老师管得严，不要嫌同学们管得宽，首先要想想说得管得对不对、是不是为自己好，对了就要听。……良药苦口利于病，忠言逆耳利于行。我们要养成严格要求自己、虚心接受批评帮助的习惯"。学生的文明程度、道德自律、举止进退、做人修养，乃至人格人性，这些品质多半与家庭的影响、家学的渊源、家风的承继、家教的成果有密切的关系。学校教育、社会教育和家庭教育形成合力，才会把美好的道德观念传递给孩子，培养出更多"有能力的好人"，成为对国家、对家庭有用的人。

国务院办公厅印发的《关于领导干部带头在公共场所禁烟有关事项的通知》要求"教师不得当着学生的面吸烟"。联想到校园禁烟能否真正落实，取决于规矩是否严格、制度落实是否到位；立规矩容易，将"管"挂在嘴边也容易，如何让纪律和制度落实到位，才是难点。"开车不喝酒，喝酒不开车"已蔚然成风；曾经久推不动的垃圾分类，经立法强制执行后正逐渐变为新的风尚。可见，"管"可以出素质，"管"可以保文明，关键是要让制度成为"高压线"。如果违反规则的"代价"实在太低，一边是利剑高悬，一边是违法违规的苗头屡刹不止，就会产生"破窗效应"。

作为教师，应该为学生树立好的榜样，起带头作用，从做人的道理，教学的渊博，日常的穿着习惯等方面，都会深刻影响学生的教养，教师一言一行、一举一动都是育人。教师上课该不该带茶杯进课堂，可不可以带手机进课堂，在课上可不可以接电话？教育无小事，细节见师表，我们要引以为戒，自觉把立德树人放在首位，贯彻"三全育人"理念，帮助学生"扣好人生第一粒扣子"。校风、教风和学风关系密切，教风起着主导作用，"亲其师，才能信其道"。唐代文学家韩愈在《师说》开篇写道："古之学者必有师。师者，所以传道受业解惑也。"古往今来，任何一个人的成长成才，都与老师的教育教导有关。教师应有堂堂正正的人格，用人格的力量成风化人，用真理的力量感召学生，自觉做为学为人的表率，做到"德学"兼备、两者皆高，才能赢得学生由衷的敬佩与尊重。

现在经常会听到"玻璃心""伤不起"之类的话。玻璃心是如何养成的？这和教育过分强调起跑线的重要性有关。一朝落后，永远落后。我们要与家长紧密配合，给予孩子正确的引导，培养他们人生长跑的意识和能力，告诉他们一时的失败或者落后算不上什么大事。即使跌倒，也要不断爬起来——最终跑到终点的会是这样的人。如果还能够一边跑，一边欣赏路旁的风景，那就更好了。现在教育的困境，主要是我们太贪婪，什么都想要，缺少"立德树人"这一坚定不移、始终如一的价值追求。教师之责在于育人，教师之要在于身教，要以"匠心""匠艺"激发学生学习动力，把培养"好人"作为初心，成就学生美好未来，工学结合、德技并修、知行合一，坚定不移地培养"有能力的好人"。

05　"商旅好人"德育综合实践
课程体系建构与实施

　　学校从战略高度出发，从"立德树人"这一根本任务出发，从职业学校学生成长和教育规律出发，以"知行合一"理念为逻辑起点，以社会主义核心价值观为核心内容，与学校培养"有能力的好人"育人目标相结合，从大教育、大德育、大社会出发，分析学生认知特点和课程需求，对学校思政课程体系、内容体系和工作体系进行拓展、创新与重构，经过十年的不断实践与完善，构建起"商旅好人"德育综合实践课程，从"专人"变"人人"，形成"双同三全"实践育人运行机制，2014 年"商旅好人"被评为上海市校园文化特色品牌称号。

　　构建"商旅好人"德育综合实践课程群。学校把自己的育人目标概括为培养"有能力的好人"，学校的教育教学活动，包括校园文化、环境建设及各个方面都是围绕其而进行的，而支撑学校育人目标的关键是课程。学校抓住上海市中等职业教育课程教材改革、特色示范学校建设和上海市教育综合改革的契机，树立"大教育"课程理念，根据中国传统"知行合一"教育思想，继承陶行知、黄炎培教育思想，在发挥中职思政课程主渠道作用的同时，从"立德树人"本质出发，从使社会主义核心价值观真正入耳、入脑、入心出发，从加强思政课程实践环节的需求出发，深入分析学生的认知特点和课程需求，突出显性教育和隐性教育相融通，构建学校"商旅好人"德育综合实践课程群，这是学校 T 型课程体系中的重要"⌐"(T 字上的横轴)，是整个课程体系的融合环节、重要的"黏接剂"。课程群建构与实施的过程也是"培养有能力的好人"逐步成为全体教职工信奉的教育理念的过程，成为学校使命、愿景和育人目标的过程，也是形成同向同行、全员全程全方位实践育人格局的过程。

　　课程群包括三大模块：时事热点探究课程、生涯发展体验课程和德育活动养成课程。综合实践课程群以"4＋1"思政课程内容为主要依据，结合各专业、学科课程进行统筹、整合实施，使不同课程、活动要素彼此渗透、融合贯通，形成优质多元、开放共享、个性选择和分类分层的课程结构。充分发挥课程的整体育人功能，突出核心价值观、生涯指导的作用，增强学生社会责任感和人生幸福感，培养正确的劳动价值观，提升人文素养、科学素养和职业能力，促进知识、能力转化为素养并得以全面提升，为每一名学生的成才奠基。"动手＋动脑"是综合实践课程的基本学习方式，转变过去以知识传授为基本方式、以知识结果获得为直接目的的学习活动，强调多样化的实践性学习，如调查、访问、考察、服务、职业实践等，重过程、重实践、重体验，通过多样化、融合性的课程内容，满足学生自主选择的学习需求。充分发挥信息技术对于各类活动的支持作用，有效促进问题解决、交流协作、成果展示与分享，为学生发挥特长、张扬个性搭设平台，让学生乐学、乐思、乐动，知行合一，增强实践育人效果。

将"育德"贯穿于教育教学全过程。这是站在思政学科之上进行的一项综合改革，抓住教育核心要素及其相互间的关联，改变过去对思政课程改革的认识，改变过于聚焦教学方式研究的状况，进而从"大德育"视野去思考思政学科价值，突出"知识传授"与"价值引领"相结合，在发挥"4＋1"思政课程主渠道功能的同时，强化德育实践环节，注重"知行合一"，凸显跨界合作、师生互动、对整个育人过程进行持续改进创新，使学校各类课程、各项活动与思政课程同向同行，使原有的碎片化教育成为规范系统、内容广泛、复合交叉、较为稳定的课程体系，将"育德"贯穿于教育教学全过程，让各个育人要素由过去"自由发挥"转变为目标标准化、过程精致化、绩效优质化的课程体系。"商旅好人"德育综合实践课程其实质不是增设一门课、一项活动，而是学校致力于"立德树人"的有效途径和实践方法，将学校教育、社会教育、家庭教育与学生成长需求点和生长点紧密结合，围绕学生德性发展进行课程开发与实施，使单一的思政课程走向融合的课程育德。

在"慢"字上做文章。不是频繁"运动""变化"，让教师、尤其是青年教师逐步吸收"商旅好人"内隐文化的精神和价值观，不仅关注学生如何掌握知识、发展智能和学业成功，更是关注学生的生活、学生的生命和学生的心灵，让学生体验一步一步实现梦想的快乐，激发和唤醒学生的内动力，让学生找到自信、找到"坐标"、找到自身的价值，把社会主义核心价值观与"好人"价值观融为一体，有效落实社会主义核心价值观进教材、进课堂、进头脑，内化为个人的品质，渗透到心理和行为中去，化为健康人格、精神的内驱力。"商旅好人"德育综合实践课程找到了"立德树人、德技并修"的结合点，潜移默化地影响着教师与学生，成为学生"出彩"的新平台，用学生"喜欢"的方式、话语，用深度的跨界合作，有针对性地回答学生所关心的问题，让学生在良好的互动中有超值的获得感、满足感，真正实现了从"思政课程"向"课程思政"的创造性转化。

到"大社会"实践，与生活经验相联系、与生产劳动相结合。围绕学生生涯发展，激发学生"青春梦"，并为"中国梦"而努力学习，精心设计具有"地域特色、时代特征、专业特点"的综合实践课程与项目（包括 19 个课程 42 个子课程），将割裂的活动与课程融入规范系统、复合交叉的课程体系，解决思政课程、德育活动及各专业实践活动"几张皮"现象，让学生"能从个体生活、社会生活及与大自然的接触中获得丰富的实践经验，形成并逐步提升对自然、社会和自我之内在联系的整体认识，具有价值体认、责任担当、问题解决、创意物化等方面的意识和能力"。

从课堂到社会，聚焦现实问题探究时事热点。抓住思政课堂主渠道，以常规课（国规 4＋1 门必修课）为核心轴，利用上海城市文化、黄浦区域资源变革课堂生态，构建"成长一刻""今日瞭望""热点漫谈""读懂上海"等课程，让鲜活的"时政和社会民生"走进学生生活，让原有的小课堂延伸成为学生自主探究的"大课堂"。从"成长一刻"关注学生自身成长的关键环节到"读懂上海"关注上海城市发展；从"热点漫谈"学生谈自己身边的事到"今日瞭望"关注国家大事；提升学生的自主意识、思辨能力、合作分享精神，让学生迈开成为"有能力的好人"的第一步。

从规划到行动，丰富生涯体验激发内生动力。帮助学生职业生涯规划是学校的重要任务，重构"幸福心理""职业心理""生涯指导""创新创业"等子课程，让学生在"学会做人、学会微笑、学会技艺、学会合群"的过程中找准自己的人生坐标，找到人生的"梦想"，引领学生职业生涯起航；借助学校自主开发的商旅 i 就业 APP，学生生涯发展服务系统，将这一系列课程贯穿学生三年的中职生活。学校的实训中心、职业体验中心、创新创业中心，包括校外实训基地，为学生职业体验和创新创业能力培养提供了实践场域，学生的生涯规划不只是停留在书面的规划方案，而是真正落实到专业学习和跨专业综合实践活动中去。

从养成到做人，崇德向善活动浸润育德育心。2009 年起，以"梦——让生命更美好"为主线，打造"红色基因"优势课程，让上海、黄浦丰富的红色资源成为学生成长的"红色基因"；形成"阳光礼仪"系列精品课程，把礼仪从课堂延伸到校园生活、社会生活和职场；成立劳模报告团、校友讲师团，结合各专业教学建立"名师讲堂""工匠之声"催生"工匠精神"；构建"感动商旅"系列主题教育，让学生在学好人做好人中体验实现梦想的快乐，激发学生的成长动力，将社会主义核心价值观内化于心、外化于行。

从学校到企业，形成"工学结合、德技并修"育人机制。连接各方优质教育资源，建立校企深度融合培养机制，融入企业文化，形成良好的专业建设、校企合作育人生态圈，形成"工学结合、德技并修"育人机制，关注职业关键能力、核心素养，加强体力劳动、专业综合实践能力和劳动素养培养，实现各专业、学科协同育人，提升学生职业综合素质，保证学生精准就业和高质量就业，满足现代服务业高素质、复合型人才需求。

从传承到创新，拓展多元课程发展核心素养。关注学生可持续发展，将核心素养、关键能力融入 T 型课程体系建设，推进"人文底蕴、科学技术、审美情趣、跨文化理解"素养课程群建设，开发大量的素养类拓展类课程，积极发展学生社团，例如文礼书院、精细木工、3D 打印、创业等，为学生提供"出彩"的平台；加快专业综合实践课程群建设，拓展专业实践能力和校企合作育人水平，让学生在选择、合作、分享中完成学习任务，开拓国际视野、涵养人文素养和科学精神。

从"专人"变"人人"，形成"双同三全"实践育人运行机制。把思想政治工作和学校德育纳入党组织的主体责任，形成新的管理体制、运行机制，建立标准作业程序（SOP），使得学校各部门、各相关人员都可以对照着清晰的"商旅好人"课程目标要求为自己定位，大家同向同行，形成全员、全程、全方位的实践育人机制。突出实践导向、注重综合能力、做好写实记录、建立档案袋、做好科学评价，通过学"好人"、做"好人"、树"好人"、评"好人"，形成崇德向善、见贤思齐的良好风尚，让学生"真学、真懂、真信、真用"，用制度保证"好人"的实践养成，2017 年"'商旅好人'德育综合实践课程"通过上海市"学生综合素质评价学校特色指标"评审。

进行有意识规划和提升。以教育综合改革为契机，提升课程领导力和价值引领，教师从课程执行者向课程研究者、开发者转变，形成体现价值引领的"商旅好人"文化，将其落实到每个学生身上，成为学校干部、教师、职工责无旁贷的岗位责任，通过"勤奋精业、严谨治学"这种群体风尚和精神追求，以教风促学风、促校风，建设"崇德明礼、敬业进取"的良好校风，用自己的行动践行"工匠精神"，通过匠心匠魂培育学生的"工匠精神"，真正做到教书育人。"商旅好人"德育综合实践课程的综合性对教师知识结构、思维方式、专业能力提出了新挑战，同时也促进了教师的专业发展，催生了一批在上海中职有影响力的特色课程，增强了教师的学科自信、学术自信。

06　坚持"知行合一"
　　　培养"有能力的好人"

　　学校最根本的是要全面贯彻党的教育方针，解决好培养什么人、怎样培养人、为谁培养人这个根本问题。2007年，学校把自己的育人目标概括为培养"有能力的好人"，而支撑的关键是课程，当然也包括校园文化、环境建设及各个方面。作为职业学校，既要教学生"读书"，又要教会"做事"，更是要在"读书""做事"的过程中教会学生"做人"，培养"有能力的好人"，教会学生"做人"应该成为学校鲜明的个性和品质。2014年"商旅好人"荣获上海市校园文化特色品牌称号，2017年"'商旅好人'综合实践课程体系建构与实施"获上海市教学成果（职业教育）一等奖。"商旅好人"德育综合实践课程找到了立德树人、德技并修的结合点，已经成为学生"出彩"的新平台，它用学生"喜欢"的方式、话语，用深度的跨界合作，有针对性地回答学生所关心的问题，让学生在良好的互动中有超值的获得感、满足感，实现了从"思政课程"向"课程思政"的创造性转化。

　　编制《"商旅好人"德育综合实践课程实施指南》（以下简称《实施指南》），就是要阐明"课程思政"的学理依据和建设内涵，规范不同教学活动的实施路径和教育评价。通过《实施指南》，使学校各类课程、各项活动和原有碎片化的教育成为规范系统、内容广泛、复合交叉、较为稳定的课程体系，将"立德树人"贯穿于教育教学全过程，指向学生核心素养培养和职业综合素养提升，把社会主义核心价值观与"好人"价值观融为一体，有效落实社会主义核心价值观进教材进课堂进头脑，形成全员、全程、全方位的实践育人体系。《实施指南》"课程篇"按五大模块展开，包含了51个课程和子课程方案及案例举隅，就是要让得学校各相关人员都可以对照着清晰的"商旅好人"课程目标要求为自己定位，建立标准作业程序，落实教学目标、课程转化、教材使用、教学管理等方面的统一要求，又因地制宜、因时制宜、因材施教，大家同向同行，让各个育人要素由过去"自由发挥"转变为目标标准化、过程精致化、绩效优质化的课程体系，最终实现全员育德。

推进课程改革关键是教师，要改变教师单打独斗的工作行为。《实施指南》是驾驭整个课程体系的总纲领，围绕"知识传授"与"价值引领"相结合的课程目标，构建"显性教育"与"隐性教育"相融合的课程内容体系，发挥教师的积极性、主动性、创造性，主动挖掘课程和教学方式中蕴含的思想政治教育资源，使学校德育从"专人"变"人人"，从而使课程与教学真正成为育人主阵地。《实施指南》是学校"课程思政"组织、实施和管理的系统设计，通过制度保证，组织丰富有效的教研活动，让教师们共同面对德育综合实践课程实施过程的瓶颈问题、关键问题、难点问题、核心问题，共同关注课程思政是什么、做什么、怎么做、用什么方法做；共同关注教育效能，如何取得更好的教育成效。《实施指南》试图把"单脑"连接成"群脑"，让教师个体的教育行为转变为群体的合作行为，形成目标一致的教育共同体，孵化和催生出更多的成功案例，同时告诉更多教师：课程思政应该怎样做更好，让"商旅好人"德育综合实践课程的实施成为教师个人成长与发展的重要平台、教师专业化的重要阶梯。

《实施指南》以"知行合一"为逻辑起点，深刻把握"知""行"关系。自古以来，"知"与"行"既是十分重要的哲学命题，也是日常生活之中经常出现的人生话题。简而言之，"知"指的是思想认识、道德观念、事物之理，"行"指的是道德践履、实际行动。尽管人们对"知"与"行"的关系一直存在不同看法，但都在不同层面肯定两者互相依存、不可分离的辩证统一。我们强调"知"与"行"是相辅相成的："'知'是基础、是前提，'行'是重点、是关键，必须以'知'促'行'，以'行'促'知'。"只有把道理真正弄懂了，行动才能自觉持久；只有行动上落实了，对道理的领悟才能更深入。我们通过《实施指南》就是要教师处理好"知"与"行"辩证统一的关系，也就理解了两者为什么要"合一"的问题。这对我们以新的思想认识推动新一轮的实践、以新的实践深化思想认识指明了方向，提供了方法论指导。

要加大对学生的认知规律和接受特点的研究，发挥学生主体性作用。要坚持灌输性和启发性相统一，聚焦热点话题、聚焦课堂、聚焦学生，注重启发性教育，引导学生发现问题、分析问题、思考问题，在不断启发中让学生水到渠成得出结论，努力做到知行合一、以知促行、以行求知。"商旅好人"德育综合实践课程其实质不是增设一门课、一项活动，而是学校致力于"立德树人"的有效途径和实践方法，将学校教育、社会教育、家庭教育与学生成长需求点和生长点紧密结合，是"强调方法、培养习惯、注重解决实际问题、提升实践智慧"的实践性学习。要善于发挥学生同伴互补互助的教育功能，让学生"差异"成为资源，通过多样化、融合性的课程内容满足学生自主选择的学习需求，满足各类学生的获得感和分享需求，学会正确的思维方法。要充分发挥信息技术对于各类活动的支持作用，为学生发挥特长、张扬个性搭设平台，让学生乐学、乐思、乐动，把学到的本领运用到实际工作中去，增强实践育人效果。

针对这几年学生的具体特点，尤其要加强劳动精神教育。强调劳动教育，就是要在学生中弘扬劳动精神，工匠精神，劳动教育不仅能培养学生的职业技能、生活技能，而且能促进人的体力发展和智力发展，培养学生的创新精神和实践能力，养成尊重劳动的思想品德。黄炎培在百年前提出："职业教育的目的是为个人谋生之预备，为个人服务社会之预备，为世界及国家增进生产能力之预备。"要完善载体，通过值星班、社会实践、志愿服务、实训实习、非遗传承、日常家务劳动等多种方式加强劳动教育，用好校内校外两种资源，对劳动教育的组织、任务、强度要求、教学目标、保障手段等作出详细指导，健全工学结合、德技并修的育人机制。不断丰富"工匠之声"课程内涵，培养学生热爱劳动、尊重劳动、热爱劳动人民，树立劳动光荣而幸福的情感十分必要。

青少年阶段是人生的"拔节孕穗期"，需要精心引导和栽培。衷心希望在《实施指南》指导下，"商旅好人"德育综合实践课程经过新一轮的实践与完善，一定能够越做越好，促进学生德性发展、核心素养提升，真学、真懂、真信、真用，形成崇德向善、见贤思齐的良好风尚。

07 加强爱国主义教育、 弘扬爱国主义精神

中共中央、国务院 2019 年 11 月印发《新时代爱国主义教育实施纲要》(以下简称《纲要》)，围绕实现中国梦的奋斗目标，明确提出新时代爱国主义教育的指导思想、总体要求、基本内容，并对开展新时代爱国主义教育作出重要部署。《纲要》具有很强的指导性、针对性和可操作性。

爱国主义教育是全民教育。所谓全民教育，其目标就是满足全民的基本教育要求，向民众提供知识、技术、价值观和人生观，使他们能自尊、自立地生活，并通过不断学习来改善自己的生活并为国家和人类发展作出贡献。加强新时代爱国主义教育，要把《纲要》落到实处，把爱国主义教育贯穿国民教育和精神文明建设全过程。以理服人、以文化人、以情感人，让爱国主义精神深深融入每一个人的意识之中，转化为自觉行动、构建起共同精神支柱和强大精神的动力，呈现出蓬勃发展、自强不息的生命力和凝聚力。"爱国主义是中华民族精神的核心"，是中国人精神血脉中流淌着的基因，也是每一个中华儿女最朴素的价值追求。深沉的爱国主义、浓厚的家国情怀，厚植涵养于五千年优秀传统文化的土壤之中，早已融入民族心，铸就民族魂。在中华民族五千年的历史进程中，爱国主义始终像一根红线一样贯穿其中，积淀为中华民族最深沉的精神品格，彰显着中华民族不懈的价值追求。

90 多年来，我们的革命和改革实践，就是爱国主义的伟大实践，爱国主义已经成为我们的坚定信念、精神力量和自觉行动。只有坚持爱国和爱党、爱社会主义高度统一，不断增强对伟大祖国、中华民族、中华文化、中国共产党、中国特色社会主义的认同，凝聚起建功新时代、实现民族复兴的磅礴伟力，把个人梦想融入国家发展、时代进

步的大潮，才能与祖国共奋进、与时代齐发展，做好新时代的奋斗者、追梦人。党员尤其要以身作则，牢记初心使命，勇于担当作为，发挥模范带头作用。爱国，不能停留在口号上。

青少年是爱国主义教育的重中之重，要坚持全员全过程全方位育人，在学校开展深入、持久、生动的爱国主义教育，引导学生树立国家意识、增进爱国情感，把爱国情、强国志、报国行自觉融入实现中国梦的奋斗之中。让爱国主义精神牢牢扎根。"人生第一粒扣子""人生的第一堂课"至关重要，容不得半点差错。只有坚持立德树人、以文化人，在青春力量中培养爱国之情、砥砺强国之志、实践报国之行，锻造出能够担当民族复兴大任的时代新人，才能让爱国主义精神赓续传承，发扬光大。爱国主义是学校的必修课，爱国主义教育扎实开展起来，需要发挥课堂教学的主渠道作用，将爱国主义精神贯穿于学校教育全过程，不断更新教学内容，切实丰富教学手段，努力实现历史和现实、内容和形式、当下和长远的有机结合，满足学生成长成才的需求与期待。

思政课是加强爱国主义教育的重要途径，研究"思政"与爱国主义教育的对接，精选爱国主义素材进行教育教学，是体现课堂教学主渠道作用的重点。在爱国主义教育过程中，教师起着主导作用，这对教师人格品质提出了更高的要求：首先，教师要树立坚定的政治信念和正确的世界观、人生观和价值观，热爱社会主义祖国，追求高尚的道德品质。在授课过程中，除了用知识本身的价值去吸引学生、影响学生的知、情、意、行之外，更应该根据爱国主义的内容，把知识的科学性与思想性结合起来，培养一代社会主义事业建设者。其次，教师要加强爱国主义教育相关知识的学习与研究，重点学习与研究爱国主义教育的理论，熟读中外历史，搜集革命英雄、先锋模范的事迹材料，充实到课堂教学中去，提高爱国主义教育教学的功效。最后，教师要发挥示范作用，充分利用课堂内外与学生接触的机会，在言行之中体现爱国主义和社会主义荣辱观的要求，言传身教，达到增强教育的现实性和针对性的目的。

不断丰富和发展爱国主义的内涵和外延。充分挖掘爱国主义资源，因地制宜开展爱国主义教育活动，让爱国主义教育走出校园、走向社会，让学生扎根于爱国主义教育实践的肥沃土壤，才能让爱国主义教育入脑入心，让爱国主义教育永葆旺盛生命力和强大战斗力。广泛组织开展实践活动，把爱国主义内容融入各类主题教育活动之中，组织开展丰富多彩的校园文化活动，丰富拓展爱国主义教育校外实践领域，引导大中小学生更好地了解国情民情，强化责任担当。爱国主义需要仪式感，但不能陷入形式主义。理性的爱国主义教育，是一个循序渐进的过程，需要时间和耐心，不是通过一次行为、某种形式就可以达到教育效果。仪式本身就是一种文化传承和教化力量。最近几年，我校从学校层面规范了一些仪式制度，如升国旗仪式、成人仪式、纪念五四、五卅，庆祝七一党的诞生、八一建军节和国庆节等，强化仪式感、参与感、现代感，这也是加强爱国主义教育的重要体现。要结合中华民族从站起来、富起来到强起来的伟大飞跃，引导人们深刻认识历史和人民选择中国共产党、选择马克思主义、选择社会主义道路、选择改革开放的历史必然性。充分利用重要传统节日、重大节庆和纪念日，就是一种潜移默化的感恩教育与爱国主义教育，从祭祀先人到缅怀革命先烈，是家庭教育的拓展与延伸，我们坚持"习礼育人"，就是家国情怀的教育，会在学生心中增加诸多正能量。

任何时候，开展爱国主义教育，不仅需要深刻的理论阐述，更需要生动事迹和高尚人格的熏陶感染。我们的劳模报告团、校友讲师团和商旅好人，都是最好的教科书，也是最好的催化剂。所谓"身边典型最有感召力"，也最能感动人心。形势与政策教育也是学校思想政治教育与爱国主义教育的一个重点。新世纪面临着新机遇和新挑战，国际国内形势无一不牵涉着民族与国家的利益，包含着爱国主义教育素材，学生是不断成长的一代知识新人，对国内外发生的重大事件一般具有较高的敏感度和关注度，必须紧扣时政热点问题，适时正确地加以引导，抓住"成长一刻""今日瞭望""热点漫谈""读懂上海"校本思政课程平台，进行现实的爱国主义教育，广泛开展党史、国史、改革开放史和社会主义发展史教育，这样会起到突出的效果。利用区域红色资源对学生进行爱国主义教育，不断丰富、完善"红色基因"课程，继承革命传统，弘扬革命精神，结合新的时代特点赋予新的内涵，使之转化为激励学生努力学习报国的强大动力，把地域优势转化为办学优势。其实，爱国主义教育从来不局限于刻板的教育。

08　培养有劳动素养的时代新人

　　劳动教育是德智体美劳全面培养教育体系的重要组成部分，在"五育并举"中具有重要地位。当前，受各种因素影响，劳动教育是整个学校教育中的短板，出现了边缘化甚至异化的趋势。苏霍姆林斯基说过："儿童高尚的心灵是在劳动中逐渐培养起来的，关键是要使儿童从小就参加劳动，使劳动成为人的天性和习惯。"可见，劳动习惯的养成是学校教育的重要任务，对人的发展至关重要。2020年3月20日，中共中央、国务院印发《关于全面加强新时代大中小学劳动教育的意见》（以下简称《意见》），将劳动教育纳入大中小学必修课，并将劳动素养纳入学生综合素质评价体系，正式对劳动课程进行了系统规划和构建，重新明确了劳动教育在学校课程中的重要价值和地位，为劳动教育落地落实提供了具体而微的遵循与抓手。

　　高度重视劳动教育。《意见》强调"以体力劳动为主，注意手脑并用、安全适度，强化实践体验，让学生亲历劳动过程，提升育人实效性"。劳动素养是劳动价值观、劳动习惯与劳动知识、劳动技能的辩证统一。近年来，科技进步给我国经济社会生活带来了巨大活力和创造力，劳动的形态已经发生很大变化，创造性劳动的重要性无与伦比，复合型劳动已成为最为日常的劳动形态……因此，站在新时代历史坐标上深刻理解劳动形态的演变，就显得十分重要。我们现在讲劳动教育已经不是传统意义上的"学工学农"，必须认识脑力劳动、创造性劳动的重要性；但是，也绝不能简单否定体力劳动，要充分认识体力劳动者的重要性。劳动形态可能会继续演变下去，但无论形态如何改变，劳动创造历史、劳动创造美好生活的真理不会改变。因此，劳动教育需要不断创新形式，探索与时俱进的劳动教育新形式，让学生在真实的任务驱动中激发劳动兴趣，培养劳动习惯，提升劳动能力，树立正确的劳动价值观，崇尚劳动、尊重劳动，增强对劳动人民的感情，报效国家，奉献社会。《意见》的出台，既是应时之举，也是推进之力。这看起来是一小步，实际是观念和态度上的一大步，对于构建新的劳动教育生态，弘扬劳动精神、劳模精神、工匠精神，促进以劳立德、以劳促智、以劳强体、以劳育美，培养有劳动素养的时代新人具有重要意义。

搭建新的劳育平台。守正创新、构建"劳动教育新平台"，积极践行黄炎培大职业教育思想，用"手脑并用、双手万能""教学做合一"理念关照当代劳动教育，"育训结合""工学结合"。（1）完善"值星班"制度，加强显性体力劳动课程，在《值星班服务要求》中的细节、流程、规范上做文章，使"值星班"成为校本劳动教育、文明校园建设的"特色课程"，让职业意识渗透自己的心灵。（2）不断丰富主题特色鲜明的"工匠之声"课程，利用劳模报告团、校友讲师团等资源，与"工匠""大师"面对面，经常开展以弘扬劳动精神为主题的教育教学活动，让学生接受思想上的熏陶、实现行为上的改变，在学习技术技能的同时，接受职业素养的熏陶，耳濡目染，心领神会。（3）连接、集聚更多资源，加快建设校企融合育人平台，建立"名师讲堂""名师工作室"，建立稳定的学生实习实训基地，通过企业认知、中途实习、顶岗实习等课程和校企深度融合培养课程等，努力改变课堂教学与职业环境、职业实践相脱节的状态，实现课堂教学与企业实践平台间的有效联动，形成课上课下、校内校外互通通道，将劳育与学生的综合实践能力提升相融合，加强对学生的职业责任、职业纪律、职业道德、职业意识的教育。（4）创建多样、健全的社会实践、志愿者服务平台。建立一批勤工俭学基地、志愿者服务基地，把学校劳动教育与社会实践紧密结合，切身感受劳动实践是一种服务他人、教育他人的过程，也是服务自己、教育自己的过程。我们这样的制度设计，体现了对新时代劳动教育所面临问题的主动回应。劳动教育要遵循学生身心发展规律和教育自身规律，抓住关键环节，推动劳动教育持续有效开展。

呈现新局面、达到新高度。劳动教育光靠学校一方之力是难以落实的，必须集全社会之力，尤其是家庭的训育和养成才能奏效。家庭是劳动教育的第一课堂，在我记忆中读小学时就帮着家里做家务，我们家长要抓住衣食住行等日常生活中的劳动实践机会，鼓励孩子自觉参与、自己动手，包括洗衣做饭等必要的家务劳动技能。据相关调查显示，美国小学生平均每天的劳动时间为 1.2 小时，韩国为 0.7 小时，中国小学生平均每天的劳动时间只有 12 分钟。学生在学校接受劳动教育，回到家里就又回到了真实的原点，家长现在对孩子唯一的要求就是"好好读书"，有的三代同堂家庭里父母也是饭来张口。良好的家风、家长的身体力行、言传身教、潜移默化，对孩子养成从小爱劳动的好习惯具有重要意义。鼓励孩子参加一定的社会劳动，养成劳动习惯、教会一些基本生活技能是非常重要的。学校、家庭要充分履行各自的教育职责，根据专业特点、广泛开展各类劳动教育实践活动，将参加家务劳动和掌握生活技能的情况按年度记入学生综合素质档案，学校（家委会）要定期组织线上线下的各种职业技能、生活技能展示活动。另外，学校要充分发挥自身专业优势和服务社会功能，发挥中小学生职业体验中心等平台的作用，加强与各中小学校的合作，开设家政、烹饪、手工、非物质文化遗产等相关课程，联合开发校本化的劳动教育课程，合作建设劳动实践教室，满足区域内学校多样化的劳动实践需求。建立健全开放共享机制，不断吸引中小学生参加职业体验，养成劳动习惯，提高劳动技能、生活技能。不断丰富分年龄、分学段体现具有认知性、参与性、体验性、技能性、创造性的中小学生劳动教育课程。

新时代将劳育与德智体美并举，这不仅是对劳育作用的正确认识，也是对德智体美教育的有力促进，"有劳无教"违背教育初衷。著名教育家苏霍姆林斯基说："劳动以外的教育和没有劳动的教育是不存在也不可能存在的。"这说明劳育是其他教育的基础，具有综合育人的功能，劳动可以立德、增智、强体、育美。新时代的劳动教育不仅要培养劳动习惯、劳动态度、劳动品德，更要重视劳动认知、劳动价值观、劳动科学知识与技能的培养，使学生形成全面系统的劳动素养，成为一个平凡而高尚的"有能力的好人"。

09　聚焦全体师生身心健康

《国务院关于实施健康中国行动的意见》（以下简称《意见》）从国家层面明确提出实施中小学健康促进行动，并就行动目标和举措作出部署。近年来，中小学生的体质健康受到全社会广泛关注。对此，《意见》明确，实施中小学健康促进行动，要求动员家庭、学校和社会共同维护中小学生身心健康，引导学生从小养成健康生活习惯，锻炼健康体魄，预防近视、肥胖等疾病。提出到 2022 年和 2030 年，国家学生体质健康标准的优良率分别达到 50% 及以上 60% 及以上。优良率是指体质测试得分在 80 分以上的比例。对比现在学校学生体质状况，要想让学生的体质健康优良率达到 50% 以上，是非常不容易的。譬如，男生 1 000 米、女生 800 米长跑和男生的引体向上，就会刷掉一批人。如果到 2022 年要达到 50% 的目标，需要我们大家做很多的努力。现在每年新生入学，近视的发病率就很高，近视的一个主要原因是用眼过度，学生的肥胖率也居高不下，过重的学业负担一股脑儿压在这些初中毕业学生的头上，片面追求升学率的现实使得学生们没有时间锻炼也不愿锻炼，这在过去我们学校是很少见的，学生体质健康状况不容乐观。

积极开展各种体育运动是改善这些指标的最好方式。这些学生的"病根"不是在我们这里拉下的，要去纠正确实难度也很大。我们要开齐开好体育课，体育课要让学生参加具有一定强度的运动，只有这样，学生体质状况才能逐步好转。当然，学生缺乏体育锻炼，也与放学之后无法继续留在学校使用学校体育场地有关，尤其是浦西校区。学校体育工作仍然是学校教育工作的薄弱环节，尤其是全员的体育健身、体育锻炼重要性认识不足，健康第一的思想没有得到根本落实。我们要把学生的体质健康水平作为学校体育工作的抓手，使学生的体质健康水平成为全面衡量学生发展和学校体育工作的重要指标，把学校体育工作列入学校的发展规划，充分发挥体育在学校立德树人中的重要作用。聚焦全体学生体质健康这个目标，完善体育课、体育社团、课外健身锻炼的运行管理机制，让学生学会 1—2 项运动技能，掌握自我健康管理方法，养成体育锻炼习惯，达到学生身心健康、体魄强健的学校体育目标。加强对学生体质健康水平监测评价工作的领导，与学业考核、素质评价、质量监控、教育督导等相衔接，健全学生综合素质评价机制，形成"激励学生参加体育锻炼，引导学校深化体育教学改革，促进青少年身心健康、体魄强健"的格局。

我国学生们热爱体育却讨厌上体育课，很多学生一个运动项目、一个运动技能都不会，这是一个困扰我们的老大难问题。我们的体育课改革，应该把教会学生 1—2 项运动技能作为提升教学质量的突破口。推进体育专项化教学、提升体育社团水平和开展各种小型多样体育竞赛，是当下破解学生体质下降难题的一把"钥匙"，为未来学生爱上体育、跨入体育锻炼"自选时代"奠定基础。体育专项化教学改革，我们已经实施多年，有必要进行经验总结，提高体育专项化教学质量，完善 1＋X 的体育教学模式。1＋X 的"X"是基本运动技能，即跑、跳、投以及身体的灵活性、灵敏性等，体育教研组要依据体质健康测试标准，对学生提出全面系统的训练要求，教务处要对每个专业、每个班级统一要求、统一考核，班主任要积极配合，重视全体学生的身体基本素质，这是我们需要重点突破的、打翻身仗的地方；"1"就是一个专项，每个学生根据自己的兴趣选择一个专项，每周安排两节体育课，外聘专业教练、租借专业场地，重在激发学生锻炼兴趣，提高技能熟练掌握程度。学校这几年在公用经费那么紧张的情况下还在坚持，就是为了能够激发学生主动学习、锻炼的积极性，提高专项化教学质量，让每个学生掌握 1—2 项能陪伴他们终身体育锻炼运动的技能。

我们在篮球、排球、羽毛球、乒乓球、田径等传统项目的基础上，花很大代价引入足球、滑冰这两个教育部重点推进的运动项目，攀岩、板球两个新兴体育项目，空手道、瑜伽、武术等体育专项课程。不是用强制的命令，而是让学生自主选择，让学生选择自己"喜欢"的项目，让学生"玩得开心、玩得尽兴"，找到运动的乐趣，变"要我练"为"我要练"，掌握体育锻炼的基本方法和技能，逐步形成终身体育的意识和习惯，学会自我健康管理、身材管理。坚持"螺蛳壳里做道场"，课内向课外拓展、延伸，因地制宜开展小型多样体育活动，如花式跳绳、拔河、乒乓球、羽毛球等，浦西校区冬季每天早晨南京路步行街的晨跑、浦东校区的篮球等，把这些体育活动、体育竞赛项目逐步固化、常态化。

坚持把广播操作为学校传统项目，以日常训练、比赛为载体，加强学生行为规范、团队意识和意志品质的培养，打造成为学校传统体育的品牌项目。把体育专项教学与专业综合素质紧密结合起来，譬如航空服务专业男生可以把3000米跑、60米往返跑、单杠、双杠、空手道等专项作为重要的专业技能；而女生则可以把芭蕾、形体课程作为重要培训、考核项目，游泳项目则由学校进行统一考核，需要培训的学生放在暑期进行；旅游专业学生可以进行5公里徒步等，把体育教学与专业能力提升有机结合起来。

构建以社团为特色的体育文化。以体育教师专项化、特色化建设为核心，一个教师一个项目、一支团队，一专多能，鼓励教师接受新的、专业化的培训，鼓励教师进行校际交流，促进教师专业发展；在学校现有师资的基础上，充分利用社区的教育资源，进一步引进有特长的体育教师，在体育专项课程的基础上，更加注重体育社团的特色化、专业化建设，让学生根据自己的需要得到更专业的训练，让这些"草根"运动员体验到运动的乐趣和成功的感觉，从而感悟到健康生活方式的价值。总结攀岩社团校企合作的成功经验，把企业优质资源植入学校体育教学，推进体育专项化特色化转化；总结板球社团院校合作经验，为专业队伍输送后备人才；总结篮球社团经验，如何利用区体育局、少体校的资源，提升社团训练水平；加强足球、滑冰这两个教育部重点运动项目训练水平，要争取出成绩。对现有的学生体育社团的运行情况进行总结，总结成功的经验，提出下一步的发展规划；根据市、区的阳光体育大联赛与学生的兴趣、爱好，对全校的体育社团项目、竞赛项目布局进行研究，对新增的项目要进行评估，田径、空手道、啦啦操、羽毛球、乒乓球等传统优势项目要保持好成绩。

落实学校每年上半年的体育周，下半年的田径运动会。每个学期的各类专项体育比赛，包括参加市、区组织的阳光体育大联赛等，要列入学校整体的工作计划、教学计划之中，让更多学生主动、有兴趣地参与到各类体育活动中去，增强学校、班级荣誉感和凝聚力，锻炼学生的意志品质，培养良好的运动习惯，促进其体质健康水平的提高，让体育成为他的生活方式。我们要进一步解放思想，突破学校、课堂的界限，从时间、空间上为学生拓展出更多体育锻炼和展示的机会，包括引入暑期、寒假的专项体育项目培训。同时，把学生健康知识、急救知识，特别是心肺复苏等内容纳入健康教育范围。食堂禁止提供高糖、高脂食品，培养健康的饮食行为习惯。目前"小胖墩"现象突出，家长也很重视，班主任、家长要转变孩子的成长成才观念，认识到久坐对孩子健康的危害；青少年近视防控已上升为国家战略，要把降低近视率作为实施健康促进行动的核心指标，把学生体质健康水平升上去、近视率降下来；这两个指标也是我们诊改需要重点攻克的难关，是一项具有挑战性的工作；从全体学生"有体育活动"向"有效体育活动"转变，提高学校体育活动中"中高强度"活动的时间比例，为实施好健康促进行动提供制度保障。

今年的"全民健身日"以广播体操和工间操作为主要推广活动，改革开放之前是广播体操发展的黄金时期。伴随着改革开放的脚步，人们的锻炼方式日渐多样化，广播体操的影响力逐渐减弱。2019 年 4 月，国家体育总局等联合下发了《关于广泛推广普及广播体操的通知》，要求在全国范围内推广普及广播体操。近年来，我们学校恢复做广播体操，还是很受广大教职工欢迎，广播体操只需十分钟便可完成，简单易学，科学有效，有助于提高身体素质，提升工作效率，希望每个教师参与其中。在足球、瑜伽、羽毛球社团等项目基础上，进一步拓展乒乓球、游泳、马拉松、马术、户外运动等时尚新兴项目，让全民健身活动丰富多彩，直接和间接参与体育活动人数，经常性参加体育锻炼的人数比例大幅提升。随着现代信息技术的不断应用，使得全民健身业态呈现科学化、智能化、个性化特征，全民健身"新业态"不断呈现，我们要探索校企合作新途径。世界卫生组织把缺乏运动列为威胁人类健康的第四大因素。当前的首要任务，是必须做好教职工普及科学健身知识，实施科学化指导，让老百姓懂得如何健身，建设人人参与、人人健身、人人快乐的主动型全民健身社会。

国务院办公厅《关于领导干部带头在公共场所禁烟有关事项的通知》要求公务活动参加人员不得吸烟、敬烟、劝烟；医务人员不允许在工作时间吸烟，并应劝导、帮助患者戒烟；教师不得当着学生的面吸烟。把各级党政机关建设成无烟机关。不得在学校、医院、体育场馆、公共文化场馆、公共交通工具等禁止吸烟的公共场所吸烟，在其他有禁止吸烟标识的公共场所要带头不吸烟。学校的禁烟活动每年进行，发挥教师控烟引领作用，抓紧落实教职工在校全面禁烟，充分认识二手烟的危害，营造无烟校园环境，作为文明校园建设的重点内容。做好教职工体质健康检查，提高检查标准，做好重大疾病的防控。"希望同志们充分认识体育对提高人民健康水平的积极意义，落实全民健身国家战略，普及全民健身运动，促进健康中国建设。"

从每年招进的新生来看，焦虑障碍、抑郁症等常见精神障碍和心理、行为问题的患病率将呈上升趋势，环境的压力是一个诱因，还有其他心理和社会因素，如人际交往压力、感情问题等。青少年的心理健康备受关注，需要教师、尤其是家长要注意观察孩子情绪、行为上的变化，出现反常，需要尽快家校沟通。如果遇到复杂问题，则需要找专业的医生或者专业机构帮助，不要讳疾忌医。近年来，有关抑郁症的信息更加丰富易闻：新闻报道、电视剧和综艺娱乐节目越来越多地提及这一疾病，一些公众人物患抑郁症的消息也促使人们在社交媒体上讨论抑郁症。可惜的是，抑郁症患者的整体治疗率还很低，相当一部分家长并未寻求专业帮助，害怕周围人的眼光而用拖延的办法，但其生活质量下降、影响自身学习及周边学生的问题却是真实存在的。比如患者服用抗抑郁的药物被家人阻挠，认为那些药"能把人吃傻"或者"是药三分毒"。这些情况极大地加剧了患者的痛苦，阻碍了他们的康复进程。抑郁症并非"不治之症"，抑郁症患者也绝非"洪水猛兽"。因此，提高师生及家长对抑郁症的认知依然任重而道远。加强心理健康教育，构建心理服务网络，完善心理健康专业教师培养培训与任用机制，强化严重精神障碍患者综合管理服务，规范发展心理危机干预和心理援助，各部门协调做好重点学生心理健康服务。

这几年，我们教师中也有人觉得自己好像患了抑郁症，他们往往很焦虑，内心很纠结，虽然有些夸张，但这确实也是患上抑郁症的一大原因。想要走出抑郁首先要了解抑郁症，要对此病有充分认知。调查发现，该病与心理健康知识和心理健康水平缺失显著相关。就是说，心理健康知识掌握得多，并不意味着心理健康水平就高，而心理健康技能和心理健康水平是密切相关的，这就要求我们不仅要注重知识的积累，更要注重技能的学习。因此，我们教师自己遇到心理问题，如果掌握的知识、技能不足以解决，一定要向专业机构、专业人员求助。教师是一个特殊的职业，要减少"病耻感"，拿掉传统认知中的标签，在更宽松的环境中多一些主动求助，不要等引发更深的创伤时才暴露出来，那样才是后患无穷，教师心理问题值得重视。因此，我们要倡导健康文明的生活方式，树立大卫生、大健康的观念，把以治病为中心转变为以人民健康为中心，建立健全健康教育体系，提升全民健康素养。

10　建立健全防治校园欺凌
综合治理长效机制

看了由周冬雨和易烊千玺主演的电影《少年的你》，影片从剧本到表演，拍得专业、诚恳、准确，充满着爱。《少年的你》撤掉柔光滤镜，第一次把学生之间的欺凌这一社会关切搬上大银幕，反映了真实的青春困境与成长烦恼，这种困境扎根于社会现实，有着社会性与人性的双重面向，使文本层次更丰富、叙事更有深度，带有某种社会议题电影的尖锐感，很是震撼。尤其是在《未成年人保护法》大修、教育部等 11 部门印发《加强中小学生欺凌综合治理方案》的背景下，电影画面把校园欺凌给孩子造成的伤害直观展现，直击人心。影片里，一张张青春无邪的脸庞下，不堪欺辱的懦弱、不愿发声的漠然、不敢反抗的盲从、不辨是非的施暴，构筑了一段隐密的青春残酷物语。在揪心痛心之余，也让我们对这一问题有了更深入的思考。影片的女主人公陈念，面对欺凌，没有与母亲有过任何沟通，对班主任也是语焉不详，面对警察的询问和帮助更是不热心。她选择的保护方式，是找到在街头游荡的男主人公小北，以街头暴力对抗校园欺凌，最终引发了一场青春悲剧。遗憾的是，类似情节不仅存在于影视作品中，在现实生活中、在我们的周围发生的校园霸凌事件，其严重程度丝毫不逊于影片的描述，也是触目惊心的。学生"校园欺凌"就在我们身边发生，被我们校长、老师知道的可能只是冰山一角，更多遭受欺凌的孩子选择了沉默；发生的很多案件达不到刑事层面，进入不到司法程序，校园欺凌已经成为一个不容忽视的话题，其严重性不得不引起我们高度警惕。

2017 年 12 月，教育部等 11 个部门印发《加强中小学生欺凌综合治理方案》（以下简称《治理方案》），要求确保把中小学生欺凌防治工作落到实处，健全预防、处置学生欺凌的工作体制和规章制度，形成防治中小学生欺凌长效机制，把校园建设成最安全、最阳光的地方。《治理方案》对校园欺凌做了严格界定，是指"中小学生欺凌是发生在校园（包括中小学校和中等职业学校）内外、学生之间，一方（个体或群体）单次或多次蓄意或恶意通过肢体、语言及网络等手段实施欺负、侮辱，造成另一方（个体或群体）身体伤害、财产损失或精神损害等的事件"。校园霸凌事件就在我们身边，它不是突然出现、毫无征兆的，而是由无数的"小恶"累积、发展而来；有的老师把欺凌行为视作孩子间"过分的玩笑"，重视不够；假如学生之间轻微的越轨行为能及时发现，得到批评、矫正的话，更严重的暴力伤害事件可能也就不会发生。《少年的你》对教师虽有艺术夸张，但在我们身边也有发生。最近发生的 14 岁河南籍南翔中学学生卢诗杰喝农药身亡事件，同学称"他在学校长期被欺凌"，当天又被老师批评觉得很委屈，需要引发我们警醒。防治校园欺凌，德育处、青保教师、班主任责任重大，要定期开展针对全体学生的防治学生欺凌专项调查，及时查找可能发生欺凌事件的苗头迹象或已经发生、正在发生的欺凌事件；及时掌握学生思想情绪和同学关系状况，对发现的欺凌和暴力事件线索及苗头要认真核实、准确研判；针对不同情形的欺凌事件，可以邀请检察院未检科、警署、青保办、律师、社工等部门或专业人士共同参与，做好教育惩戒工作。发现欺凌事件线索后，应当按照应急处置预案和处理流程对事件及时进行调查处理，涉法涉诉案件纳入相应法律程序办理。

应当看到，在未成年人成长中，保护和教育始终是分不开的。现实中，未到处罚年龄却有"严重不良行为"的所谓"熊孩子"，倘若没有得到及时有效的干预，就容易一错再错，甚至走上犯罪道路。假如学生之间的每一次恶言相向、私下勒索都被忽视，都受不到应有的告诫和惩罚，受害者会愈加无助，施暴者会更加嚣张，校园霸凌就会发展到难以控制的程度。现在的孩子非常"懂法"，对刑事责任年龄界限一清二楚，从重从严打击校园暴力、对未成年人违法犯罪行为给予应有惩处难度不小。同时，《未成年人保护法》，我们各种"一票否决"的评比，从某种意义上也捆住了学校的手脚，那些轻微的霸凌行为没有得到妥当处理，没有办法做好防微杜渐遏制住苗头性问题。同时，教师惩戒手段的使用，是绕不过去的一个问题。惩戒权，曾经作为教师天赋的权利，如今已渐行渐远。面对违规学生，越来越多的老师不敢管、不能管、不想管。破窗效应是一种心理学效应。该效应认为，如果一座建筑物的窗玻璃遭到破坏，并且在打破后没有得到及时修理，其他人就会受到示范性的纵容，从而去打破更多的玻璃。也就是说，学校学生的不良现象如果被放任存在，会诱使人们仿效。当校规这栋建筑的某扇"窗户"被破坏后，由于缺乏修补的尝试和可能，使得整栋"校规大楼"更易遭到破坏。在倡导依法治国、依法治教的今天，学校教育既需要爱，也需要规矩，对于教师对学生的惩戒没有违背基本教育原则，还是应该保持宽容的态度，如今诸多有识之士在重提教师拥有惩戒权的必要性。可操作的惩戒细则就如法律，教师能做到没有顾忌地对违规学生实施这一惩戒吗？家长会放心地把罚站学生的权力交给教师吗？

学校教育不能代替家庭教育，必须明晰教师可以做什么，不可以做什么。对学生的教育有不同的责任主体，彼此尽责但不能越权，更不能包揽。一旦越过这一边界，就容易引发问题。实际上不少"问题学生"的问题，需要"吃药"的可能是家长。家长的教育理念、教育方式严重影响着学生的心理发展方向，魏莱那个冷漠、自私、傲慢、缺少同理心、歧视草根人群的母亲，冷暴力的父亲。现在，班主任也不敢向家长"告状"，有的家长非常包庇孩子，责怪学校、教师、同学；有的家长则是当着教师对孩子"咆哮""训斥"甚至打耳光。家长是以他们的思维来判定一切，孩子是为他们争光，争荣誉的工具。一名有过被欺凌遭遇的同学说："爸妈根本不放在心上，觉得孩子的事应该自己解决。父母与未成年子女间缺乏沟通，父母不愿俯下身去，设身处地地以未成年人的视角考虑子女的问题，是家庭亲子关系中的一个常见陷阱。"家庭是人生的第一所学校，家长是孩子的第一任老师，要给孩子讲好"人生第一课"。真正的教育，从来就不单单是学校的事情，更是家庭、学校和社会共同的责任。特别是家庭教育，发于童蒙、启于稚幼，是从孩子无意识时便潜移默化，深入其骨髓的，是真正性格养成、品性端立的根基，更需要认真对待、高度重视。《治理方案》强调，"开展家长培训。通过组织学校或社区定期开展专题培训课等方式，加强家长培训，引导广大家长增强法治意识，落实监护责任，帮助家长了解防治学生欺凌知识"。让家成为孩子温暖的港湾，我相信孩子在外面不论遇到什么挫折都能勇敢面对。所以，作为家长更应注重家庭教育，采用正确的家庭教育方式，培养孩子的健康心理。

未成年人的世界有他们自己的运行逻辑，某些在成人眼中幼稚不值一提的行为，对未成年人来说却有着非比寻常的意义。学习是一生的事情，只要有良好的品德，健康的身心，立足社会的能力，成为"有能力的好人"，明天的路一定会走得很好的。

11 学校是你应该敬畏的地方，
教师是你应该敬畏的人

　　学校是你应该敬畏的地方，教师是你应该敬畏的人。这个简单的道理在我父辈那一辈人是根深蒂固的，不管在学校发生什么事，总是无条件地信任教师，信任学校，即使在知识分子"臭老九"时代对教师也是极其尊重的，孩子犯了错必定会给予一顿"生活"的。不管是谁家孩子在学校调皮捣蛋犯了错，家长也都觉得应该让孩子受到管教，这是一个最基本的道理和规则。遗憾的是，我们现在已经没了这样的规则，已经到了难以想象的地步，孩子在学校犯了错，家长不愿意让教师管教，更不用说处分等。教师由于管学生而惹祸，被学生侮辱，被家长告状，甚至被学生或家长打的事情，屡见报刊网络，已经习以为常。复旦大学教授钱文忠认为，没有惩戒的教育，难以培养出优秀的孩子！那么，职业学校如果没有适当的惩戒教育，是难以培养出合格的社会公民。今天没有哪个国家像中国教育这样轰轰烈烈，改革措施令人眼花缭乱，如同夏丏尊在《爱的教育》译者序言里所形容的"从外形的制度上、方法上，走马灯似的更变迎合""有人说四方形好，有人说圆形好，朝三暮四地改个不休"，但是，"池的要素水"，反而无人注意。这么多的口号和理念，谈起来都一套套的，但是，最需要的还是落实基本教学秩序，让学校成为"敬畏的地方"，教师成为一个家长、学生"敬畏的人"，落实这样一个基本常识。最近中共中央、国务院颁发的《关于深化教育教学改革全面提高义务教育质量的意见》，将研究制定实施细则，明确教师教育惩戒权。教育部 2009 年印发的《中小学班主任工作规定》指出，班主任在日常教育教学管理中，有采取适当方式对学生进行批评教育的权利，教师教书育人过程中，具有批评和抵制有害于学生健康成长现象的义务。惩戒教育在我国源远流长，在影视剧中我们看到教师都有一把戒尺，戒尺的内涵包括两点，一是儆戒、警示，所以戒尺的形式不可或缺；第二是尺度和方式，正是教育心理学中需要研究的警戒标准。

现在讲依法治校，希望有实施细则，明确教师教育惩戒权实施的范围、程度和形式，规范行使，促进广大教师对学生既热情关心又严格管理，保障教师有效行使教育惩戒权，促进教师敢管、善管，保障教师的合法权益不受侵害，维护师道尊严。我认为，教育惩戒权是教师根据国家赋予的培养学生的职责，能在教育实践中有效履行的一种职业权力，这是教师的职责所在。教师对学生的批评教育，一定程度上就包含着惩戒教育，教育惩戒权既是教师的基本管理权，也是其责任和义务。教育惩戒重在教育，是出于对学生的关爱、保护，是从促进学生身心健康成长的角度来实施的。在依法治教的背景下，对学生进行批评教育也要用法治思维，要有相应的法律或机制，它是国家教育权的具体化。客观地讲，现在教师对学生"不愿管、不敢管"。有的学生上课经常迟到，可不可以在教室外面罚站？学生屡次不交作业还在课上与老师顶撞，应不应该让他当着全班同学的面向老师道歉？学生上课时看手机、睡觉或者相互吵闹影响教学秩序，能不能先让他站到教室后面反省？以上都是学校最常见的问题，学生常犯的错，也都是教师最常见的应对。现在教师对学生课堂违纪都熟视无睹，不想管、不敢管、不能管、不知道怎么管，显然影响了正常的教育教学活动，影响教学质量，也无益于学生身心健康成长。当一个教师面对顽劣的孩子瞻前顾后，束手无策；当一个教师面对孩子的缺点和错误视而不见，一味纵容，那才是对孩子的不负责任。夏丏尊先生在翻译《爱的教育》时说过这样一段话："教育之没有情感，没有爱，如同池塘没有水一样，没有水，就不成其池塘，没有爱就没有教育。"钱文忠教授认为，中国的教育正在面临着很大的问题，这个问题是前所未有的，那就是很多家长甚至教师都没有认真去思考"教育到底是什么"，一方面喊着要对孩子进行教育，另一方面却又不断为孩子的错误找借口，面对现在的孩子，很多家庭，包括我们的班主任不知道应该怎样教育。

现在很多年轻教师也不是不想管学生，而是不敢管，或者不知道应该怎么管，立德树人落地落细落实就是一句空话。客观地讲，还是要学点教育学、心理学，需要有点教育技术技巧，著名"陶行知的糖"的故事里就包含惩戒教育的内涵。陶行知先生在担任小学校长时，看到一名学生用泥块砸另外的同学，就制止了他，并要他放学后到办公室去。放学后，陶先生来到办公室时，那名学生早已等在那里。先生没有批评他，反而掏出一颗糖给他，说："你按时到，我迟到了，奖给你。"接着，先生又掏出一颗糖，说："我制止你用泥块打人，你立即住手，我应该奖励你。"学生疑惑万分地接过糖。先生又掏出第三颗糖，说："根据我的了解，你用泥块砸那些男生，是因为他们欺负女生，这说明你有正义感，这颗糖也是奖给你的。"这时，学生激动得流下眼泪，说："校长，我错了，我砸的不是坏人，是自己的同学……"陶先生笑了，又掏出第四颗糖："这颗糖奖给你，是因为你认识了自己的错误。好啦，我的糖给完了，我们的谈话也完了。"陶行知"四块糖"的故事就是一次经典的"心罚"，动之以情，晓之以理，罚之以心。批评教育不仅是教师的权利，更需要一种智慧，教育的智慧。教师作为人也有正常的情绪，当学生特别淘气、使坏的时候，也会生气，甚至恼羞成怒，请家长能理解教师的一片苦心，不要上纲上线。也别因为个别师德欠佳的教师，抹黑整个教师群体，更别以"教师是春蚕""教师是蜡烛""没有教不好的学生，只有不会教的老师"这类绝对的说法"绑架"教师。教育孩子首先是家长的头等大事，万万不可当着孩子面数落教师的不好。如果对处理问题不满，你与教师沟通，必须心平气和，万不可让孩子在场，尤其是在情绪失控的时候。它最大的害处是，从此以后，你的孩子再也不会信服教师或者你，后果无法弥补。家长很多时候会说："老师，我把孩子交给你了。你打他、骂他都行。"这反映了家长的一种心态，在推卸自己应该担负的角色。当然，我们也不能当真去骂，更不能去打，如果真做了那麻烦就大了。

　　家庭教育是全社会都非常关注的，中国自古以来从来没有像今天这样重视对孩子的教育。最好的教育是家教，教会孩子懂得感恩，是父母的责任。可能是独生子女的关系，孩子是家里的"小皇帝"，他们承担着一个家庭的希望，对孩子都是宠着顺着，没有规矩，没有惩戒。好多次和朋友吃饭，朋友带着孩子，孩子爬上桌，挑喜欢吃的往自己嘴里塞，根本不顾及周围人的感受，大家都觉得"小孩子不懂事，迁就点嘛"。我做教育的，总觉得要教训两句，讲些不合时宜的话。人们有没有想过，一个孩子最终是要成为社会公民，要踏入社会，如果漠视别人的存在，漠视别人的权利，他的"天性"能保证他一生幸福吗？没有基本的教养必然会受到社会的惩罚。如果一个孩子没有被自己的爹妈管教好，那他未来一定会付出代价，被社会管教。记得多年前，处理过一起校园失窃案，案情很快就水落石出，负责此案的教师把家长叫来，准备和犯错学生的家长好好谈谈。没想到，他的父亲却说："我们家不差钱，孩子就是一时贪玩，说多了会伤害他的自尊。"一名女孩为了报复班主任对她的批评教育，在微信群朋友圈对班主任进行侮辱谩骂，把家长叫来，家长极其不负责任，认为孩子是享受服务的"上帝"。也许，这些家长认为，偷窃、侮辱教师，在学校就不犯法。其实，我只是想讲，孩子首先是你们家庭的，然后才是学校的学生，长大之后要踏上社会，债迟早是要还的，法律法纪不会饶恕你！所以，我跟家长讲，家长不配合学校教育，你将来就是"无期徒刑"。我们的家长要有足够的时间陪伴孩子成长，要有足够的时间一家人厮守在一起。我们对孩子大都会说这样的话："你只要把学习学好，别的你什么都不用管。"职业学校培养的人，当然不能"衣来伸手饭来张口"，应该掌握基本的劳动技能，也应该热爱劳动，这样才符合德智体美劳全面发展的要求。什么都不用管，哪来的责任感？我们要培养的是"有能力的好人"，培养和造就能担当民族复兴大任的时代新人。

家庭是社会的基本细胞，是人生的第一所学校。中华民族自古就重视家教，学校教育离不开家长的支持，学校教育必须要由家长来参与，家长作为孩子的监护人有义务、有责任。班主任的一个重要任务就是要让家校双方为着一个目标走到一起，心往一处想，劲往一处使，力往一处用，让家校形成教育合力。

12　用志愿精神书写新时代的雷锋故事

今年 3 月 5 日是第 55 个"学雷锋日"。雷锋，这个普通战士的名字已经成为几代中国人的集体记忆，"学习雷锋"成为中国共产党领导的社会主义精神文明建设的标志性、持久性活动。经过半个多世纪的岁月转换，雷锋精神犹如一座灯塔，照亮了一代又一代人前进的脚步，温暖了一代又一代人的内心，凝结成为永不褪色、永放光芒的精神财富。商贸旅游学校多年来坚持"学雷锋榜样、做商旅好人"的特色实践活动，涌现出一批"商旅好人"及优秀团队，他们或以无私的奉献，或以平凡的感动，或以正义的力量，或以执着的坚守，续写学雷锋的故事，光大雷锋精神，一次次温暖人心，一次次感动校园，照亮新时代的道德星空。从每年的表彰中，我们可以看到，"学习雷锋"绝对不是每年 3 月 5 日的事情，雷锋精神已经成为先进道德思想的化身，雷锋是我们年年月月、时时刻刻的样板和参照物。如何讲好新时代的雷锋故事？面对新的时代课题，我们应该用怎样的实际行动来作答？坚持与祖国同行、为人民奉献，就是我们寻求答案的最佳路径。

我们再次举行"崇德向善、见贤思齐'感动商旅'表彰大会"，这些"商旅好人"和优秀志愿者服务团队的事迹，再次感动了我们、教育了我们。一批立足各自工作岗位的教职工，以坚定的理想信念、鲜明的宗旨意识、强烈的奉献精神，不懈奋斗、身体力行，成为学校改革发展最有形的正能量，成为社会主义核心价值观最鲜活的体现。我们从这批商旅学子身上可以看到，雷锋精神闪耀着新时代的光芒，"雷锋精神是永恒的，是社会主义核心价值观的生动体现"，雷锋精神人人可学，奉献爱心处处可为。从这些"商旅好人"身上我们看到他们从做好"一颗最小的螺丝钉"着手，以点点滴滴、实实在在的行动，书写着新时代的雷锋故事。学雷锋活动已从节令活动演变为常态作为，从英雄壮举走向凡人小善。用小善积大德，坚持长久，人人作为，必将促进师生思想道德素质和校园文明程度大大提升。新时代是奋斗者的时代，我们要弘扬积极进取、自强不息、奋力拼搏的奉献精神，需要爱岗敬业、诚实守信、助人为乐、和谐融洽的校园风尚，构筑起坚实的道德支撑、昂扬向上的精神力量。

弘扬志愿精神，就是续写新时代的雷锋故事。学雷锋志愿服务也是一种快乐，因为这种志愿服务是自觉自愿的，能在奉献社会中实现人生价值，收获"赠人玫瑰，手有余香"的幸福。"毫不利己，专门利人"的雷锋精神是当代志愿服务精神的核心内容，激励着一代代人忠于党和人民、无私奉献，滋养了今天各种类型的志愿服务活动。现代志愿服务有自愿性、无偿性、公益性三个基本特征，其精髓就是奉献精神。奉献意味着无偿，不计报酬地为他人、为社会服务，奉献精神和志愿服务的基本特征内涵是高度一致的。广大师生志愿者在践行志愿精神上做先锋，带头践行和弘扬社会主义核心价值观，自觉把志愿精神内化为品格基因和价值追求，外化为对待工作、对待学习、对待他人的点滴行动，志愿精神把我们"装扮"成最美的人，"好人"是学校中的普通一员，但他们的平凡却散发着持久的光和热。全心全意为人民服务也是对每个党员的要求，成立志愿服务队党员发挥了带头示范作用，为"天使之音"自闭症儿童服务的教师志愿者服务团队就是这样一支优秀团队，几年如一日。南京路学雷锋为民服务志愿者服务团队30年传承，他们是传承雷锋精神的后继者，是我们"好人"形象的最好写照。

大力宣传这些志愿服务先进典型，就是希望吸引更多师生自愿加入其中，不断提升志愿服务的群体聚合效应。团委最近联系担任中共一大会址的志愿者服务，希望我们旅游专业的师生用自己的专业能力为社会服务，在服务的过程中不断增长自己的才干，让志愿服务更好地体现专业特色，推动志愿精神积淀为校园文化。学校的志愿者们之所以能够做到经年累月做好事从不间断，正是因为他们从帮助他人中发现了人生的意义，找到了内心的快乐。衷心希望在不久的将来，能有更多师生参与到志愿者服务中。如今，有些事看起来很小，很微不足道，但不停地去做，在有人关注时去做，在无人关注时还在做，终有一天能让人见识到人的"意志光辉"。雷锋就说过，"人的生命是有限的，可是，为人民服务是无限的，我要把有限的生命，投入到无限的为人民服务之中去"。雷锋所代表的理想主义精神、在新时代背景下显得尤为可贵而珍稀，"要做雷锋精神的种子""让雷锋精神在全社会蔚然成风，世世代代弘扬下去"，自觉肩负起"让世界变得更美好"的伟大使命。

　　一个富有魅力的学校，一定生活着许许多多的"好人"，蕴含了向上向善的磅礴力量。学校的"颜值"能否持续保鲜，取决于师生的行为，这是学校的"里子"。只有"里子"做好了、做实了，学校才会真正有"面子"，变得更美好。一位位"商旅好人"，用凡人善举诠释着心灵的高贵，用爱心与善行镌刻着学校的美好，讴歌着社会主义核心价值观的内涵。一个个好人故事，让我们感动，也给我们力量。在这个美好的新时代，身边好人无处不在，他们用爱的传递、善的选择、德的坚守、义的尊崇，彰显着人性的光辉，诠释着"好人"的内涵。大爱磅礴、小爱暖心，一个人的成长、一个家庭的建设、一个社会的发展、一个国家的进步都不会是一帆风顺、一路平坦，但只要有爱心、有坚守、有奉献、有奋斗，崎岖就会变坦途，平庸就会变传奇！让学雷锋、让志愿服务成为商贸旅游学校的响亮名片，用志愿精神书写新时代的雷锋故事。

13　让学校真正成为化育为人的天地

2018"商旅好人"年度人物榜单,经评委会严格遴选,并征求了有关各方的意见,今天终于和大家见面了。我看了、听了他们的事迹非常感动,他们将"创新创造""阳光成长"与"人格提升"画上等号,不断去追求美好事物,以个体心灵中不断萌生的对美好事物的欲求来激励、激发自我成长的力量,聚集起自我成长的方向与动力,用平凡小事、身边事与社会主义核心价值观紧紧相连,用无私奉献、美丽心灵感动商旅校园!

今年也是"感动商旅"颁奖活动举行十周年,我向十年来的"商旅好人"表达崇高的敬意。我们每年褒奖"商旅好人",就是要激发、唤起学生一种积极向上的生命状态,这就是我心目中的"好",不管学生自身条件如何,家庭背景怎样,都能在各自的生命历程中,焕发出对美好事物的追求,激发积极的生命状态,找到自己的人生坐标,对自己、对班级、对学校、对家庭、对社会负责任,这就是"好人"。一所好学校,提供所谓好的教育,优质的教育,就是要给予学生体验美好事物的经历。个体生命的高度,并不在于其外在的形式,而在于其内心对于真善美的追求程度,在于其在何种程度上追求和实践真善美的生命理想。

每年"感动商旅"颁奖活动,为什么也要褒奖我们的教工? 好老师的要素主要有两点,第一是专业智慧,第二是人格魅力,一个好的老师在学生的心中的影响,当然首先是看得见的专业智慧,还有一种看不见的人格魅力。老师的一言一行、匠心匠艺,学生们看在眼里、记在心里,你为学生发展服务,为他们成长所说、所做会是他们一生的美好记忆,希望有更多"好人"教职工涌现、更多真正有魅力的好老师涌现。我们要由注重学校建设向更加注重教职工成长转变,提供与他们个性需求相适应的弹性教育供给和发展性教育政策,通过个性化的培养,鼓励把长板做长,让教职工有"兴奋感",有"创造性"的作为，使学校真正成为一所"匠心学校"，创造新时代商贸旅游学校发展新传奇。

"商旅好人"是上海市教育系统的精神文化品牌项目，我们要进一步从学生身边事、身边人出发，延伸到网络空间，指向道德实践，在日常生活中、在生动实践中把知化成行，全员、全过程、全方位，从入学第一课到离校最后一课，渗透到每个专业、每个课堂、每个活动、每个班级、校园每个角落，让学校真正成为化育为人的天地。

14　危机时刻正是教育的宝贵时机

　　"停课不停教、停课不停学"是新学期的特殊"打开方式"。知识要教要学，但危机时刻更应关注将中华民族的精气神，将这种共赴时艰、舍身忘我的气节植入下一代人的精神基因。疫情防控阻击战是一部珍贵的教科书，在这样一个具有特殊意义的"开学第一课"，应该多维度讲好这一课，"爱国主义"应成为主旋律，弘扬"碧血丹心、精忠报国"的爱国精神。要发挥好思想政治课落实立德树人根本任务关键课程作用，培养学生的政治认同、法治意识、公共参与、职业精神、健全人格，切实把抗击疫情斗争作为推进学校思想政治教育、爱国主义教育和公民道德、文明校园建设的生动教材和重要实践，及时揭露一些别有用心的人污蔑抹黑、造谣生事的言行，全力支持配合打赢疫情防控人民战争。一所好学校，最为重要的是注重育人，是其精神和品格，它对于学生的成长成才、做人做事，教会学生们拥有正确的世界观、人生观、价值观，起着方向引领和潜移默化的作用。

　　本次公开课以"讲好战'疫'故事，增强必胜信心"为主题，我们从选题到内容、从形式到话语体系等都进行了精心设计，使思政课、时政课、班会课有了全新的打开方式、融合方式，通过翔实的数据、感人的事例来讲述疫情考验下的国家响应与全民行动，全民尽心尽力、众志成城、守望相助，以必胜决心打赢这场没有硝烟的战争，诠释中国力量、中国精神、中国效率。力图直面学生内心的困惑，真正把话说到学生心坎上，把党中央重大决策部署、联防联控措施、防控疫情的成效，将涌现的先进人物、典型事例融入教学，充分展示中国特色社会主义制度的显著优势，体现共产党人敢于奉献、勇于牺牲的崇高品格，"全国一盘棋""同舟共济"的团结精神。深刻体会推进治理现代化的紧迫性，全面提高依法防控、依法治理能力，完善重大疫情防控体制机制，健全国家公共卫生应急管理体系，确保人民群众生命安全和身体健康，增强走中国特色社会主义发展道路的信心和决心，坚定不移听党话、跟党走，争做中国特色社会主义现代化建设的合格建设者和可靠接班人。从大处着眼，介绍国家为防控疫情采取的有力举措，从小处着手，讲好无数默默无闻、舍小家为大家、一方有难八方支援的凡人小事、战"疫"故事，大力弘扬新时代爱国主义精神，增强必胜信心，是新时代教师的情怀与担当。待在家里时间长了，也要做好心理健康以及由疫情所带来的应激心理疏导，最大限度降低学生的焦躁情绪和恐惧心理，指导学生做一些简单的放松训练和运动，推荐一些书籍，引导学生做科学防护的自觉践行者，不要盲目跟风，不要过度防护。

"讲好战'疫'故事，增强必胜信心"作为新学期思政课、时政课、班会课的重要内容，集中组织学生观看。学生学习公开课、提交作业并考核合格的，计入学生学时、学分。我们要主动拥抱学习方式变革，这是一次真正意义上教师角色的"转换""重启"。这次疫情成为变革的"催化剂""新契机"，我们要改变固有思维，改变根深蒂固的习惯。

第三章

从封闭到开放：
推动产教跨界深度融合

产教融合是学校发展的引擎。新技术带来产业变革，由此必然改变相应人才需求、人才培养模式，必须打破现有办学格局，打通有形无形边界，加速专业转型升级。育训结合，形成新的核心竞争力，促进人才培养与产业需求的持续动态匹配，是学校变革的难点。

01　筑牢专业特色根基
　　锚定未来阔步前行

最近，上海市委全面深化改革委员会审议通过《贯彻落实〈国家职业教育改革实施方案〉推动上海职业教育高质量发展行动计划（2019—2022 年）》并指出，要以筹办2021 年上海第 46 届世界技能大赛为契机，强化规划引领，突出产教融合，做强优势特色，加快建设一批契合上海城市定位和产业发展需求的高水平职业学校和特色专业，努力打造一支知识型、技能型、创新型劳动大军。当前，我们正处在实现专业转型的关键时期，面临着前所未有的机遇与挑战。职业教育是教育体系中与市场联系最为紧密的一环，当前也面临着一些矛盾和问题：职业学校专业设置与人才培养同质化严重，技术技能人才供给的类型不适应劳动力市场的岗位需求，学校"招生难"与学生"就业难"并存。究其根源，是职业教育供给失衡。学校既要关注需求端、用人端，更要关注供给端、培养端，做好深化供给侧改革这篇大文章，使产教融合成为各个专业高质量发展的强大引擎。

首先，在专业设置上深化改革，减少无效和低端供给。以壮士断腕的勇气主动停招淘汰重复设置率高、学生不愿就读或就业的专业，紧盯人工智能、现代高端服务业发展趋势，紧紧围绕服务上海经济社会转型发展，做好专业设置动态调整优化，深化专业内涵和外延，推进课程改革，筑牢专业特色根基，提升专业含金量。

第二，在招生入学机制上深化改革，创造新供给满足新需求。当前，随着初中毕业生数量减少，生源危机成为我们面临的一大拦路虎，有些职业学校不惜以高价买学生、抢生源。职业教育固然面临生源短缺的生存危机，但是也应看到巨大的市场需求，瞄准进城务工人员，瞄准"学生喜欢""产业需求"，聚焦跨界融合、时尚化、国际化的有效供给，创设人工智能、电子竞技、现代音乐等专业，做好精准招生、高质量就业。

第三，在培养模式上深化改革，提高育人环节的质量。深化产教融合、校企合作，创新人才培养模式，围绕"专精特新""差异化""国际化"，做强优势特色、促进专业的集群化发展，推动专业特色、校本课程、学生素养、师资团队形成互相支撑、资源共享的新格局，真正使职业教育"香起来"。

第四，开发指向核心素养的 T 型课程。学生的核心素养提升应提供花样不同的各类菜谱，将盐自然融入其中。技术哲学家卡尔·米歇姆认为，"真正的技术实践能力必须在实训过程中才能形成，这是由技术的本质决定的"。因此，完善育训结合、工学结合、知行合一的育人方式，以及在学习内容上引入行业企业的新标准、新技术、新工艺，贴近企业的变化和实际，都是当务之急。

最后，从更高的层面认识"职业教育与普通教育是两种不同教育类型""借鉴德国、日本、瑞士等国家经验，探索创新实训基地运营模式"，借鉴"双元制"等模式，从"小职教"到"大职教"，与相关头部企业深度合作将成为学校发展的必然，抓好教学成果转化，适应产业升级换代形成的新业态，使学生拥有更美好的未来。

上海提出 2020 年率先实现教育现代化，我们打造升级版的"学生喜欢的现代化精致学校"需要有战略定力。战略定力哪里来？来自于对"大力发展职业教育"的深刻认识，来自于《国家职业教育改革实施方案》的制度优势，来自于对上海职业教育发展大势的把握，来自于坚定的理想、战略的思维和对学校发展目标的自信。《国家职业教育改革实施方案》指出："推动校企全面加强深度合作。职业院校应当根据自身特点和人才培养需要，主动与具备条件的企业在人才培养、技术创新、就业创业、社会服务、文化传承等方面开展合作。学校积极为企业提供所需的课程、师资等资源，企业应当依法履行实施职业教育的义务，利用资本、技术、知识、设施、设备和管理等要素参与校企合作，促进人力资源开发。"通过产教融合、校企合作，构建一个结构完整、内容充实、相互促进的有机生态圈，促进"四链"有机衔接，大幅提升新时代职业教育现代化水平。我们之所以要举办上海蓝带，要大力开展中小学生职业体验，开展非遗教育，现在又要进行"双元制"探索举办现代音乐专业，与中国烹饪协会、益海嘉里金龙鱼集团进行合作共建中烹专业，推动信息文化专业群发展，根本的就是要推动学校转型发展，高质量发展、特色化发展、品牌化发展。

不同的人站在不同的高度，看到的是完全不同的世界，这就是格局的价值。我们深陷在困境中，如果尝试着站高一个层面看问题，或许问题就不再是问题，很多事情都会迎刃而解。作为学校的领导者，我们往往有两个角色，一个是作为设计者的角色，另一个是具体零件的角色。如果我们经常从设计者的视角去观察、思考，就会觉得最应该做的就是换上更适合的零件，比我们更优秀的零件，让这台机器能更高效的运行。同样，对于我们的老师、合作伙伴，我们应该明白如何更大限度地发挥每个人、每个团队的价值。格局的本质就是，把自己从"我"抽离出来，更客观地去从更高的角度、更多的角度重新审视自我、学校、合作伙伴，在更高的层面上重新定义"职业教育与普通教育是两种不同教育类型"的价值。当你的眼界、思维、经验以及信息、人脉等都和别人拉开差距的时候，面对同样的事情、同样的问题，处理的方式以及最后的结果，就会完全不同。格局，说到底，就是在更高的层面上，重新定义价值的能力。这也就是我今天为什么要花这么多时间来讲"格局"的原因。

怎样把产教融合、特色发展的潜能激发出来，转化为学校治理效能？推进学校治理能力的现代化，转化为思想自觉和行动自觉。2014 年，国家将产教融合上升为国家战略；2019 年国家发改委印发了《国家产教融合建设试点实施方案》。国务院办公厅《关于深化产教融合的若干意见》明确提出，"深化产教融合，促进教育链、人才链与产业链、创新链有机衔接，是当前推进人力资源供给侧结构性改革的迫切要求"。企业是连接学校、产业、政府、高校等微观主体的重要渠道，也是孕育共生思维、打造价值共同体的重要阵地，只有把企业资源利用好，才能使各主体互联互通，利益共创共享，赋能各主体的高质量发展。产教融合，就是强调把企业要求和课程教学紧密地结合，相互支持、相互促进，校企双向构建、深度融合，核心是要"真融""真合"。学校企业都有自己的诉求，只有从相互满足对方需求，利他惠人的视角来看问题，才能够真正实现产教融合。现在专业建设倒逼我们推进产教融合，专业建设的核心是课程与师资，围绕什么来设置课程，是从现有师资出发，从需求出发，还是从学生的发展需要出发，这是非常重要的。未来必须采用"模块化"来改造我们的 T 型课程，引入企业创新成果，与企业共建实训中心，教师、学生与企业专家、院校专家形成多元共赢价值共同体，形成"你中有我、我中有你"的融合共生形态，形成稳定的合作机制与利益分享模式。

从行业变革和产业升级来看，产业迭代周期越来越短，产教融合是必然选择。新技术带来产业变革，产业变革又形成新的人才需求，如何实现有效对接或衔接？就是产教融合。驱动高质量发展、产教融合，需要通过科学的机制设计，营造创新生态，让创新引擎持续发力。处理好"摸着石头过河"与"顶层设计"的辩证关系，现代音乐等专业先行一步的阶段性改革是在顶层设计的前提下进行的，把脉定向、量体裁衣，顶层设计要在改革的基础上不断完善。未来职业教育一定会打破现有格局，实现跨界整合，成为跨产业与教育、学校与企业、教育与培训、教学与生产之间的一种存在，这样的深度融合才是合目的、合规律、合发展的一种融合，形成"四链衔接"、利益共享，这是产教深度融合最深刻、最稳定的机制。探索全新的教育形态、创新形态与治理形态，不能有丝毫犹疑懈怠，该完善的要完善、该拓展的要拓展、该优化的要优化，使各项工作更精准、更到位、更富成效，筑牢专业特色根基，锚定未来阔步前行，最大限度激发产教融合、校企合作效能，取得真实可见的治理成效和发展成果，努力创造新时代的新奇迹。

02 把"融合"摆在更为突出的位置

由专业建设转向专业群建设，是专业建设范式的一次重大变革，会对专业教学改革、学校管理机制产生重大影响。以"群"为单位，进行专业建设是新时代职业教育改革的新需要，能够更有效地促进产业链、人才链、教育链、创新链等的有效衔接，服务供给侧改革和经济社会高质量发展，促进学校各专业的转型发展，提升学校的社会价值、竞争优势和品牌效应，培养更高质量的技术技能人才。

加快向"数字化"转型，是学校发展绕不过的一场自我革命。过去 20 年，中国经历了零售业数字化、制造业数字化、城市治理数字化，下一个阶段必然迎来服务业数字化，是不可抗拒的大趋势，是现代服务业高质量发展的既定战略。数字经济正在向我们走来，而新冠疫情则为中国服务业数字化升级按下了快进键。因此，各专业要加快向"数字化"转型，向"数字化""复合化"转变的根本动力来自市场、学生需求，也是对更高生活品质、更好就业质量的向往，不是应急之策，不是为了赶时髦。"数字化"融合，前瞻性要求很高，技术含量很高，绝不是过去商贸、旅游加"数字化"的简单组合，而是基于深度"融合"，是以人工智能、大数据为代表的新一代信息技术与传统产业的融合创新，其内涵是从过去"传统专业＋信息技术"到"信息技术＋传统专业"的提升，是"数字化"的全面渗透、融合和赋能，这是专业变革的决定性力量。"数字化""复合化"将成为学校发展的"新基建"，实现"换道超车"关键变量，高质量发展的新动能，专业建设的新范式。下面我谈四点思考供同志们参考。

第一，面向市场、对接企业，开展深度校企合作，完善人才培养方案、课程方案和质量标准，实现人才的精准化、个性化培养。从市场的角度看，对服务业数字化的需求是内生性的，不是因疫情而产生的临时选择，将强劲驱动服务业向着数字化方向发展。

建立定期调研制度,关注"长鞭效应",探索多维度、深层次的产教融合。定位要聚焦,而不是无限扩散,聚焦在某几个细分领域,需要我们有正确判断能力、专业能力和组织能力。这次走的是一条与以往不同的路,把整个学校当作一个大的"平台",大的"专业群",打通各专业之间有形无形的边界,通过多维、跨界、融合、互通,实现校内资源互融,"形散神聚"。教育发展处要结合制定"十四五"规划,从顶层设计、制度重构等方面进行重新规划,建立相匹配的专业建设管理机制,再造人才培养流程,这是对传统专业建设范式的一次革命。

第二,建立与新业态、新岗位、新技术相适应的课程体系,确保培养的人才知识结构、专业能力和综合素质能适应社会经济转型发展。专业转型的核心是课程体系的重构,这是因为产业发展的新业态和新技术对从业者的知识结构、能力要求都发生了根本变化。我们讲培养新商科、大旅游和创新创意人才,需要由原来知识、技能的单项应用转向系统集成的"交叉""复合""数字"联动转变。因此,在课程设置上必须强调多学科的交叉融合,"数字化"的融合创新,这是应对数字经济复合型人才培养的必然举措。根据各专业"数字化"转型需要,由教务处统筹安排人工智能、大数据等专业相关课程的植入,不断完善 T 型课程体系及专业综合实践课程群建设,聚焦技术链、核心技术,建立"跨专业"的教学团队,优化专业建设重点,提升人才培养质量标准。每个专业不仅要有"小家"意识,把自己的专业办好,而且还要有供应链"大家"意识,学校才能稳定发展。

第三,"活下来"令专业转型迫在眉睫,建立"多元化办学、多主体参与"的治理体制和"产教融合、校企合作、育训结合"的运行机制。要借鉴其他职业院校的成功经验,但不是照搬照抄,要按照建设"小而美"学校、"专精特新"专业,借助人工智能、大数据为代表的新一代信息技术,构建立体化的专业"融合"平台,多方形成合力。打破部门之间的壁垒,打破"各自为战的地域和组织藩篱",建立"共享员工"机制,把优质的人力资源分配到"瓶颈"环节,增强教师自我效能感,更好地形成战斗力并释放战斗力。建立新型的教师专业发展共同体,"去行政化"建立各类"工作室""项目团队",培养教师逐渐具备专业视角,提升实践智慧,获得内生力量。把自下而上的"自觉革命"与自上而下的"强力推进"同步起来,从机制上保证专业教师下企业,真正到产业一线去工作和学习,实时了解业态发展,了解产业数字技术应用、新的拓展应用场景。

第四,进入数字经济时代,曾经引以为傲、立下赫赫战功的专业教师可能生存也会有问题了，取而代之的是这几年新生的专业，各种分工明确的特色项目。要有自我革命的勇气和行动，核心是"打造一支德技兼备、育训皆能的工匠之师"，关键是"能打胜仗"。教育发展处、招生就业办要贴近市场，根据市场需要、业态发展，顶层设计多专业"融合"的教师培养方案，通过统一指挥，整合现有教师力量和技术基础，发展符合未来需要的专业团队，实现专业、部门间的协同配合和优势互补，掌握更多"杀手锏"，从而达到单一专业难以达到的目标。打通全校学生的培养、管理、考核等各环节，包括实训基地、实训室综合管理，创新专业治理机制，激发专业建设的内在动力和外在活力，把整个学校合成为一个相互支撑、相互关联、资源集成、管理集约的"群"，实现人才培养与产业需求的持续动态匹配。

现在的学生，不喜欢从事简单重复的工作，希望在易变和不完全确定的系统中发挥个人的聪明与才智。譬如创业社团正在与"潮宿"的合作，把人工智能、大数据与酒店、旅游和会展服务等专业有机结合，探索培养复合型人才的机制。市场营销专业要发展"新媒体营销"，旅游专业申报"在线旅游运营管理"中本贯通项目，无人机、数据分析、产品设计等课程都可以从企业引入，教务处跨专业协调。人工智能专业相关"技术模块"可以转化为特色"共享课程"，通过选修、社团和线上学习等形式，共同进行"融合"人才培养。未来教育已经悄悄走来，我们必须拥抱未来教育，加快从传统专业到"复合"专业"数字"专业的跨越，在不断自我革新中自我完善，追求卓越，成就每一位师生的卓越发展，培养适应数字时代的复合型人才，这是我们学校存在的核心价值所在。

03　新专业是学校高质量
　　　发展的重要抓手

　　新一轮毕业季如期而至，又一批学生走出校园。00后的中职生踏上了社会，开始了人生的第一份工作。然而不少企业抛来的"橄榄枝"都被我们的学生一一回绝。"虽然读的是职业学校，但我不想这么早去工作。"毕业班的同学，站在就业的十字路口，不再唯"待遇"论，择业观开始变得"浪漫"且多元，大多选择等待，去升学或去当兵。他们不想过早被圈死，不想过单调乏味的生活，更青睐"活络"点、环境好的企业，更青睐于凭自己一技之长去创业就业，对生涯发展有了更多的考量和期许。但是，招生就业办还是要针对每个学生的不同状况，给予不同的指导。一位班主任说："学生的就业观跟以前大不一样，家庭条件相较过去有了提高，不少学生不太能吃苦，找工作时要求更高。"我是怕部分学生缓就业其实是"怕就业""懒就业"，盲目等待会错过窗口期，最终"两头不靠"。除极少数有明确规划者外，绝大部分是出于对工作压力、严格管理的逃避。随着时间推移，原本较弱的就业竞争力不断下滑，"缓就业"很可能最终成为"难就业"。还是要以就业为导向，就业是民生，一头牵着千万家庭，一头连着经济大势，校方要加强职业生涯指导。

　　主动对接产业变革，加快专业布局调整优化。围绕"专精特新"，不断更新专业内涵，增设符合产业发展需要、学生喜欢的新专业，激发新动能，释放新活力，吸引学生就读，为毕业后就业创造新空间。人工智能与电力一样，将是未来为上海和经济社会广泛赋能的通用型技术，谁抢占了先机，就会赢得未来。移动互联网、大数据、云计算、人工智能、物联网等信息技术的发展将会推动生活服务业与数字化的融合，促进生活服务业的数字化升级改造，将会催生一批新兴的职业形态。但是，对我们来讲是知识盲区,比如酒店收益管理师、民宿房东、"轰趴"管家、宠物摄影师与训练师、旅拍策划师、美甲美睫师、外卖运营规划师、无人机驾驶员、电子竞技运营师等,五花八门……生活性服务业在吸纳新增就业上将会发挥重要作用,考虑到这种文化心理的趋同有滞后期,今天的很多新兴职业,只不过"小荷才露尖尖角"。作为全球新一轮产业变革的核心驱动力,人工智能(AI)正在尝试与世界构建起广泛而深刻的连接,从而以一种全新样式塑造人类未来,人工智能已上升为上海优先发展战略。

抛弃传统专业格局,推进与 AI 深度融合。要有站在国家层面、全市层面的战略定位,把人工智能专业建设作为抓住新一轮科技革命和产业变革机遇,拉动学校其他专业转型发展的新动力,突出 AI 对其他专业的赋能作用,明白其基础性、战略性、前瞻性的地位,随着产业结构调整的深入及高质量发展的推进,各个专业必须加快交叉、融合发展,体现数字化、复合化特点。迈向高质量发展,必须发展生产性服务业,呼唤更高水平的服务业与更高素质的从业人员,未来服务业将成为吸纳就业最多的产业。在新一轮建设中,必须推动传统专业升级换代,完成与百度、网龙华渔、曼帝思等企业的专业课程对接,完成教育部网龙华渔 VR 实验室建设,落实与上海电子物联产业园的校企合作项目。培育就业新需求,聚焦细分领域的人才培养,推动产教融合、工学结合,推进标准化、规范化、细分化、特色化建设,提升办学质量与水平。"无人机飞手"作为发布的 13 个新职业名单之一,这几年这个行业很火,未来无人机可能会随着科技的发展越来越智能化,可能不再需要人去操控。但某些具体领域,像影视剧、婚礼航拍等,需要人的灵感、观察,才能拍出导演所要的效果,所以这一部分的飞手在很长一段时间内不会被替代,未来人工智能专业也可以把它作为一个重要的专业方向。

电竞已经从小众爱好进入大众视野,一系列围绕电竞产业的重大赛事活动纷至沓来,电竞产业有望成为上海的一张新名片。上海提出要打造"电竞之都",中电创智将把 RNG 电竞俱乐部、电竞馆在黄浦落地。电竞全民性赛事正进入全面发展态势,电竞专业相关人才非常稀缺,迫切需要一批"电竞＋"前缀的复合型实操人才。从衍生品、赛事品牌、电竞战队、场馆运营、直播平台到电竞资讯、电竞栏目、电竞经纪、电竞装备……未来上海的电竞还将与演艺、旅游、教育等领域融合发展,包括电竞音乐会、电竞主题乐园、电竞主题演出等新业态新领域。希望通过与中电创智这样行业的头部企业深度合作,一起摸索电竞行业人才的培养规律,形成新的产教融合的"宽容"生态,需要学校与企业相互助力,真正实现人才培养模式的转化,这需要实践的积累。希望通过本次签约，在产业的引领下，整合传统专业资源，发挥学校的专业集群优势，聚焦"赛事运营与管理"领域，如赛事运营组织、赛事直播、俱乐部管理、赛事数据分析、场馆管理等垂直领域细分人才的培养。现在，黄浦区人民政府大力支持，我们要利用好政府资源、企业资源，政校企合作，孕育共生思维、打造价值共同体，使黄浦电竞产业成为上海的高地。

着眼类型教育属性，职业教育职业培训并举并重。打破现有办学格局，与中电创智合作，探索跨界整合，跨产业和教育、学校与企业、教育与培训、教学与生产之界，形成"四链衔接"、利益共享。政府、学校和企业都有自己的诉求，只有从相互满足对方需求，利他惠人的视角来看问题，才能够真正实现政校企合作。不少人现在对电竞行业可以说是排斥的、无知的，而企业对于职业教育那么多的规矩又不甚了解，但产业链上人才缺口又很大，需要共同探索专业化、体系化、规范化人才培养服务体系建设，庞大的消费人群是电竞产业发展的决定性力量。现在不要过度担心政策风险，上海的产业政策支持将为电竞产业发展、人才培养铺平道路，加入电竞行业的年轻人会越来越多。市教委即将出台《职业院校育训结合绩效考核办法》《开放实训中心建设指导意见》，我们要主动思考和落实面向社会的职业培训，推动市级电竞实训中心建设，成为市级"产教融合型实训基地"，探索 1＋X 证书试点。希望通过政校企合作，实现学校治理机制创新，加快形成"双元制""校企共育"人才培养模式，探索全新的教育形态、创新形态与治理形态，形成稳定的合作机制与利益分享模式。

校企双方合力打造国内首家优质偶像学校。在线视频行业刮起一股偶像养成综艺热，刚告别爱奇艺现象级网综《偶像练习生》，腾讯视频又重金打造了《创造 101》，国内最大的两家视频网站发力偶像养成类综艺，并已迅速引爆市场。近年来，以练习生身份走进大众视野的一些青少年艺人成为同龄人的偶像，他们的学习、生活、情感、心理，他们的成长、求学之路提供了不少励志范本。种种迹象表明，中国已经进入偶像类型多元化的阶段，市场潜力巨大。新申报的现代音乐专业，就是力图顺应文化产业发展需要，顺应青少年对于梦想的追求，与上海托璞司（Top Class）合作，与竹书文化创始人、天娱音乐前总裁沈永阁先生一起，集合国内外优质教育资源，借鉴"双元制"模式，校企共同研究制订人才培养方案，"利用资本、技术、知识、设施、设备和管理等要素参与校企合作，促进人力资源开发"，学校和企业形成命运共同体。"双元制"艺人培养在国内尚属首创，因而得到业界的高度关注。探索创新实训基地运营模式，建设"集实践教学、社会培训、企业真实生产和社会技术服务于一体的高水平职业教育实训基地"。

　　新事物需要新的思路、新的道路。风平浪静时，我们可能会支持这些项目，主动按照职教 20 条的新思路、新套路来开展工作，克服路径依赖。一遇风吹草动，便有可能"叶公好龙"，手忙脚乱，下意识地重操老思路、老套路，不由自主地跑回"惯性思维"的老路。要用匹配"高质量发展"的理念、思想、战略以及话语体系，讨论高质量发展的问题，决不能闹出类如"关公战秦琼"的笑话。在未来，相信商贸旅游学校的发展，不会遵循之前的发展道路，而会出现新兴的发展方向。我们看到，许多后动力强的学校已经登上舞台，开始形成自身独特的优势，分割着我们的优势，我们的地位变得岌岌可危。未来五年，必须加快构建结构优化、布局合理、特色鲜明的专业体系，从今年的招生状况来看，这一远景已然尽收眼底。"这是一个螺旋式上升的过程"，这也是上海职业教育未来发展的方向，也是促进自身高质量发展，增强自身优势，提高自身重要性的战略举措。

04 "破"与"立"同时发力，为高质量发展提供制度保障

自上世纪 80 年代至 90 年代，国家重点发展中等职业教育，上海等地率先试点，将普高改为职高或在普高里办职高班，我们原来的商职校、旅职校，是最先尝到市场甜头的改革先行者——毕业生不包分配、没有干部身份、没有上级行业企业的庇护，到市场经济的大海里学会游泳。但很快，这便成为中国职业学校的常态。但是，随着劳动人事制度改革，处于中低端生产的企业无力为技术工人提供优厚待遇，职业教育的吸引力出现下滑。与此同时，知识经济大潮席卷而来，高等教育、高等职业教育快速发展，对传统中等职业教育构成冲击。国务院常务会议讨论通过"高职院校扩招 100 万人实施方案"，对退役军人、下岗失业人员、农民工、新型职业农民等单列招生计划，取消高职招收中职毕业生比例限制，允许符合条件的往届中职毕业生参加高职招生，这对未来中职教育也会带来冲击。近年来，鼓励普通高中办出特色，推动特色高中建设，推进培养模式多样化，满足不同潜质学生的发展需要，从"分层"走向"分类"，对学校生存也会带来一定影响。市教委最近在对上海有条件的中职学校升格为（3＋2）高职院校进行系统布局，顺应大力发展高等职业教育的需要，高等职业教育大众化。由于历史、区域、空间等各种原因，我们无法"升格"，将从另一头对学校招生釜底抽薪。今年市里中高贯通（3＋2）报名数低于招生计划数，学校面临日益严重的"生源危机"和"质量危机"。

在上海中职业教育转型发展背景之下，如何能够在这个冬天生存下来、活下来，走出困境。今年，是我第一次感受到这个冬天很寒冷，我不是说职业教育的冬天，说的是上海中职教育真的是越来越难做，没有足够的学生数量是无法讲质量的。要活下来，

就一定要变革。纵观各个时期，职业教育在国家需要和个人选择之间，似乎总是存在错位，"低人一等"的偏见处处可见，我们不要埋怨。我们学校"歌舞升平"的时间已经蛮长了，泰坦尼克号就是在一片欢呼声中出的海。面对未来，我们有没有思考过？要增强忧患意识，居安思危、知危图安，从承平中预见危机，从危机中发现契机，进而从最坏处着眼，做最充分的准备，朝好的方向努力，争取最好的结果。宜未雨而绸缪，勿临渴而掘井。但是，可以看到，还有部分同志面对发展巨浪不是去"追赶"、去"超越"，而是表现出麻木不仁、我行我素。他们心里打着个人的"小九九"，只是写在纸上的"决心书"，落实到实际行动上则"后续乏力"，甚至"无动于衷"。居安思危，不是危言耸听。那么，我们怎样才能活下去？怎样才能存活得更久一些？

目前情况下，我们头脑里没有危机这根弦，没有自我批判的能力。《义勇军进行曲》"中华民族到了最危险的时候"这句歌词没有过时，在"前进！前进！"的奋进旋律中，要回看走过的路、比较别人的路、远眺前行的路，才能走好今后的路。今年，我们展开对危机的讨论，讨论我们有什么危机，各部门有什么危机，各专业有什么危机？还能改进吗？还能提高质量吗？如果改进一点，我们就前进了。招生就业办，在学校当中起着最基础的作用，是学校的"进出口"公司，招生工作是"龙头"、是根本。人招进来了，那我们就不会死，可以延续我们的生命。我们的招生怎样利用新媒体？要有内容，要有频次，要有整合推进，要有精准推广，要有完整的招生方案、招生策略，要有"人工智能"，也要有人海战术，怎么找到更多"刚需"的合作伙伴？希望大家群策群力。一些传统品牌为什么没有成长，我觉得原因只有一个，就是创始人老了，他没有与时俱进，以前的"三板斧"不好使了。那时候品牌就是卖货，大家都很善于卖货，管理渠道。第二，产品都是什么赚钱做什么，全部是同质化。第三，都是在电视台、电台、纸媒打广告，都是套路，没有细分，没有独特的东西。对 80 后、90 后主力的消费群洞察不够，还有老板特别强势，下面就没有什么创新动力，不善于思考和创新。所以，我们要有前瞻性的思考，围绕专业特色、产教融合，一定要与时俱进，善于学习，改进我们的课程和人才培养模式。

实现自己的蜕变，脱胎换骨是一个痛苦的过程。要构建新的核心竞争力，有别人不可替代的东西，必须转换发展动能，大力发展"专精特新"专业，围绕人工智能、电子竞技、现代音乐、文物修复、美术设计等，形成发展新引擎，让"老树发新芽"，以创新经济的新动能引领传统专业高质量发展。要用匹配"高质量发展"的理念、思想、战略以及话语体系，讨论高质量发展的问题，必须告别"惯性思维"，学校改革的主要矛盾是专业结构问题而非学生总量问题，矛盾的主要方面在供给侧而非需求侧，实施专业布局调整优化的主要手段是深化改革而非小打小闹的调整，如此等等。今年的招生数据已经明显地告诉了我们这一情况。这是上海未来产业发展的重要方向，也是促进学校自身高质量发展，增强自身优势，提高自身重要性的战略举措。要推动供给侧结构性改革，在"破"与"立"上同时发力，加快传统专业改造升级，对接新兴产业，破除或改变不适应要求的体制机制，这是学校转型发展的必然要求。

天无绝人之路。"谋事在人，成事在天"，外部的力量未必不可抗拒，关键是你自己的力量有多强大。华为胜出的原因有很多，其中最为关键的是战略选择，格局决定了你的天花板。战略是以持续发展为选择依据的行动，选择对的事情做，我们就会得到"赢"的机会，战略与管理必须匹配。《国家职业教育改革实施方案》指出："职业教育与普通教育是两种不同教育类型，具有同等重要地位。"这句看似简单的表述，却代表着职业教育发展的新境界，一系列制度设计给职业教育注入了底气。国务院办公厅印发的《关于深化产教融合的若干意见》指出："深化产教融合，促进教育链、人才链与产业链、创新链有机衔接，是当前推进人力资源供给侧结构性改革的迫切要求，对新形势下全面提高教育质量、扩大就业创业、推进经济转型升级、培育经济发展新动能具有重要意义。"深化职业教育改革，"发挥企业重要主体作用，促进人才培养供给侧和产业需求侧结构要素全方位融合，培养大批高素质创新人才和技术技能人才"，推动"引企入教"改革，引导企业深度参与教育教学改革，"多种方式参与学校专业规划、教材开发、教学设计、课程设置、实习实训，促进企业需求融入人才培养环节。推行面向企业真实生产环境的任务式培养模式"。校企联合设立工作室、实验室、创新基地、实践基地。

推进学校治理的变革，向产业转型看齐，引进一批有社会责任感的企业、头部企业和学生向往的企业，产教融合、校企合作，体现其类型教育的特点，这是提升专业水平的关键。主动与具备条件的企业在人才培养、技术创新、就业创业、社会服务、文化传承等方面开展合作。今年，现代音乐专业引企入校，探索现代学徒制，旨在深化产教融合、校企合作，进一步完善校企合作育人机制，创新技术技能人才培养模式的改革；中餐专业与益海嘉里、中国烹饪协会合作订单式培养，西餐专业继续办蓝带冠名班，为世界技能大赛培养高技能人才；人工智能、电子竞技专业，与相关企业建立战略合作，共建实训基地……丰富了校企合作模式；文物修复、中烹专业的名师工作室，筑高了学生实践学习的平台，扩大了在行业内的影响力；从人才培养方案制订、课程设置、课堂教学到质量评价的一系列深度改革，跨专业的综合学习、深度学习……世界先进的职业教育理念开始落地生根。"动手能力强"是我们引以为傲的优势，但是世界技能大赛带给我们的思考，现代企业的需求告诉我们，人才培养要从单一的技术技能向综合素质，向"复合化""数字化"人才跃升。这一切的目的只有一个——为职业教育增值，为职校学生赋能，为人人成才铺路，为人人出彩奠基。积极发展各类学生社团，为学生个性发展、高质量就业提供新的平台，如攀岩、陶艺、茶艺、调酒、咖啡等项目。

　　职业教育，国家很重视、企业很需要，但职业学校学生进不来、就业不愿去，学生的择业观开始变得"浪漫"且多元。因此，我们必须深化体制机制改革，创新职业教育模式，坚持产教融合、校企合作，坚持工学结合、知行合一，引导社会各界特别是行业企业积极支持职业教育，参与中国特色职业教育体系建设。"有破才有立，有舍才有得。"传统的老路已经很难走下去了，要转型升级，这是一个有破有立的过程，同时也是一个会有疼痛的过程。因为破的时候，各专业、教师本身都会有阵痛，但如果准备充分，大家的积极性能够充分发挥，各方资源能够被充分调动，各方面的资源配置聚合到一起，全面产教融合、校企合作、创业创新能够做得起来，破与立就会很快衔接上。我们在面临转型升级等诸多挑战的同时，会有一些思想包袱，必须寻找走出困境的路径。我觉得，用终身学习理念重新定义职业学校，职业教育职业培训并举并重，创新职业教育实施形式，加强国际合作办学，可能会在很短时间内让学校面貌发生新的变化，给学校发展带来新的空间。在座的各位，是我们这个群体的中坚力量，大家所带领的团队的发展和学校是密切联系在一起的，我对大家寄予厚望，要勇于挑最重的担子、啃最难啃的骨头，以创新的姿态，奋力创造学校发展新传奇。

05 推动产教跨界融合，
增强创新驱动作用

近年来，我国体育产业逐步进入了发展黄金期，体育产业在中国经济的大格局中扮演着越来越重要的角色，体育产业的发展，对调结构、惠民生、促改革、促发展有巨大的推动作用。最近，国务院办公厅印发《体育强国建设纲要》，为体育事业描绘了融入新时代发展的大战略，充分体现了以人民为中心、办人民满意的体育事业的发展思想，紧紧围绕全民健身和健康中国国家战略的实施，"发展体育运动，增强人民体质"，体育成为人民美好生活的重要组成部分。《国务院关于实施健康中国行动的意见》《健康中国行动（2019—2030 年）》的颁发，从国家层面提出实施中小学健康促进行动，促进青少年体育，把提高身体素质和养成健康生活方式作为学校体育教育的重要内容。商贸旅游学校多年来坚持体育专项化教学改革，不断提升专项化教学质量，重在激发学生锻炼兴趣，激发学生主动学习、锻炼的积极性，提高技能熟练掌握程度，教会每个学生掌握 1—2 项能陪伴他们终身的体育运动技能。充分利用社区的教育资源，注重体育社团的特色化、专业化建设，让学生根据自己的需要得到更专业的训练，让这些"草根"运动员在专业场馆、专业教练、专业课程指导下，体验到运动的乐趣和成功的喜悦，从而感悟到健康生活方式的价值。

攀岩项目是我校与"魔岩攀登"、上海五明企业管理咨询有限公司长期合作的项目。把企业优质资源植入学校体育教学，推进体育专项化特色化转化。攀岩运动将成为 2020 年东京奥运会的正式比赛项目，代表了对户外运动的认可，将会引导更多人进入自然走向户外，吸引更多的人感受攀岩运动的魅力和激情，会有更多的人了解它、尝试它、爱上它。我去看过学生的体育课，看过攀岩社团学生参加的比赛。攀岩的训练很辛苦，也很枯燥，很多时候都是机械地反复练习，但只有这样，你的身体在比赛中才能在最短的瞬间做出最快的反应，你的大脑才能在最短的时间内找出最简单或最正确的方法；陡峭的墙壁、几块难以抓住的石头，但学生员们却能利用自己的力量和技巧展示出舞蹈般的美感。攀岩运动具有独特的作用，不仅是强身健体，更重要的是人格塑造和规则意识、团队精神培养。我相信，未来这个项目将会有不可估量的价值。我们这次签约，希望与"魔岩攀登"、上海五明企业管理咨询有限公司进一步深化校企合作、体教结合，不断提高攀岩项目专项化教学质量，让学生"玩得开心、玩得尽兴"，找到运动的乐趣，变"要我练"为"我要练"，掌握攀岩的基本方法和技能，逐步形成终身体育的意识和习惯，学会自我健康管理、身材管理。

这次签约，另外一项内容，就是希望共建攀岩项目的高水平运动队。希望在上海市登山户外运动协会、黄浦区体育事业发展指导中心的指导下，建立相互依赖、相互塑造的关系，发挥协会、企业在专业教练、训练经验的优势，深度校企合作，加强攀岩人才梯队建设，运动员既可代表企业参加有关比赛，也可代表学校参加比赛，推动攀岩项目的普及。在区体育事业发展指导中心指导下，多方合作，配合协调，真正成为一种优势互补的结合，培养一批高水平攀岩运动专业人才。国务院办公厅颁布的《关于促进全民健身和体育消费推动体育产业高质量发展的意见》指出，体育产业发展前景光明，将成为国民经济支柱性产业，经常参加体育锻炼逐渐成为人们的生活方式，体育与商业、与旅游、与文化的结合，将会催生庞大的市场空间。特别是 90 后、00 后迅速成长走向社会，他们更具社交意识和专业健身需求，健身房、户外活动、比赛场馆是他们重要的生活内容，体育消费呈现总量增加、结构多元、水平提升的态势，其中攀岩是增长最快的项目之一，全民健身需要技术和商业模式的不断创新。这次签约的第三个目的，是我希望借助"魔岩攀登"将在"新世界"建成国内室内最高攀岩馆这一项目，与学校的市场营销专业、文创团队进行紧密合作、产教融合，培养攀岩的赛事组织、场馆运营、周边产品开发的专业人才。产业融合、产教融合是一个趋势，融合创新是推动专业高质量发展的重要动力，将来会涌现出一批新业态、新模式乃至新产业。

06 奋力创造新时代职业教育的新传奇

　　今天，我们欢聚一堂，在这里共同见证上海市商贸旅游学校和托璞司（上海）文化传播有限公司合作举办现代音乐专业的"双元制"合作办学签约仪式。沈永革先生是中国音乐界的传奇人物，曾任天娱音乐总裁，一手创立知名音乐公司竹书文化，成功推出黑豹、轮回乐队、哈雅乐团，成功推出陈琳、杨坤、张杰、华晨宇等中国乐坛的知名艺人，推动了中国青年流行文化产业发展进程。上海市商贸旅游学校顺应文化产业发展需要，顺应国务院颁发的《国家职业教育改革方案》、国家发展改革委、教育部等6部门印发的《国家产教融合建设试点实施方案》精神，顺应青少年对于梦想的追求；借力托璞司（上海）文化传播有限公司，借力沈永阁先生在国内音乐界的影响力及国内外优质教育资源，借力职业教育"双元制"办学模式，深化产教融合，促进教育链、人才链与产业链、创新链有机衔接，是推动学校高质量发展、人才引领发展、产业创新发展、相互贯通、相互协同、相互促进的战略性举措。

　　探索"双元制"办学模式，校企共育专业人才。德国"双元制"是一种国家立法支持、校企合作共建的办学制度，学生大部分时间在企业进行实践操作技能培训，60%－70%的课程由企业实施。其主要特点有两个：一是能够满足企业的需要，二是以技能培训为主，考试也重在技能。我们开展现代音乐专业的"双元制"合作办学试点，以制度创新为目标，平台建设为抓手，推动体制机制改革，促进教育和产业体系人才、智力、技术、资本、管理等资源要素集聚融合、优势互补，打造支撑高质量发展的新引擎。我们双方合力合作举办现代音乐专业、打造国内首家优质偶像学校，将"艺德"培养作为人才培养的生命线，希望未来青少年能从自己身边找到德艺双馨的偶像。这个项目是在创造职业教育的"新传奇"，这既是大命题，又是由格外具体的细微处累积而成，是无时无刻不嵌入在发展的肌理之中的，希望各部门大力支持、大力配合、大力突破。李强书记说："我们要始终牢记，不论时代风云如何变幻，发展始终是解决前进道路上各种矛盾和问题的根本和关键，越是形势复杂，我们越要抓好发展。"这个项目就是想用改革撬动其他专业发展新旧动能转换，增强创新驱动作用，加速推动质量变革、效率变革、动力变革，是着力化解内外环境变化给专业发展带来的突出问题和挑战的尝试，推动学校迈上高质量发展新轨道。

现代音乐专业的"双元制"办学，需要破解几个发展中的难题。第一是发展思路问题。我们的专业与产业深度合作水平低，进入新时代，供给侧结构性改革成为发展主线，这既是我们应对外部复杂环境的立足之本，也是学校走向高质量发展的必然要求。各部门都要跳出自身，看高一层、看远一程，才能全面理解这次合作的意义。转变发展思路不是一件简单的事，这也是为什么多年前就发出"专精特强"的呼声，但整体上仍然处于产业链低端的内在原因。需要突破的难题是要打破"边界"，引入企业真正深度参与办学，学校内部治理机制的变革变得非常迫切。第二是打破条块分割的机制，变革不是一个部门、一个专业单打独斗可以完全解决的，需要学校整体创新氛围与具体支持举措相结合，需要大家主动衔接，互相协作，还需要耐得住寂寞，要有配套的体制机制措施，大家都要敢于作为，久久为功。第三个需要破解的难题，就是把"专精特新"与"跨界融合"对立，把"自主"与"合作"分割，闭门造车的教训过去不少，需要我们具有更开放的视野和更开阔的胸怀，在《国家职业教育改革方案》《国家产教融合建设试点实施方案》政策指导下进行布局和优化，拓展专业发展的潜力和空间，推动专业创新发展。

商贸旅游学校要做职业教育改革的先行者，必须有特殊的站位和格局。作为上海中央核心区域的职业学校，必须努力把地域优势转化为办学优势，更好满足日益增长的"美好教育"的需要。衷心祝愿这一项目在不久的将来能结出丰硕的成果，校企双赢。

07　努力让每个人都有人生出彩的机会

刚刚公布上海市第八届"星光计划"学生技能大赛成绩,商贸旅游学校获得个人一等奖 14 个、二等奖 12 个、三等奖 29 个;团体奖一等奖 4 个、二等奖 1 个、三等奖 4 个的优异成绩。师生们用汗水浇灌青春,用拼搏书写答案,把不可能变成了可能,书写了历史,证明只要经过努力可以拥有丰满而精彩的人生。"星光",是巨大的舞台,让师生们展示自我、丰富人生;"星光",也是一面镜子,映照出师生的温度和美好。每一枚奖牌的背后,都有着动人的故事;每一名选手的成长经历,都是一段传奇;各个团队都表现出色,他们奋勇争先、超越自己,战胜对手、困难和各种遭遇,值得所有人学习;他们不仅在训练和比赛中顽强拼搏、为校争光,更为学校提供了满满的正能量。精神的力量是无穷的。一个人、一个学校、一项伟大的事业,只要足够自信、自强、拼搏、奋进,就能劈波斩浪,得偿所愿,也让我更加深刻地理解了信仰的力量和生命的意义。参与比赛、拿金牌不是最终目的,示范、引领、培养一大批高技能人才才是我们的初心。国家呼唤高技能人才,高质量发展不能缺少青年工匠培养,期待"金牌"效应能够发挥杠杆效应,撬动大家更加重视和关注,营造尊重劳动、崇尚技能的良好环境,促进形成技能成才的共识,壮大优秀教师团队,为学校转型发展提供充足的人才支撑。

金牌不会从天而降,梦想不会自动成真。正是这些"最可爱的人"不骛于虚声,一步一个脚印,以实实在在的行动践行初心和使命,才能创造出经得起实践检验的成绩。从本次技能大赛的比赛项目设置变化、应用要求的提高可以看出,产业和社会的快速变化对不同领域的技能发展提出了新的挑战,服务领域精细程度、要求不断提高,谁在信息技术等新兴领域占据领先位置谁就占据优势。这几年专业布局调整力度大,专业数量逐步减少,一些基础性技能项目逐步被调整,学生人数进一步精减,师资团队处于新老交替之中，这个成绩来之不易。既有孙建辉、阮毅、赵慧、沈萍等一批高星级指导教师再立新功，也有吴淑萍、姚见骥、谢维丹、周延河、陈蜀等一批中坚力量关键时刻冲得上去、豁得出去，也涌现了唐艺韬、侯越峰、乌圆晓、朱莹、陆阳、周婷等一批"80后""90后"青年教师，正在成为学校的骨干。朱以来团队在会计专业即将调整之际，仍然全力以赴，真干苦干实干，坚守岗位，用实干成就梦想；尹俊、潘蓉带教的"汉语应用能力"是这次首设的新项目，新的比赛规则、较高的职业能力要求，敢闯敢试敢为人先。我看到了，历史的接力棒正在交到年轻一代手中，每一块闪亮"金牌"的背后显示着创新的活力，看到了一种自信，一种舍我其谁的底气；更看到了一种自觉，一种责无旁贷的锐气。"星光"指导教师绝大多数是党员，"不忘初心、牢记使命"主题教育激发了精气神，成就了这一气象，相信也会在校内激荡涟漪与示范效应，掀起一股新的"强技"热潮。

在我看来，这份光荣与梦想的实现，从更广泛意义上讲是"精神的力量"，隐藏在学校各个方面、体现在学生点滴变化中、蕴含在逐梦路上，这些细微变化应和着时代的步伐，如涓涓细流，汇成"商旅好人"不断进步的洪流。无论我多晚下班，都能看到疲惫着回家的师生们。而最拼命的那一拨，常常能够看到晚上九、十点钟的月亮。当所有人都在全力奔跑的时候，除了更努力，还有什么办法能够收获那些更光鲜的人生呢？很多人会问，为什么别人成功很容易，自己却很难？因为你只看到了别人台面上的光鲜，看不到实训室里的付出与艰辛。我年初五上班已经看到西餐服务、职业外语技能两个团队在训练了，成绩的取得源自于自我的一种积极进取，而不是等待天赐良机。"星光"最能磨练一个人心性、锤炼一个人意志，只有经过淬火锻压，方有斗罢艰险又出发的坚忍不拔。有同学说得好："很多时候，离成功只差一点点，我不埋怨不逃避，走过的每个低点，都会成为通往高峰的必经之路。""我走得很慢，但我从不后退！"正是这一批"商旅人"知难而进，才会逆势飞扬。只要有一种敢于同命运抗争的精气神，不想认命，就去拼命，"我命由我不由天"。我始终相信，付出就会有收获，或大或小，或迟或早，始终不会辜负你的努力。要向宣鑫、杨钧杰、陈华昕、张永慧、柴乐乐、冯婉婷、童莹莹、郝清文、沈圆佳、林青隆、乔聪、张婷婷、李雅萱、陈梓欣、陈艺铭等一批优秀学子学习，努力做一名追求卓越的人，守护着那份梦想，不忘初心，继续前进。

我们现在所处的是一个"船到中流浪更急，人到半山路更陡"的时期，处在职业教育大变革的关键时期，推动高质量发展，满足师生日益增长的"美好"需要，遇到各种困难不可避免，要以钉钉子精神抓工作落实，力戒形式主义、本本主义，不搞花拳绣腿、繁文缛节，不做表面文章，要拿出过硬本领扎实推进育训结合、提升学生综合实践能力。"我是商旅人"这一份人生标签，到底意味着什么？不要抱怨自己的"出身"，人生就像一场马拉松，最美丽的风景，一定会在前方等待着你的到来。重点不是一直在超越，而是一直在慢跑，一直在成长。正所谓"知者行之始，行者知之成"。

08 学会"换道"

职业教育现在就好比一辆辆正在行驶的汽车，有的一路高歌、风驰电掣，有的小心翼翼、四平八稳。驾轻就熟的人，走走停停，一路风光尽收眼底，该前行时前行，该转弯时转弯。莽撞疾行的人，只知道一股脑往前冲，连撞见悬崖峭壁都不会及时刹车。首届海南省人民政府企业家咨询委员会主席马云说："（海南）弯道超车基本没有可能，还容易翻车，谁也不会让你超，只能换道超车。跟在后面是没有前途的……希望海南成为首个区块链的智慧岛。"当下，人工智能、互联网发展，上海的生源状况，决定了每一个中职校都没有办法独善其身，专业布局调整优化一定是跟更多的人关联在一起，一定是会遇到更多的挑战，而这些挑战过去跟学校没有发生任何关系，但今天一定会跟你联系在一起。如果不能理解这一点，不能考虑到与社会的关联和影响，那必然会感到焦虑或者感觉到没办法，这是环境的变化造成的。

在今天这个时代，没有一成不变的金科玉律，因为今天所有的行业都因为互联网、人工智能技术而被重新定义。我们无法预知变化和挑战，这一点需要认真对待。放弃传统核心竞争力，打开边界拥抱共生，致力于不可替代性，这是我们进行专业布局调整优化的策略，接受更多的不确定性和变化。如果只抱住原有的核心竞争力，不愿意做更新、不愿意形成新的学习能力，就没有办法形成自我保护的"壁垒"。未来五年，我们要以人工智能为引领，以商旅文化为"核芯"，这也是上海、黄浦未来发展的方向，从今年的招生状况来看，这一远景已然尽收眼底。

从现在学生规模、就业升学趋向，以及从控制成本、提高效益，规模化培养人才的目的来看，有必要调整原有专业群。"所谓专业群，就是由一个或多个办学实力强、就业率高的重点建设专业作为核心专业，若干个工程对象相同、技术领域相近或专业学科基础相近的相关专业组成的一个集合。"专业群与产业发展的匹配度如何，是判断职业学校办学理念、服务面向、发展特色最主要的指标，专业群内每个专业要与产业有逻辑清晰的对应关系。现在由于学生规模过小，从学生的就业实际来看，两大专业已经成为"专业基础相通、技术领域相近、职业岗位相关、教学资源共享"的专业，商贸与旅游专业就业岗位已经模糊。

商贸与旅游专业在不少学校已经作为一个专业群。我们要以市场营销、旅游服务与管理专业为龙头，完善 T 型课程体系，加大专业综合实践课程群建设的力度，人才培养流程再造，按照新的专业定位、人才培养标准，以"底层共享、中层分立、上层互选"的逻辑思路达到相关课程的共享，包括优秀师资、教学资源、实训基地、企业资源等方面，不断提升学生专业综合实践能力，从而实现专业群的要素协同创新和整体内涵发展。做好对标分析，并结合自身原有的优势与特色找准发力点，力争在几个方面实现突破并形成专业特色，有行业优势，有较强社会服务能力，提高学生职业胜任力，实质推进校企协同育人，加强国际合作与交流，从而增强自身优势，提高自身重要性，实现每个专业教育质量的整体提升。

有的人总是不撞南墙不回头。我们讲提高质量，如果你走错了路，花再大的力气也是徒劳的。常言道："直道可跑马，曲径能通幽。"学会转弯、学会换道，何尝不是一种智慧人生。有些专业，可以顺其自然，倾心而为；有些专业，需要转变内涵，腾笼换鸟，有的则需要另起炉灶。不要带着情绪，不要钻牛角尖，换个角度思考，会有意想不到的结果，正所谓"山重水复疑无路"，找到"柳暗花明又一村"。在现实生活中也要有"换道"的思维，不墨守成规、不故步自封，才会快人一步。

09 "新商科"建设的思考

据麦肯锡全球研究院发布的一份报告说，国内消费对中国经济增长的贡献已逐步占据主导地位，消费增长对经济增长的贡献率已超过60％，已连续5年成为拉动中国经济增长的第一动力。IMF的报告也指出，中国经济外部再平衡取得进展，中国继续依靠国内消费驱动经济增长，经济正逐步转向以内需驱动为主的增长模式。最近"618""买买买"折射出消费强劲增长的喜人局面，"618"大数据再度彰显中国消费升级趋势，品质化越来越成为消费主流。未来消费引擎将成为政策加码"稳增长"的新重点，未来培育新的消费热点，进一步创新供给，"更好地满足消费者对美好生活的需求"给我们提出了更高要求。从中美贸易战可以看到，近14亿人口的庞大市场、4亿多中等收入群体的强大购买力，是任何国家都无法比拟的巨大消费力量，将成为中国消费市场持续发展的最可靠保障。

人工智能将是继蒸汽机、电力和互联网之后，改变人们生活方式、工作方式的技术。已进入后工业化的中国，面对人工智能发展的热潮，传统商科专业如何转型发展？如何适应、满足新行业新业态新技术的需求？从某种意义上说，营销是一门永恒的职业，只要存在商品供给与需求之间的不均衡，只要存在市场经济和市场竞争，就需要营销。但是，营销一定会随着市场环境的变化，特别是随着技术手段的变化而需要不断与时俱进。特别是近几年，一些传统的营销模式、营销手段在逐步失灵，一些创新营销模式企业快速成长，要求营销人员快速转型，转换新的营销能力。我认为，核心是数字化、专业化，原来的营销是一种盲目的、无法量化的模式，数字化环境下变成了精准营销关系，未来营销人员必须具备数字化的专业营销能力。实际我们已经高度感受到这种变化，享受到数字化社会的便利。

纯电商时代必将终结，单纯的电商模式必将升级为全渠道的"新零售"，它不是简单的电子商务＋实体店，全渠道融合共赢是核心。阿里"新零售"每年都有巨大的进步，通过技术手段，将线下超过 100 万家的商家店铺实现了和线上平台的结合。在此基础之上，更是将这些线下实体进行数字化改造，创造出了互动、直播、娱乐化消费、海内外贯通等多种营销模式，不断给消费者带来全新的购物体验，网络主播成为"第 361 行"。最近，波司登在南京路步行街开设了旗舰店，它找了法国设计团队"操刀"，打造了爱斯基摩"冰屋"，可以让消费者在极寒体验仓感受寒冷；巨大的玻璃橱窗中，一列酷炫的科技电子屏，同样传递着潮流的信号。酷炫仅仅是这家门店的外在表象，关键是与阿里云合作，打通了线下线上业务运营，借助后台大数据分析优化调整门店运营。南京路现在不少企业已经与阿里合作，未来肯定还会有腾讯云、华为云，各类品牌都会向云"迁徙"，这种链接在改变传统营销逻辑、营销关系。不仅是线上与线下的融合，还有电子商务与金融物流等服务业的融合，大数据与用户需求的融合，电子商务与国际资源的融合，与制造业生产的融合，与各种新技术、多场景的融合。出现这个新"风口"，我们准备好了吗？

社会成为数字化的链接关系，现实倒逼我们要赶快转换新的思维、新的能力。当前，我们的教师首先要转变观念，转型新的营销能力。更多企业上云，包括我们众多的老字号企业，生产经营、管理运作也逐步在云端展开，这是传统企业数字化、智能化、网络化的必然途径，当传统企业借助新"风口"创造出不同的面貌，将会为企业发展带来更大的内生动力和新动能。我们必须清楚地意识到新"风口"对学校的意义，专业转型并不是短期内能实现的，这是一项系统性工程，它需要各方力量共同参与。这其中，既包括学校的支撑，也包括企业的合作，更需要本专业教师的热情。我们看直播带货，主播固然对商品了如指掌，实际上背后还有一支强大团队所做的先期市场调研、产品测试等。强调专业、精细化分工的体系，使"讲好故事"更有底气，专业的事让专业的人去做，这也是上海实现精细化治理的路径之一。讲好故事本身，是一种经世致用的方法，它考察的不仅有换位思考的自觉、过硬的业务能力、实事求是的科学精神，更是一个体系精细化分工的浓缩表现。营销从 4P 时代向 4D 时代转变，从"产品（Product）价格（Price）渠道（Place）促销（Promotion）"到"关注用户的真正需求（Demand）、向客户快速传递价值（Deliver）、跟客户保持动态沟通（Dynamic）以及基于大数据的决策（Data）"。

专业转型是以新发展理念为引领，以技术创新为驱动，以信息网络为基础，面向高质量发展需要，加快数字转型、智能升级、融合创新等基础建设。现在没有完整的课程教材体系，也没有可以完整照搬照抄的成熟的培养模式，需要我们结合对当前业态、环境、发展趋势的认知，积极参与数字化、智能化转型，连接合作企业、加强理论学习和引进技术专家指导，作出实事求是的创新，开展技术创新、专业创新，提升影响力竞争力，适应产业结构升级、科技创新。改变传统营销逻辑、营销关系，要有用技术解决问题的思维，也就是遇到所有的问题时，先考虑的是用数字化技术手段去解决，而不是传统思维，这是我们全体教师的软肋，本质是思维转换、能力转换。譬如用技术手段链接用户的思维，用技术手段解决市场推广的思维，用技手段解决市场发展的思维。"网红"原来是个偏向贬义的词，"带货"也不算足够体面的工作。但我坚信，直播带货应该是现代青年愿意从事的工作，是学生喜欢的新职业。上海，聚集了大量时尚品牌，许多世界一线品牌的中国总部也在上海，这片经济热土，能为这个职业带来源源不断的新故事，对我们培养新商科人才走向将会带来深远影响。

新商科建设要让学生有"专业"，有一技之长。不是简单的"万金油"，要融合新媒体技术，培养学生具备简单的技术开发能力，更多的柔性技能，专业的商品知识，等等。我们正在从传统消费转向新兴消费，从商品消费转向服务消费，消费需求正由模仿型、跟风式、单一化向差异化、个性化、多元化升级，新产业、新业态蓬勃发展，催生更多消费热点，需要越来越多"粉丝"级的专业营销人才，"互联网＋"促进线上线下消费融合发展，营销无处不在。我们要以更开放的思维，以新理念、新模式、新内涵，产教融合、校企合作，跨专业融合培养，中高中本贯通培养，与职业培训深度结合培养，这是新商科人才培养的必由之路，这是我们商科专业获得重生、凤凰涅槃的重要契机，培养出来的 T 型人才将成为刚需。引进"数字化管理师"等新的职业资格证书，探索实施 1＋X 证书制度，鼓励学生在获得学历证书的同时，积极取得多类专业技能，有利于学生个人综合素质的提升。搭建校企协同育人平台，推动产教深度融合，丰富充实教学内容，推动专业建设、课程建设、教师队伍建设改革，建设新的校外实训基地，实现人才培养培训与市场需求紧密衔接，让每一个学生都能获得人生出彩的机会。组织领导、人际交往、创新能力、自信心等都是代表个人综合素质的人格特征，这些都是难以被人工智能所取代的，这些"软性职业能力"在课程设计中必须得到加强，提升人才培养标准、就业标准，打造成为不可替代的独特优势。

以人才培养方案制订为契机，从学校层面推动新商科建设，改变"门户之见"等封闭性观念,从资源配置、组织结构等方面打破专业壁垒,进行资源共享和跨学科合作,把云计算、大数据、人工智能等新技术,有机融入新商科专业建设,促进学校原有的传统商科专业与人工智能专业深度融合,建设跨学科课程体系、组建跨学科教学团队,构建新商科专业体系。通过学科交叉与融合逐渐创造新的知识体系,开展深度的产教融合、校企合作,突出学科专业特色与优势,以提升学生认识社会、解决实际问题的能力。以培养学生综合素质与健全人格为目标进行学科建设和专业布局,更为关键的是,突破"小专业"思维,构建"大商科"格局。在具体制度设计上,要着眼于专业发展与学生成长意愿相结合,专业素养与行业需求相结合,有科学系统的课程体系、实践体系作为支撑。新商科建设需要实现"三个打通",即原有各专业之间内部打通,商科与人工智能专业之间打通,商科与围绕学生综合素质提升的课程、项目打通。具体来讲,对接学校 T 型课程体系建设,形成适应 T 型人才培养的专业综合实践课程群,更新教学内容,设计出适应产业发展具有逻辑结构的课程,避免各类课程简单"大拼盘""大杂烩"。

推动教学模式改革,推进产教深度融合,构建理论教学与实践教学相互支撑的新商科教学模式。专业实训全面实施小班化教学、混合式教学,推进信息技术与教育教学融合发展,加强网络学习空间应用广度和深度。我们的专业教师必须经过重新培训走上新商科讲台,要从制度上鼓励教师,尤其是让这批高学历青年教师提升自我、突破自我,激发专业发展的潜力与活力,力争在新商科建设上发挥生力军作用。鼓励教师深入企业调查研究,研究行业前沿问题,服务并反馈到教学环节,作为资源融入专业建设,做好各专业课程之间的衔接,凸显知识更新的动态性,实现从"要我学"到"我要学"的根本转变,形成新商科教育协同育人大格局。"2022 年新零售市场规模有望达到1.8 万亿元",一份份行业研报,描画出令人振奋的消费增长新热点、新空间。互联网平台已进入万马奔腾、群雄逐鹿的时代,我们新商科也将迎来大发展的机遇,这次申报工作是学校专业整合、专业建设的重大项目,是整个专业群教师转型发展的重要契机,需要开拓创新,需要在行业专家团队的深度参与指导下,比拼我们团队的整体素质,形成一体化人才培养方案,形成多种合作机制和衔接路径,形成通畅的学生生涯发展通道,培养符合新时代特征的应用型、复合型人才,服务上海商业转型升级。

最近,上海提出要让城市夜经济兴起来、亮起来,学校边上"深夜食堂"、小吃摊棚热闹非凡。据美团报告 2018 年一个小龙虾总产值就突破 4 000 亿元。除了吃,如何造就特色夜经济,使城市的夜晚更加精彩?上海正在全力打造黄浦江水上旅游这一世界级旅游精品，提升上海城市活力和魅力，促进旅游消费、服务消费。浦江游览将成为吸引外国人、外地人消费的新热点、新空间，成为独特的上海文化体验，我校旅游专业正与市旅游协会水上旅游分会合作，新商科也可跨界合作，美术、文物、电竞等专业都可以一并参与，旅游、文创和餐饮产品的开发、销售、经营需要大量的跨界人才、复合型人才。"新商科"是一个缓慢向下扎根的过程，而有些应用的脚步要加快，一些看得见的场景已经慢慢展现能量，要加速推进转型升级。抓创新就是抓发展，谋创新就是谋未来。如果不走创新驱动发展道路，新旧动能不能顺利转换，学校就不能真正强起来。最后也希望各位专家、领导，能包容我们这些"不走寻常路"的人。

10 由"乔家大院摘牌"想到的

  乔家大院被撤 5A 景区引发热议，曾经高朋满座到如今摘牌整顿，不免让人唏嘘不已。旅游景区过度商业化，差评不断，却屡禁不止，乔家大院就是一个典型。游客主权时代的到来，对旅游景区品质和内容提出了更多更高的要求，如果继续沿用传统理念的路子走下去，很可能挂的牌子越来越多，景区的市场生命力却越来越弱。景区一年到底有多少游客？这些游客能否成为景区的自愿消费人群？消费的主要需求什么？……这些问题，对于景区与商业体的管理者、经营者来讲都是非常重要的。如何利用大数据技术精准回答这些问题亟须解决，不要让游客感到景区和商家在急吼吼"斩客"，要在满足游客消费心理需求上做文章。

  旅游不能简单地等同于消费，在如今经济几乎是唯一追求的大环境下，旅游行业真的能自律吗？旅游行业要靠自身去脱俗是很难的。在经济效益优先的主导下，部分景区"重建设、轻服务"的短视行为日益突出，文化和旅游部对山西乔家大院作出取消质量等级的处理，是国家动态管理 5A 级景区的重要举措，给那些一味追求经济效益而忽视服务质量、社会声誉和群众利益的景区再次敲响了警钟，倒逼其转变经营理念，完善管理措施，寻找消费增长新热点、新空间，真正"药到病除"。现在，旅游景区普遍对满足游客心理需求考虑很少，当"井喷式"旅游旺季来临，景区人满为患的时候，更多经营者追求经济效益最大化，而忽略了游客的体验感受，导致服务水平低、游客体验差。特别是，无法满足现在的重要消费主体、年轻消费群体的需要，旅游业态产品供给存在严重滞后。景区经营者应该不断加强市场调研，充分挖掘当地文化和景区自身的优势，把握好"自己的优点、别人的弱点、游客的痛点、市场的热点"，倾心打造景区的核心竞争力和吸引力，精心开发植入一些深受游客喜爱的特色产品，用创新创意逐步摆脱门票经济，实现盈利模式以提高二次消费为主。泛二次元人群，对国粹、国货、非遗文化，有着超乎想象的热情。同时，他们对于"时尚"具有一种积极的心态，当看似风马牛不相及的"老字号"与时尚通过文创走到一起，是会心甘情愿买单的。

但是，绝大多数的人文旅游景点感觉不到独特的乡土文化，造假成风，斩人成风，没有文化体验，只有上当体验，素有"民间故宫"美誉的乔家大院也沦落到此境地，圈地收费、门票飞涨、人口外迁、遗产损毁。景区经营服务理念跟不上，高票价已经严重影响旅游消费的增长，金钱至上，只关注赚钱，忽视消费者权益，这也是受老百姓诟病的原因。地方政府和景区经营者如此热衷于建设 5A 景区，一个重要的驱动力就是门票对当地经济的影响。要突破门票经济思维，依托文化底蕴打造完整旅游产业链。因此，我们在"大旅游"建设过程，更要注重职业道德教育，注重软性职业技能，注重文化修养和传统文化，培养的学生要有"策展"的能力，讲好城市、景区景点背后文化故事的能力，使老景区、老品牌、老字号以更主动、更年轻化的姿态重回舞台。传统景点应由管理者、原住民、设计师以及社会学、人类学相关专家一同参与进来，做出接地气的新设计，为游客提供好的旅游体验和文化空间。

中国旅游大散客时代已经到来，作为服务型企业，所有产品均应无形渗透每一个游客心中，重点加强互联网＋营销体系建设，提升智能化、智慧化管理水平，加强旅游秩序、旅游安全，推进标准化、规范化管理。特别是中国特色的"井喷式"旅游旺季，评级高的景区往往人满为患，交通负荷过重，景点景区不堪负荷破坏严重，生态严重受损，环境惨遭破坏，酒店价格上涨，供需矛盾凸出，需要通过数字化、数据化精准管理，考虑游客的体验感受。停车场管理，现在也是游客诟病较多的问题，需要借助现代信息技术，实际投资并不大，但效果会较好，收费规范有序，克服了随意收费的状况，全程监控，让游客感觉到景区标准化、规范化的有序管理。景区景点本身并不是属于垄断行业，游客存在一定的自主选择权，景区景点的餐饮选择与服务也是一个较大问题，只要遵循法律、明码标价，游客购买这些高价食物、饮料也是遵循了自愿公平的原则，是合情合理的。如果用各种理由拒绝游客自带食品、饮料进入景区景点，则会让人感到侵犯了游客的权益的嫌疑。我相信，在"乔家大院被摘 5A 景区牌子"的大棒警示下，特别是信息技术广泛应用，我国旅游业一定会提升精致化管理水平，一定会有美好的未来。

第四章

从学技到素养：
形成"三全"综合实践
育人体系

　　建设 T 型课程体系，丰富学生的专业学习经历，夯实学生的专业知识技能和职业素养。将工匠精神融入人才培养全过程，满足学生多层次发展需求，全面提高学生核心素养，形成全员、全程、全方位的"三全"综合实践育人体系，是学校课程变革的使命。

01　基于核心素养构建 T 型课程

新一代信息技术的发展迅速，产业迭代周期加快，迫切需要 T 型技术技能人才。我们必须破旧立新、转变教育观念，必须修订人才培养方案、调整课程设置、改变教学方式、优化教师队伍、加快校本教材编写、完善评估体系，重构 T 型课程体系，把各专业的综合实践课程群建设提高到教学改革最显著的位置上来，以此来全面提高教育质量，全面提高学生核心素养，形成全员、全程、全方位的"三全"综合实践育人体系，也以此来检验是否有利于 T 型技术技能人才的培养。

为什么要重构 T 型课程体系？这是在学校"德育综合实践课程"基础上，根据产业变革的要求，对学校课程体系再认识、再设计、再深化，拓展校企合作新领域，推进产教协同育人的重大举措。如果用字母"T"来表示知识结构特点，"一"（T 字上的横轴）表示人才应具备的基本知识、基本能力以及基本素质的横向拓宽，以增强对社会的适应性；主要由公共基础文化课程、德育综合实践课程和素养拓展类课程构成。"T"下面的"｜"（T 字上的纵轴）表示作为人才应具备的专业能力的纵向深化，特别强调专业综合实践能力、适应能力；由核心课程、专业方向课程（指定选修课）和专业综合实践课程等构成。人的职业能力是一个综合的能力，不仅需要专业知识、专业技能，还要关注可持续发展的核心素养、情感态度价值观；不仅要掌握当前的专业知识技能，还要注重培养自主学习意识、自主学习能力，适应新技术、新兴产业呈现快速发展的需要，形成职业发展和职业迁移能力。构建 T 型课程体系和各专业的综合实践课程，就是为了更好地发挥专业育人功能，把育人融合在每个专业、每个课堂、每个活动、每个班级和校园的每个角落，形成"全课程"育人格局，"三全"育人机制，成为规范系统、内容广泛、复合交叉、较为稳定的校本课程，实现育训结合、专业素养与精神价值的共生。

如何来建设专业综合实践课程群？将"逆向工程"引入专业综合实践课程群设计过程之中，通过向相关行业企业进行调研，教师下企业了解企业真实需求，了解实际工作中各专业岗位人才所必须具备的专业技能程度、综合实践能力及素质要求，然后根据人才需求发展变化趋势有针对性地设计综合实践课程群。以专业人才培养方案修订为契机，科学合理确定各自专业培养目标，根据新的培养标准和专业发展方向，明确学生的知识、能力和素质要求。以国家教学标准为基本遵循，加强实践性教学，调整、优化原有的专业核心课程、专业方向课程（指定选修课程）以及相关的拓展课程，包括专业实训实习、技能竞赛、职业资格证书、技能工作室学习、校企合作的综合实践项目、研学旅行等，提升学生专业知识的综合运用能力、分析能力、表达能力和沟通能力，让学生根据自己的兴趣和爱好，选择适合自己的课程和发展方向。聚焦综合实践能力，以人才培养质量标准为主要依据，依托学校综合性专业设置的优势，通过一体化设计，以此作为各类课程的重要"黏接剂"，将多种实践教育有机整合为有序化、逻辑化、系统化的综合实践课程群，由单一到综合，改变碎片化课程格局，使不同课程、活动要素彼此渗透、融合贯通，形成优质多元、开放共享、个性选择和分类分层的课程结构，螺旋式递进培养学生的核心素养和综合实践能力，培养学生选择能力，满足学生个性发展和可持续发展需要。

"动手＋动脑"是综合实践课程的基本学习方式。转变过去以知识传授为基本方式、以知识结果获得为直接目的的学习活动，突出应用性、实践性、多样性、融合性，从本专业的结构到跨专业的结构，交叉和融合无处不在，从知识、技能到真实的世界。以典型工作任务、项目学习为主线，通过任务整合知识、技能与态度，形成注重解决实际问题、提升实践智慧的实践性学习，创新人才培养模式，满足学生自主选择的需求，以独特的课程特色形成培养优势，促进人才培养质量不断提高。三个示范专业经过多年的艰苦探索，已初步形成具有校本特色的专业核心课、专业方向课，编写了相关教材、各类专业活动指导读物和网络学习资源。譬如，市场营销专业建设的"店长孵化""新媒体技术"和"现代商业素养"课程群，从指向知识技能转变为指向核心素养，注重职业素养养成和专业技术积累，注重解决实际问题和提升实践智慧，拓展就业创业本领，有利于夯实学生可持续发展基础。综合实践课程群每门课程的每一个模块切入点小、综合性强、组合灵活、内容丰富，构成一个相对完整的学习单元，体现跨界融合和探索，注重融会贯通和主动精神的培养，将专业精神、职业精神和工匠精神融入教学全过程。

从实践来看,学生学习的主动性、积极性很高,课堂讨论、团队合作、课题报告等方面均有良好表现,德技并修、育训结合、知行合一,注重培养学生的健全人格、人文素养和综合实践能力。

合全校之力共同打造专业人才。打破学校内部壁垒,处理好公共基础课程与专业课程、理论教学与实践教学、学历证书与各类职业培训证书之间的关系,一体化设计,共享全校优质教育资源,通过跨专业、跨课程的学习任务,把专业实训、企业实践与基础文化、素质拓展课程有机结合。让T型课程建设为教师赋能,提高育人为本的教育境界和专业素养,激发教师创新创业的内生动力。教师根据各自专长挑选合适的内容,根据专业特点将相关内容扩展、深化,保证教学内容的新颖、生动、升华,从而提高横向课程的思维层次,促进学生知识结构融合发展。譬如,素养类拓展课程“视觉思维”,由原来课程中的一个“点”扩展为一个专题,“PPT思维”“思维导图”“短视频制作”和“手账”融合为一个课程群,由强调“知识”“技能”转变为思维训练,通过融合性的课程内容满足学生自主选择的学习需求。引进行业企业及大师名师深度参与,培养学生在纵向的专业知识上具有较深的理解能力和实际操作能力。譬如,中烹专业与中国烹饪协会、益海嘉里的合作,航空服务专业与东航的合作,电竞专业与中电创智即将开展的合作,专业建设与产业需求对接、课程内容与职业发展对接、教学过程与生产过程对接,提高学生职业胜任力,提升工学结合育人水平。坚持“德技并修”,不断完善“工匠之声”“生涯指导”课程群,显性教育和隐性教育相融通,突出核心价值观、生涯指导,增强社会责任感和人生幸福感,培养正确的劳动价值观。

抓住新一轮科技革命、产业变革和教育综合改革的机遇,以提升教育质量为突破口,以深化课程改革、提升学生综合实践能力为切入点,从学校层面对整个课程体系进行自上而下的顶层设计和各专业适应专业数字化转型、适应新业态、新岗位、新技术、新方法自主变革的有机融合。我们希望培养出来的学生,不仅在横向上具备比较广泛的一般性知识修养,而且在纵向的专业知识上具有较深的、扎实的理解和一定的工作经验,复合化、综合性、可迁移,满足“城市更新”对新生劳动力的期待。围绕“专精特新”,通过专业T型人才培养,推进产教融合、校企合作,由参照普通教育办学模式向企业社会参与、专业特色鲜明的类型教育转变,促进学校发展内在动能、外在形态和发展格局再创新变化,成为学校内涵建设、专业转型、人才培养创新的核心标志,赢得未来的发展主动权。

02 推进"科学素养"课程建设
培养学生综合职业能力

全球新一轮科技革命和产业变革正在孕育兴起，国际经济竞争更加突出地体现为科技创新的竞争。上海正在建设具有全球影响力的科技创新中心，"用 10 年时间，着力形成科技创新中心城市的核心功能，在服务国家参与全球经济科技合作与竞争中发挥枢纽作用，为我国经济发展提质增效升级作出更大的贡献。走出一条具有时代特征、中国特色、上海特点的创新驱动发展的新路，创新驱动发展走在全国前头、走到世界前列"。在这一进程中，作为一所面向现代服务业的中等职业学校应有所作为，创新作为，围绕创新驱动战略，加快专业布局调整，挖掘专业内涵，深化校企合作，提高人才培养质量，积极为上海金融服务业、信息服务业、高端商贸业、旅游服务业、文化创意业等新兴产业发展培养基础扎实且可持续发展的专门人才。特别是注重学生的创新意识、科学素养和实践能力的培养，注重学生应用所学知识解决实际问题的能力的提升，是当前提高中职学校教育质量、培养学生成为高素质劳动者和技术技能人才的关键。尤其是培养学生利用现代信息技术与手段的能力，培养学生收集处理信息的能力、获取新知识的能力、分析和解决问题的能力、语言文字的表达能力以及团结协作和社会活动的能力，培养学生的科学精神和创新思维习惯，培养学生全面素质和综合能力具有重要意义。

学校正在建设中的"科学素养"课程群是学校 T 型课程体系建设的重要一环，素养拓展类课程的重要模块之一，包括线上线下的选修课程、各类学生社团、工作室等，希望通过对传统课程的改造、发展和创新，开发一批体现"四新"式新课程，满足学生的兴趣和需要，让学生更多地关注周边环境、生态、社会经济的发展，更深刻地认识现代信息技术与公民责任，把创新教育落实到课程，同时通过为学生提供多种类型的课程和个别化的教学，满足学生个性化、多样化、多层次的发展需求，促进学生的全面发展和科学素养、创新素养的提升，提升学生技术"硬核"和综合职业能力。长期以来，我们一直以为，教师并不需要创造知识，教师的责任就是传递他人已经创造出来的知识；教师并不需要研究，教师的任务就是运用他人研究出来的成果。于是，课程常常就只被认作是一套由外部专家设计的内容纲要和行动程序，我们只要理解、诠释和执行，使预设的课程变为实际的活动即可。可是，今天的职业教育，"迭代"的周期越来越短，对教师自身知识更新提出了新的要求，教师已经不能仅仅做一个教书匠，做一个书本知识的传递者，他不但需要具备一门（或几门）学科扎实的基本功，还要有将各类新技术、新方法、新观念整合、融合到课堂教学实践中去的能力，更重要的是具有创新意识、创新能力，具备在本领域可持续发展的能力。

"科学素养"课程，打破了必修课程、选修课程、学生社团的界域，线上学习与线下学习的界域，结合学校原有的"信息技术"课程和人工智能、影视制作等其他专业课程，既动手又动脑，材料新颖多样，创造灵活多变，有利于培养中职学生对科学的兴趣和追求，产生积极的心理需要并激发创新思维和创造意识，从而积极主动地学习并付诸实践，有利于传统专业知识、技能与数字技术的融会贯通，有利于学生收获梦想，享受学习成功的快乐。譬如"机器人"课程，是我校开设多年的一门特色课程，既是人工智能专业的核心课程，同时也作为全校的公共选修课程，提升学生对现代科技和信息技术的全面认识和理解，成为一个培养科学素养和实践能力的新载体。"科学素养"课程除了其显性教育功能，更多的是课程背后隐性的育德功能，这些课程对于各专业转型发展、创新发展的重大意义，体现复合型人才培养的重大意义。"人工智能""机器人""无人机"等新课程的开设，对教师专业发展也是很大促进作用，新技术、新方法、新业态、新岗位对教师是一种全新的挑战，要求教师教学技术、教学能力实现重大转变，从知识的传递者到学生学习活动的促进者、组织者、指导者，教师的教学行为由重书本到重实践、重变化发展中新的知识、重与学生同步学习转变，由注重整体、班级向关注个体转变；学校也由注重课程的"量"到注重"质"转变。

爱因斯坦说过一句话，一个问题要解决，用原来产生这个问题的思维模式去解决是不可能的，因为这个问题是原来的思维模式产生的，用现有的思维模式去解决问题这也是常常使我们陷入困境的重要的原因。我们往往会把自己原来做成功的经验用在解决眼前的问题上，我们要养成从本质上改变自己思维的一种能力，而这个东西是非常不容易的一件事情，相当于是脱胎换骨。因此，在"科学素养"课程群建设中，要摒弃传统的课程建设老路，走出一条协同育人的新路，从学校层面顶层设计、一体化设计，共享全校优质资源，举全校之力打造跨专业的复合型人才。投入资金，实训室建设，完善专业实训室管理机制，深化"引企入教"改革，引进更多兼职教师，全天候向学生开放。建设新的校外实训基地，实现人才培养培训与市场需求紧密衔接，强化学生主体和"匠人"培养意识，积极为学生营造自主学习、个性化学习的氛围。推出激励措施，激发学生的参与热情，用"创新"学分及综合素质评价全面加以鼓励引导，避免用一个尺度来衡量每个学生，学生个性的多样性决定了质量标准的多样化。互联网思维下的职业教育、课程改革和课程创生是一个有机的生命体，满足学生的个性需求程度、满意程度，培养学生创新意识、科学素养和综合职业能力，教育质量＋强大的情感诉求，将会变成学校展示办学品位、办学质量的方式。

03 建设博物馆课程中心，传播中华优秀传统文化

　　一部呈现故宫"文物医生"日常工作的纪录片《我在故宫修文物》，引起很多人对这一神秘职业的兴趣和向往。文物鉴定与修复并非是一件易事，它需要你具备多方面的较高素质，能在鱼目混杂的文物中辨别真伪，不仅需要广博的历史知识、地理知识、现代科学技术知识，更为重要的是职业操守。商贸旅游学校是国内首家成立文物鉴赏、保护与修复类专业的学校，创立于 1997 年，重点在陶瓷鉴赏与修复、纸本保护与修复并进行多元化实践，依靠国内一流顶尖文物收藏、保护与修复方面的专家资源，形成"注重实践＋综合素养"的人才培养机制，有 20 多年办学历史，一批毕业生也已成为行业翘楚。学校以专业理论为基础，以实践能力、综合素养为重点，着力培养学生对"文物"的真正理解，培养高度的法制观念，培养学生具体、细致、严密、求实的人格特点。这个专业现在主要靠师傅手把手教，缺少系统理论和教材，上课的教具、标本主要是任课教师自己的收藏，学生很少有机会能真正"触摸"教具、标本，上课内容不稳定，更重要的是大多数学生缺乏对文物修复专业内涵的真正理解，这是面临的主要问题。

　　加强理论与实践的结合，加强综合实践积累。从现在来看，不仅要掌握传统修复技术，还要学习现代科学技术的分析鉴定方法和修复技术，学会制订合适的修复方案。这个专业要增设物理、化学、历史、考古等基本知识，了解现代文物保护的材料应用、文物材质分析和文物保护修复等实际操作技能，特别是加强艺术修养和创新创业教育，提升综合素养。可以与美术设计等专业跨界合作，推进跨专业的综合学习，更好地理解文物、尊重文物、珍爱文物，进入行业企业后，才能更快上手，更有成就。2015 年，我们与原工会管理学院（现上海城建职业技术学院）合作开设了国内首家中高职教育"贯

通培养"的文物修复与保护专业,有针对性地加强相关基础学科,加强综合实践能力培养和教师团队融合,同时发挥"中高贯通"一体化培养的协同创新优势,培养社会急需的高素质的文物保护与修复人才。积极推进与上海城建职业技术学院的课程教材建设合作,筑高培养标准和专业的学术水平,真正成为上海乃至全国的特色品牌专业。

传统文化热与博物馆课程中心建设的完成。近几年,随着清宫剧的火爆,加之故宫博物院院长单霁翔一系列接地气的"营销",以全媒体的方式传播故宫文物历史、打造故宫文创 IP 等,使故宫重新焕发活力,越来越迎合年轻消费者的需求,国内不少博物馆也成为热门旅游目的地,"每到一座城市先去博物馆看看"成为旅游新共识,特别是 2019 年春节,"文化热""旅游火"成为一个最鲜明的特点。比如,中国国家博物馆在大年初一到初六的 6 天时间里就接待了 35 万游客,"博物馆里过大年"成为一个新年俗。在市教委的支持下,我们根据专业建设的需要,在 2018 年建设完成了学校的"博物馆课程中心",引进吴元浩"木雕杂项艺术品""地摊淘瓷"实物展示馆,余榴梁"中外钱币展示馆",熊景兰现代陶艺展示馆以及学校自身的"景德镇当代名家陶瓷展示馆""当代名家书画展示馆""学生收藏展示馆"等,为加强学生综合实践能力与个性化发展提供了保障。引进蒋道银、凌志平、张心一、余榴梁、熊景兰等一批名师大师建立工作室,希望通过这些大师的传技传艺,让学生热爱传统文化,献身传统文化事业。

通过"博物馆课程中心"让我们的学生更深刻地理解这些历史的"活化石"。通过这一平台,连接过去、现在、未来的桥梁,对培根铸魂,增强文化自信是一个非常好的平台,是传承优秀传统文化的生动体现。建立这一小型博物馆不仅对本专业教学、实训、展示有重要作用,更是希望通过与中小学生职业体验、研究性学习、"研学旅行"等项目结合,引导更多人走进"博物馆课程中心",让藏品成为展品,重回现实社会生活,举办丰富多彩的活动,使参观博物馆成为一种生活方式,大家爱看的博物馆才是一座好的博物馆。与时代同步,弘扬红色文化、唱响红色旋律是博物馆课程中心的工作之一,譬如去年的"一带一路""从石库门到天安门"钱币展等,红色基因、文化融合,成为学校的特色课程、学生志愿者服务特色项目、党总支党建的特色课题,讲好中国故事,让"博物馆课程中心"真正成为传播中华优秀传统文化、弘扬爱国主义的教育阵地。

不断强调文化的创造性转化和创新性发展。让这些藏品"活"起来,可以激发民族自豪感和自信心,发挥出更大的价值。《国家宝藏》《如果国宝会说话》等综艺类节目在社会上掀起了阵阵文物热,也增强了社会影响力,故宫博物院的文创产品年收入已达

15亿元，国内其他博物馆也已进入"文创时代"。我们应更加主动地迎接年轻人、拥抱中小学生，将传统文化通过文化创意形成富有个性、充满时代气息、具有民族特点的文化元素，通过专业综合实践、创新创业、职业体验课程等形式，惠及本专业学生和区域中小学生的学习生活和健康成长，让传统文化以当代时尚的方式在年轻人中迸发活力，帮助年轻人将兴趣爱好发展成为可持续、有后劲的创新力量。从建设博物馆到博物馆文创，加快推进文创人才培养，积极参与到以中华传统文化元素为特征的博物馆文化热潮中。全国教育大会提出要"持续深化创新创业教育，造就源源不断、敢闯会创的青春力量"。我们"探索传统专业转型升级、跨界培养时尚文创人才、打造陶艺综合文创平台"，就是顺应现代中华传统文化元素已经渗入当代年轻人感兴趣的诸多领域的发展现状，力图使创意创新创业成为带动文物、美术专业内涵发展的"新引擎"。

我为什么极力推动打造陶艺综合文创平台？China，大写是中国，小写是瓷器，陶瓷是中国走向世界、世界认识中国的重要文化符号和载体，也是文物专业创办20多年来坚持的一个重要专业方向。通过熊景兰大师工作室，通过景德镇文创实践项目，特别是与陶瓷艺术家一起驻场创作、交流，感受历史与现代的交融和积淀，激发文化创新创造活力，会对学生的一生产生独特影响。强调产学研一体化，将中华文化元素融入内容创作生产、创意设计中，在继承中转化，在学习中超越，创作更多体现中华文化精髓、反映中国人审美追求、传播当代中国价值观念的文创产品，帮助每一个"创业者"成为最好的自己，打造创业造梦空间。通过景德镇研学旅行，那一条条老街，以及深巷人家的老手艺、老物件及承载着的悠悠历史记忆，让学生更好地理解景德镇两千多年的冶陶史、一千多年的官窑史、六百多年的御窑史。如果讲得有点高度的话，就是坚持文化自信，不忘本来、吸收外来、面向未来，更好地构筑中国精神、中国价值、中国力量。创新创业教育本身实践性极强，要注重发挥学生自身的积极性和创造性，重构教育场景，重塑教育生态，变单向教育为双向育训，教学相长。

当下，人工智能将广泛介入到博物馆运营管理之中，为博物馆、档案馆、陈列馆带来颠覆性的技术革命，呈现的方式、管理的手段、信息的共享等都会产生革命性变化，要求我们用全新的理念来指导专业建设，我们在这方面必须抓住机遇，早布局，早跨界、早融合，以更开放的胸襟去拥抱信息技术带来的变革，加快培养具有审美意识、数字化思维的专业技术人员。新兴产业领域，人才决定核心竞争力和专业发展前景。我们要与人工智能、美术设计专业跨界合作，也可与旅游服务与管理、电子竞技专业合作，还可与陶艺、顾绣、精细木工、3D打印等社团合作，重点做好创造性转化和创新性发展，给每一个学生提供无限可能的机会，培养出跨界的人才。在传承和弘扬中华优秀传统文化的同时，使之与现实文化相融相通，学习借鉴世界一切优秀文明成果，传统与时尚、文化与经济、东方与西方，讲好中国故事，更好地挖掘学生创造潜力。

运用人工智能技术，建设虚实结合、线上线下结合的博物馆。把吴元浩"地摊淘瓷"实物展示馆，打造成为独具特色的公益学习空间；学校"老闸捕房"的改造可以采用现代数字化的3D打印、全息投影、AR（增强现实）、VR（虚拟现实）等技术手段，方式从宏观、微观、三维等多方位把老闸捕房旧址，有关的器物、文献、人物、事件、精神等红色文化资源，或传统技术保存下来的易发霉、老化、蜕变、失真的文字资料、录音、照片、录像等资源，通过数字文档化、图片化、音频化等方式进行展览，使这一重要红色基因得以传承，得到更好地保护。通过实施这些项目，可以培养适应文化产业发展的复合型专业人才。5G时代文化资源加速数字化，影响着文化生产方式的革新，数字化技术的进步必定为文化的生产方式带来无限可能，新旧动能转换，数字文化产业迎来红利期，迫切需要这方面的复合型人才，我们要抓住这个重大机遇。

创新创业教育作为新事物，必须打破已有的行政职能划分、学科专业设置，现在挂靠在不同行政部门，主要是我自己来推进和协调，但这不是长久之计，未来如何赋予创新创业教育相对独立的职能，如何优化和改进已有运行模式，是必须克服的难题。

04　为什么要建设商业博物馆

　　记得我到商贸旅游学校的第一年，就提出要研究南京路商业文化，建设学校的南京路商业博物馆，并且得到时任副区长沈祖炜的支持，经过多年努力终于初具雏形。

　　每个城市在其形成发展过程中，必然形成其独具特色的商业文化。商业文化既是一个城市特色的表征，又是一个城市个性的体现。"十里洋场"的南京路是中国民族商业的发祥地，当年南京路上先施公司、永安百货公司、新新公司、大新公司"四大百货公司"围绕着一个"新"字做文章作竞争，成为引领上海这座城市摩登生活的风向标，曾一度改变了人们的消费理念、生活方式乃至审美观念，他们所缔造的商业传奇一直被津津乐道。1949 年解放以后，南京路作为"上海的商业橱窗"，一直是时尚与流行的代名词，传承着老上海传统企业的经营模式与文化，被国家商业部命名的中华老字号就有100 多户。改革开放以来"南京路步行街"又领风气之先，全国步行街如雨后春笋般涌现，南京路成为上海商业的象征和上海对外开放的窗口，是万商云集的黄金宝地，更是国内外购物者的天堂。到上海旅游，南京路步行街是很多游客的打卡地。上海正以"新消费·新动能·新传奇"打响上海购物品牌，重振老字号，不少老字号正在焕发出新动能。黄浦区以建设上海国际消费城市示范区为契机，商业业态、街区形态、文化神态和消费生态"四态并举"发展，聚焦南京路、淮海路和豫园三大市级商圈，对标世界一流商圈，加大商业结构调整，以打造标杆的精神，加快转型。

　　商贸旅游学校的历史是与南京路紧密关联的，她见证了南京路的变迁。贵州路101 号前身是老闸捕房，是公共租界工部局设立的分区捕房，学校是黄浦区文物保护单位和爱国主义教育基地。1925 年 5 月 30 日这里发生了著名的"五卅"惨案，对中华民族的觉醒和国民革命运动的发展起了巨大的推动作用，揭开了大革命高潮的序幕，为以后党领导大规模的群众斗争奠定了基础。1931 年 1 月 17 日,时任中华全国总工会执行委员会常委兼秘书长、全国苏维埃中央准备委员会秘书长林育南,中国左翼作家联盟柔石、冯铿、殷夫、胡也频等 8 人,在附近东方旅馆被捕,关押在老闸捕房,1 月 23 日被引渡到龙华淞沪警备司令部看守所。1933 年 3 月 28 日,中华海员工会党团书记廖承志、中华全国总工会上海执行局书记罗登贤等人被捕并关押于老闸捕房。同年 8 月 29 日,罗登贤被杀害于南京雨花台。上世纪 80 年代,随着改革开放,上海从创办职业班到办职业学校,开教育改革风气之先,1993 年国务院总理李鹏在时任上海市委书记江泽民陪同下到访原商业职业技术学校。教育部原副部长王明达曾三次到校视察,推广商职校的办学经验。上世纪 90 年代,先施公司在学校设立"先施"职教奖,先后有 200 多位教师和 500 多名学生得到了奖励,体现了"先施"与我们学校的渊源,对学校办学的期待,对社会的责任与奉献。

商贸旅游学校市场营销专业正在创建上海市的示范品牌专业,我们把南京路作为学生的综合学习基地,借助南京路变迁这一历史教科书,穿越时空,探寻历史,品味经典。我们力图通过这一小小的空间,借助现代学习方法,通过深入的社会调查、职业体验和研究性学习,去关注南京路百余年的巨大变化,从而了解上海城市和城市人生活方式的巨大变化,去了解一个熟悉而陌生的上海,了解那些早已烟消云散但却刻骨铭心的历史事实。通过探讨南京路商业业态、街区形态、文化神态和消费生态的变化,调查众多老字号生存与发展状态,研究现代消费观念、消费方式的巨大变化,研究百年基业、传承创新与工匠精神培养。我们研究历史并不是要一味地向前辈致敬,不是要沉醉在历史中,而是要从传统出发,在当代审美和生活中重新寻找存在的理由,如何培养"新工匠",让更多"老字号"具有新视野、焕发新活力。积极参与黄浦区开展的"老字号·新活力"创新创业专项行动计划之"老字号品牌 & 青年创智"活动,与老字号企业合作,发掘、培育一批有志于创新的优秀学生,也充分借助老字号企业的强大创业传统和资源扶持我们的创业团队,希望为南京路商业结构调整、为从"满足需求"向"创造需求"转型建言献策,培养出更多百般求变的"新工匠"。

我们要思考未来的生活形态,如何在未来生活得更"美好",因为教育是为未来培养人。同样,未来的市场营销专业到底是什么样? 我认为,未来商业职业能力,最重要的是表达能力、解决问题能力、创造能力、信息素养,除了这些以外,相互合作、交流的技能我们培养了多少? 现在还是以教知识为主。人工智能的到来,这样的教学还有生存的可能吗？我们要思考，人工智能对于传统教育的挑战到底是什么？自主学习的能力？提出问题的能力？人际交往的能力？创新思维的能力？谋划未来的能力？……互联网、大数据、人工智能一定会改变人的行为，改变人的行为一定会改变商业模式，改变商业模式一定会改变产业结构，产业结构一定会带来社会变革，社会变革一定要求教育改变。新时代的到来，提供了无数的可能性，个性与创新将成为市场竞争的最强软实力。此次"南京路商业博物馆"项目的建设，围绕新商科人才综合素质提升这一宗旨展开，是根据专业特点建成的育训结合的实验场地，借助于物联网、云计算技术，构建服务于教学、教研、创新、人才培养的智慧教学环境，为自主性学习提供了新的技术载体和学习空间，逐步形成较强的逻辑关联性，相互照应、互补渗透。南京路商业历史讲解队的成立，深化了"劳模报告团"课程内涵，体现出品位高雅、匠心独具、个性突出的特点，更好地体现本专业"德技并修"的文化特色，也即立德树人的根本特征。

我们依托南京路、依托"南京路商业博物馆"，组织学生开展综合学习，课程内容的丰盈，意味着我们的视野不是局限在书本，拘泥于知识技能的传授，不是简单地以填鸭方式灌输给学生，而是通过精心选择和统整，把上海商业业态、街区形态、文化神态和消费生态变化的鲜活内容引进日常课堂，从历史到现实，有更多机会面对深度思考和创新实践的挑战。教师原本一人身兼的组织者、评估者、诊断者、教授者、指导者等多重身份角色将被有效分解。除组织者外，其他角色将逐步被更加专业的单一身份教师（或精于某几项专业的教师）承担，原有主要以学科划分教师的做法将随之发生变革。跨界是一种多维度的融合，是一种有逻辑的连接。当学生面对历史与现实世界中一个个真实的问题时，他们需要有能力组合不同领域的学习经验来加以应对，这种能力的培养依赖于课程是否具有强烈的跨界特征，这也是我多年坚持要建这样一个专业空间的初心，与教师团队重建相匹配，建立围绕工作任务（项目）的主题综合学习。设计了一系列的研究课题，如"探寻商业南京路""南京路老字号变迁与发展""南京路商业博物馆非正式学习范式研究"等，希望我们的学生在教师指导下，能用自己的感官和心灵去吸收和体会这些特有的文化，不断探究、理解、发现、创造，期待教育的另一种姿态。

学校的发展史、变迁史是一本生动的教材，亦是一笔宝贵的财富。我们要把历史文化元素、把学校的地域优势转化为办学优势、资源优势，要从核心素养这一更大格局来考虑专业建设，育训结合、知行合一，更加突出个人修养、社会关爱、家国情怀，突出自主发展、合作交往和创新实践。聚焦"国际消费、品质消费、时尚消费、创新消费"，丰富专业内涵，提升培养规格，拓展合作企业，为建设"卓越的全球城市定位相匹配的商业文明"、建成"具有全球影响力的国际消费城市"培养更好地满足需求、创造需求、引领需求的现代商业人才，对接"上海购物"品牌建设。

05 把图书馆做成创新文化空间

近日，为了学校浦东校区图书馆的建设，我来到位于外滩的读者书店，这是《读者》首家品牌集合概念店，有书店、文创、展览、休闲、活动等多个功能空间，既是一间书店，也是一本可以走进去的立体《读者》杂志，还是一处读者印象的体验馆，让身处其中的每一个人都感受到独特的读者气质。二层的杂志桥是书店的一大特色区域，它一头连接书店的民国阅读区，另外一头连接咖啡休闲区，不同年代的《读者》杂志在桥上铺展开，一页页图片风格各异又有延续的杂志封面，极具历史感。书店里还散落摆放着100位读者对《读者》杂志、读者品牌、读者书店的手写寄语，浓浓的文化气息、文化体验，让人流连忘返。我们新图书馆的建设，需要更深远的思考与谋划，要在浦西校区图书馆运营经验的基础上有所创新，作为学校"文礼书院"固定的学习空间，图书馆定位也要具备阅读、展览、文创、休闲、活动等集合功能，用温暖的灯光、柔和的音乐、经典的书籍，用"颜值"和"内涵"打动师生，重拾对阅读的热爱。在浓郁的咖啡香味中，品一杯咖啡，读一本好书，悠然度过一段惬意安详的时光，让读书变得更加简单而美好，成为更多人的选择，让各自的精神世界变得更加深邃而辽阔。信息技术改变了阅读面貌和形态，阅读已不再仅仅是打开一本书，而是出现更多可能，未来5G、人工智能、增强现实、虚拟现实、云计算等新技术将引来"一屏万卷"的数字阅读时代，各种纸质与非纸质媒介形态，都是人们赖以阅读的工具，"阅读＋沉浸式＋传播"的智能化图书馆将为人们提供更美好的阅读体验，从数字化到智慧化，阅读让生活更美好，成为立德树人的重要阵地。

阅读正在成为更多人的生命需求，从早晨睁开眼开始，阅读已成为一种生活方式。图书馆要跨越式发展，可以有更多的活动方式，邀请一些名家进行演讲会、交流会、朗诵会……通过丰富的阅读资源、多彩的读书活动和喜闻乐见的传播方式，进而推进书香校园建设，文明校园建设，为"和乐文化"建设增添助力。养成良好的习惯，是每个教师都懂得的道理，但要真正做到这一点并不容易。很多人都知道养成良好的阅读习惯的重要，但就是不能坚持定期阅读，更别说让读书成为自己的生活方式了，我对每一位致力于让阅读成为一种习惯并带动周边师生走向阅读之路的老师敬佩不已。教师肩负着社会道义、文化传承等各方面的责任担当，他们要用爱心和修养叙述中华文化的博大，传承中国精神……读书是教师最好的修行。我现在很困惑，有的老师很少看经典、看书报，有的连教材也懒得研究，照本宣科，学生怎么提得起精神，即使是开公开课也要拿着书，吃教师这碗饭过去对教材是"能背下来的"。如果老师对自己所教的学科没有足够的深度阅读、自己的见解，讲不出所以然，学生就只能玩手机了。对于所任学科的新知识，停留在"大概""或许"的程度，只有少部分教师在"用教材教"，大多数人还在教教材，这是两种境界也是职业和非职业的区别。新图书馆希望不止吸引本校师生，还有校园以外的朋友，都能在课余、周末、节假日的时候来到学校出席不同的活动，打通校园与社会的边界，推动全民阅读，阅读是培育和弘扬社会主义核心价值观的重要途径。学校工会要因势利导，让教师读书活动焕发出新的魅力，真正成为书香校园。

为什么要把"文礼书院"落户图书馆？客观地讲，现在仅仅依靠纸质图书报刊获取知识信息这一方式可能已经很少了，而是通过其他方式阅读。阅读已不仅仅是打开一本书，随着新媒体技术的不断发展，人们寻求知识、获得信息的方式越来越多，捧书阅读变成了"云阅读"，"万卷书"触手可及……随着全媒体时代的到来，人们阅读快餐化、功利化已成为不争的事实。现在对学校图书馆的考核还是在藏书、场地面积上做文章，要求不断增加图书馆的藏书量，这样做当然很好。但需要指出的是，专家们过于看重传统的纸质阅读，而排斥手机、网络等新媒体阅读，甚至认为这种方式影响了阅读的氛围和质量。其实，和纸质阅读是一样的，不要厚此薄彼，"微阅读""浅阅读"总比不读要好。图书馆需要转型，不再是图书报刊的简单陈列与借阅，要做深做透，紧紧黏住各类想来的人群，彰显学校图书馆不可替代的时代价值。我们举办"文礼学院"，就是想吸引一批学生每周能赴书香之约，探索打造"文礼书院"这一读书品牌，成为师生静心阅读、独具特色、具有辨识度的文化平台，持续输出优质精神食粮和阅读体验。通过学习，让同学们知道我们中华民族是怎么走过来的，知道我们的民族在几千年的发展过程中，经历了哪些曲折？哪些磨难？当然同时也知道我们中华文化、优秀传统文化为什么值得我们今天传承和弘扬？为什么我们今天要实现"两个一百年"的目标？为什么要实现中华民族伟大复兴？让青年人弘扬优秀传统文化的同时，也意识到自己身上肩负的责任，学会敢于担当社会责任。既有深厚的爱国情怀，又有宽广的国际视野，深得中西文化的精髓，这才是"文礼书院"最了不起的特质。

中职生成长需要加强中国传统优秀文化学习。以"文礼"为书院名，就是以"道德、文化、礼节"为育人内涵，培养"崇尚道德、知晓文化、遵循礼仪"的儒雅新人，坚持不忘本来、吸收外来、面向未来。中华文化延续着我们国家和民族的精神血脉，既需要薪火相传、代代守护，也需要与时俱进、推陈出新。要有主题"策展"思维，借鉴书院学习方式，打造"中国传统文化"品格风貌，使其最基本的文化基因同当代中国文化相适应、同现代社会相协调，激活其生命力。邀请各方专业人士参与，多方优质资源联手，持包容、开放的态度，融合古今中西，可以聚焦非遗文化、江南文化、红色文化、海派文化等主题展开交流活动，定期为学校师生定制特色书单，就像师生身边的文化管家，更重要的是发掘阅读的价值，让更多好书、小众人文书找到目标读者，满足不同梯度阅读需要，塑造高质量的阅读生态，形成推动全民阅读的驱动力，衍生出一系列的书香溢出效应。串联起文化意趣，将书画、曲艺、文玩、茶道、武术和文创等诸多中国文化元素融为一体，也可以跨界引入"电竞""人工智能"，跨越时空又具有当代价值，让图书馆一词被重新定义，颠覆传统管理模式，打造成文化空间。与专业文化建设、综合实践课程建设有机结合，邀请各方文人雅士、行业工匠聚集在一起，与我们的学生一起进行文学、艺术和中国传统文化的相关活动，成为学校匠心文化建设、师生成长的重要锚点，在模仿和创新中不断嬗变，"中国传统文化"之精神发散表里，人生趣味在诸多雅事之中，给学生留下一生中的美好记忆。设计的活动要朝着细节化、信息化、沉浸化的方向发展，追求越来越精微的感官乃至精神体验，成为学校文化的品牌符号，让书香成为商旅的独特味道，成为学校的新名片，图书馆则将成为学校的新地标。

06 "非正式学习空间"的意义

　　我们正在认识到"非正式学习空间"在丰富学习者体验中的重要性。过去，学校建设布局主要关注知识的学习，主要是传统的教室、实验室、实训室、图书馆等。而现在，为了顺应互联网＋职业教育变革，应对未来教育场景的创新教学方式，必须从战略上认识非正式学习的重要性，要把"非正式学习空间"纳入专业综合实践课程体系建设之中。超越传统课堂的学习已经发生，除了教室、实训室，正发生在任何场所，可以在图书馆、咖啡馆、博物馆、操场、网上等。因此，如何更好利用学校有限的物理空间，更好发挥育人功能，更有效地分配和管理这些空间，需要我们转变教育观念，重新去设计、打造开放的学习空间，新型的学习空间，形成与传统课堂学习不同的氛围。传统的学校空间分类会逐渐失去其意义，学校空间有限，必须打破固有的形态、固化的分布，不需要那么多专门化、专属化的空间，这是典型工业时代的特征，对资源进行重新配置、调用、整合学校现有空间，基于学生核心素养、职业关键能力提升，适应供给侧改革、专业群建设需要，重新规划与设计，尝试运用开放的学习空间让学生开展混合式学习，适应教育"新常态"。

　　随着专业综合实践课程体系建设，学生需要更多的非正式学习空间。如果把智慧教室称为 1.0 版，现在的商业博物馆、图书馆称为 2.0 版，那么将来 3.0 版的特色主题综合学习空间——"学生学习中心"，就要围绕人的活动和互动模式来设计，而非围绕某个具体专业、学科或者某些特定课程来建设。未来，各专业、学科之间的界限将会变得模糊，强调开放性、协同性、跨专业、复合化、综合化和实践化，合成优势将会产生增效作用。我们利用大数据、云计算、5G、VR/AI 等技术，秉承"去学科中心主义"，整合正式与非正式学习活动，形成围绕工作任务（项目）的特色主题综合学习中心，成为新的"学习社区""共享空间"。打破原有专业、班级建制，组建新的学生社团、学习共同体，以问题（任务）为驱动，帮助学生去实践解决一些有意义的、值得解决的问题，成为推动同伴互助、团队合作，培养高阶思维的"创客空间""活力空间"，成为支持学习范式改变的重要支撑，这是我们对未来学校组织形态的新期盼。以此为契机，与教师团队重建相匹配，引导教师组织专业发展共同体，改变传统的教学设计思维，将教学设计的成果产出指向内隐的思维成果和外显的产品制作，推动学生学习方式发生质的改变。

每个"学生学习中心"可以具有不同的个性。传统教学空间格局无法开展"任务引领"的课堂教学，重构学习环境，创建适合学生自主学习的数字化"学生学习中心"、特色主题综合学习空间是一种必然趋势，创造出的学习区域在平面、剖面以及技术方面针对不同功能用项作出独到回应，通过灯光、色彩、图书、家具等个性化配置，最大限度地激活学生的智慧、思维和潜能，让学生愿意走进这个场景，实现沉浸式漫游体验。"学生学习中心"还要兼具一定的社交功能，让学生充满熟悉感和亲切感。"学生学习中心"要为教师提供多样选择，互动或者安静专注的学习环境，教师可以根据需求调整家具布局、信息终端布局等，把头脑中抽象的概念和方法变为实际的空间布置和相应的教学方案。带宽容量、电源 USB 插口这些问题要给予解决，以此鼓励学生下课后愿意逗留在校园，积极参与学校组织的各类活动。未来，随着学校转型，职业体验、职业培训的大规模开展，特色主题学习空间——"学生学习中心"的需求将趋向全天候，必须根据不同人群及活动的需要而改变，必须打破现有的管理方式，建立动态化管理机制，成为数据流支撑的协同化的价值创造平台。

学校走廊作为学校重要公共空间，也是"匠心文化"重要的展示空间、互动空间。现在走廊的设计中，着重突出每一楼层的专业特色、课程特色，使走廊设计与室内课程一脉相承。今天，我们提出建设"文化走廊"，让走廊成为进行学习和分享的重要区域，不仅是教学空间的延伸，也是专业特色、综合实践能力、匠心文化最直接的表现，更多考虑人文关怀、工匠精神。必须加大校企合作的力度，充分反映校企合作育人成果、课程教材改革成果，增强相互之间的连接、探索、互动，让学习在走廊自然地发生。"文化走廊"以专业为单位，由校区牵头、师生共同参与，创造出一系列在教室之外的非正式"学习角"，利用 VR/AI 技术、融合多种功能，把走廊、拐角打造成为"非正式学习空间"，每个空间都具有独特的设计特点，宣传板、物品架、柜子、书架、灯光、具体的陈列，等等，把科学技术、人文素养、审美情趣落实在这些细节中，而这正是"非正式学习空间"取得成功的关键。"文化走廊"建设将大大提升专业内涵与品质，促进学校环境舒适化、空间人性化、视觉生态化，使工匠精神成为培育人、滋养人和塑造人，培养"有能力的好人"之"韵"、之"魂"。

07 让优秀传统文化重现生机和活力

探索非遗文化校园传习，探索非遗文化活态传承。中华文化延续着我们国家和民族的精神血脉，既需要薪火相传，也需要与时俱进。这几年，我们在市教委、区教育局的支持下，致力文教结合制度创新，"见人见物见生活"，用更现代化的方式传播非遗，让更多人接触、体验和了解非遗，让非遗文化焕发活力、得以传承，在制度建设、课程建设、传习传承、讲好"中国故事"，培养学生的动手实践能力，激发他们的创意创新创造能力等方面，进行了卓有成效的探索与实践。一些优秀的非遗技艺想要传承下去，必须要建立一个完整的教学体系，让每个专业根据各自专业特点，聚焦若干个非遗传承项目，实现课程化，让学生接触和学习一点非遗的手艺或知识，从而在更宏观的视野下，为非遗的传承与发展，为个人职业生涯发展提供更好的发展空间。我校引进了国家级非遗传承人余红仙、任德峰、李建刚、蒋道银、张心一等一批名师进驻学校，成立工作室，在传承人的带领下，形成了专业团队支撑的工作机制及管理队伍。通过传承人培训培养学校老师，促进非遗文化进校园、进社团、进课堂，打造一批特色项目。学校建设的"博物馆课程中心""海派餐饮文化传习中心""文礼书院"是非遗文化传承传习的高地和重要标志，是促进专业特色发展、学生综合实践能力提升和服务社会的重要内容，有利于优秀传统文化项目的创新及宣传普及，将这些"历史文化基因"保留并长久发展下去。非遗工作已经成为"匠心文化"建设的重要内容，有具体项目、经费保障、市场推广，列入学校专业综合实践课程体系之中，列入教师工作绩效考核之中。上海本帮菜、南翔小笼包、海派面塑、评弹、古琴、顾绣、竹刻、陶瓷修复……我们可以在学校遇见众多古老而传统的非物质文化遗产，茶艺社团被评为上海市民族文化传承基地。

举办"文礼书院"，加强中国传统文化学习。借鉴六艺八德，包括典籍传承、知识获得、文化情感、审美情趣、道德人格、生活方式等方面，成为一个整体的、立体的结构，以"道德、文化、礼节"为育人内涵，培养儒雅新人。秉持客观、科学、礼敬的态度，取其精华、去其糟粕、扬弃继承、转化创新，不断赋予新的时代内涵和现代表达形式……聚焦非遗文化、江南文化、海派文化、红色文化等主题展开交流活动，定期为学校师生定制特色书单，就像师生身边的文化管家，坚守人文理想的情怀，发掘阅读的价值，让更多好书找到目标读者，满足不同梯度阅读需要，塑造高质量的阅读生态，衍生出一系列的书香溢出效应。这里有大量的书籍、零售的文创产品、咖啡馆，串联起文化意趣，将书画、文玩、花艺、咖啡、武术等诸多文化元素融为一体，以图书为载体，以传统文化为纽带，打造一个共享平台，使图书馆重新焕发活力，打造成多功能文化客厅。诗词吟唱、古琴演奏、评弹赏析、茶艺评鉴……邀请各方文人雅士聚集在一起，一场场生动雅致的文学、艺术和中国传统文化的"真人秀"活动，各专业带来的"文化遗产传承与创新"专题讲座，通过非遗传承人、学者专家的讲解演示，引导学生在生活中发现、了解非遗，探索文化遗产的活态传承，让学生近距离了解和体验"匠心文化"的独特魅力。以"中国人过中国节"为抓手，为那些穿越历史长河而来的古老节日着色，这些传统佳节不仅是一个特殊的日子，更承载着民族记忆与文化根基。清明、端午、七夕、中秋、重阳、春节……伴随农时耕种、四季节气而来的农历传统节日，展现了华夏文化之积淀，挖掘传统节日里那些延续千年的精神品质与文化根基，是讲好中国故事的新契机。让"图书馆"一词重新被定义，颠覆传统管理模式，打通线上与线下，迎合引导学生需求，创造一种生活方式，文化方式，成为学校文化、师生成长的重要锚点。让青年人弘扬传统文化的同时，也意识到自己身上肩负的责任，学会敢于担当社会责任，让书香成为商旅校园的独特味道。

建设"博物馆课程中心"，传播中华优秀传统文化。引进吴元浩"木雕杂项艺术品""地摊淘瓷"实物展示馆，余榴樑"中外钱币展示馆"，熊景兰现代陶艺展示馆，以及学校的"景德镇当代名家陶瓷展示馆""当代名家书画展示馆""学生收藏展示馆"等，为加强学生综合实践能力与个性化发展提供了保障。引进蒋道银、张心一等一批专家建立名师工作室，传技传艺，是传承"匠心文化"的生动体现。譬如，上海博物馆蒋道银，是国内著名古陶瓷修复专家、国家级非遗传承人；老凤祥张心一是国务院特殊津贴专家、全国五一劳动奖章获得者、全国劳动模范、上海市十大工人发明家，我们不仅与张心一大师合作培养人才，并要与其领衔的上海老凤祥名师设计中心合作培养高技能人才。我希望这一小型博物馆，不仅对本专业教学、实训、展示有重要作用，还可以通过与中小学生职业体验、探究性学习等项目结合，不断挖掘藏品资源，推出引人入胜的展览，举办丰富多彩的活动，使参观博物馆成为青少年的一种生活方式，引导更多人了解、传承中华文化。弘扬红色文化、唱响红色旋律是博物馆课程中心的工作之一，去年的"一带一路""从石库门到天安门"钱币展等，成为学校的特色课程，学生志愿者服务特色项目，党总支党建的特色课题。可以定期与专家、校友联手，做一些专题展览，向人们呈现非遗工艺的精湛技艺和创新传承，了解海派文化、江南文化的丰富内涵，设计更多亲身动手体验的实践活动，让更多人感受非遗文化的无穷魅力。在全球化多元化背景下，我们既要保留"传统基因"，将传统文化的内核、精髓保留下来；又要兼顾"时代内涵"，适应当前年轻人的文化需求，守正创新，推动传承非遗中蕴含的中国精神。

建设"海派餐饮文化传习中心"，打破职业教育与产业企业间的壁垒。一个非遗项目想要取得不错的传播效果，首先要讲好的故事，又完整又吸引人的故事。建设"上海本帮菜点传艺坊"，推动"本帮菜"标准化、国际化；抢救上海本土餐饮代表性大师经典作品、制作"上海菜点"市级慕课；引入上海"本帮菜"第四代传人、国家级非遗传承人任德峰，"南翔小笼"第六代传人李建刚，成立两个国家级非遗传习工作室，致力"海派"餐饮文化传承，推进"产学研一体化"。成立"安斌大师工作室"及海派"面塑博物馆"，并借由学校"美食节"、社区市民学校、上海大世界、上海图书馆市民讲堂等多种途径推广传播。在传承、传习、传艺过程中，对上海地方历史、人文掌故、时代变迁等开展研究，在传承中注入发展活力。最近，上海工匠翁建华大师在本校设立市级名师工作室，为上海烹饪专业教师成长提供了更高的平台；邀请周元昌、陆亚明、沈巍等一批名师成为学校特聘兼职教师，通过多元资源的连接，为"海派"餐饮文化继承、发展注入活力并形成积淀，成为上海本土餐饮文化传习高地，培养海派烹饪技艺传承人。对于非遗来说，实践、传承才是更好的保护，推动上海本土餐饮文化走出去。2018年10月，上海"本帮菜"第四代传人、国家级非遗传承人任德峰与张桂芳大师带队赴法国蓝带和中国驻法国大使馆进行"海派餐饮　世界表达"的上海传统烹饪制作技艺的表演和展示，探索活态化的非遗传习方式。特聘国家一级评弹演员周红参加展示，著名评弹艺术家徐惠新还专门为本次活动创作评弹开篇《醇厚上海》。烹饪、面塑、茶艺、评弹，当看似风马牛不相及的"本帮菜"与时尚生活走到一起，激发法国同行超乎想象的热情，中国传统文化的价值自然而然地传达至每位参与者心中。通过文化交流，讲清楚其独特创造、价值理念、鲜明特色，讲清楚中华民族传统文化的思想精华和道德精髓。

非物质文化遗产传承，不仅需要老师傅、老工匠，更需要在更大的平台上将"90后""00后"与"非遗"联系在一起，非物质文化遗产一代代的传承中，历史的接力棒总是要传到年轻人手里。我们牵头全市 19 所中高职院校运营"大世界非遗传习教室"两年，成绩斐然。2018 年"大世界非遗传习教室"集中展示了包括：中国结、核雕、瓷刻、插花、面塑、蓝染、青花瓷、崇明土布、旗袍盘扣、剪纸、木版水印共 11 个非遗项目，200余件展品。在大量"非遗"项目面临失传困境的背后，还是有很多传承人正用青年人可以接受的方式，顺应当代人们的审美需求，注重传播手段的多样性，努力地将非遗"救活"。承担非遗精品课程共 340 场，课程内容包括瓷刻、书法、面塑、剪纸、国画、中国结等 12 项非遗手工艺，每次课程接待游客学员 20—30 人，共接待游客近一万人，培养中小学生的传统美学观念，让老百姓能看到非遗，并喜欢上非遗，获时任上海市委书记韩正、副市长翁铁慧好评。非遗传承传习展示活动，推动非遗在生活中弘扬、在实践中创新，"大世界非遗传习教室"成为非遗进商圈、进校园、推动文旅融合的一个重要平台，成为用丰富多彩形式讲好中国故事、弘扬爱国主义的教育阵地，成为提升"匠心文化"标识度的一项品牌活动，把优秀传统文化的精神标识提炼出来、展示出来，更好地发挥非遗文化的价值，将"传承"与"创新"相融合，让古老的优秀传统文化在当下重现生机和活力，成为吸引游客互动体验的亮丽风景。文化遗产来自人民群众的创造，人民群众是文化遗产的真正主人。今天传承和弘扬中华优秀传统文化，要重点做好创造性转化和创新性发展，使之与人们现实生活相融相通。上海精神，海派文化，看似宏大的话题，可以通过"非遗"这一项目连接学生、连接当下、连接生活，加强青少年文化遗产教育，把"匠心文化"具有当代价值、世界意义的文化精髓提炼出来、展示出来，从一些细微处入手，通过"文火慢炖"，让其"活起来""传下去"，潜移默化地影响我们的思维方式和行为方式，成为学校品格、文化符号，别人学不来，也夺不走。

08　以"文化雅集"提升人文素养，筑牢文化自信

　　青少年阶段是人生的"拔节孕穗期"，最需要精心引导和栽培。我们搭建"文化雅集"这一平台，是在"五育并举"的背景下，思考和分析学校人才培养、专业内涵建设面临的机遇与挑战，打造"未来学校"的战略举措，是帮助学生坚定文化自信、创新发展的实践平台。"文化雅集"是激发美感、挖掘潜能、彰显智慧的平台，也是讴歌党、讴歌祖国、讴歌人民、讴歌英雄的平台，是对学生润物细无声般的化育。其核心是培养生命意识，了解生命价值；其内涵是尊重和珍惜生命，发掘生命的社会意义，并将真、善融入美的形式，使单纯的审美臻入大美之境。通过打造一批有特色、有温度的雅集活动，礼赞新时代，从而引导学生在"文化雅集"中找到自己、找到力量，感触温度、感受美好，焕发出对美好未来、美好生活的追求。

　　"文化雅集"是推进学校两大校本特色课程建设、专业特色建设、人才精致化培养攀上新高峰的重要平台。不断整合"好人"德育综合实践课程和专业综合实践课程，培养具有家国情怀、全球视野、创新精神、实践能力的一代新人，非常重要的是要加强美育，传授审美观念与审美经验，以丰富的直观性使心灵在感受形式、领悟意义和体察价值的过程中，实现各种能力全面、协调、和谐发展，最终促进人格的完善。这是精心描绘学校创新发展的"工笔画"，是对接专业再造、培养创新型复合型人才的重要举措，体现了教育价值理念和实践范式的转向。顺应数字化、网络化、智能化发展趋势，重构学校教育，在学校再造中实现学科和专业的交叉，培养和陶冶"敏锐的审美耳目、充沛的审美情感和健康的审美灵魂"。以"文化雅集"为抓手，激发广大教师的主体创新活力，创造出更多文化和专业融合、现代科技与匠心文化融合的创新性成果，为高质量发展

提供强有力的支撑，重写特色发展的新"函数"。从沉浸式体验，到360度仿真展示；从古画唱歌，到文物讲话，现代科技让传统技艺、传统文化"活"起来，用AI概念对传统专业进行整合和再造。我们的思路要更开阔一些、眼界要更高远一些、使命感要更强烈一些，这是学校新的基础性工程，需要加快推进、深入推进。未来专业再造一定是"另外一种玩法"，是与文化、科技相互融合发展，需要我们全面提升创新能力，这将是高质量发展演进最重要的特征之一，要让师生更有获得感和幸福感。

"文化雅集"也是形成"三全育人"机制，同向同行、形成协同效应，系统扎实推进立德树人、培育"商旅好人"的重要平台。要始终把"三全育人"综合改革作为落实立德树人根本任务的有力抓手和专业特色建设的重要支撑，开展公民道德建设、爱国主义教育、工匠精神教育和文明校园创建的重要载体，全校上下要进一步提高认识和站位，督促各个部门持续推进，扎实推进"文化雅集"各项改革任务的落实。"文化雅集"教会学生既有对自然美的欣赏，也有对人格境界道德美的追求，还有对中国历史进程中精神美的弘扬，更有对红色文化内涵理想美、信仰美的坚守，不断提升思想政治工作水平。通过"文化雅集"把青年学生在实践中形成的理性认识、情感体验传播出去，从而树立不可动摇的信念、信心、信任，并由真生信，由善生和，由美生爱，在对真、善、美的奉献过程中坚定信仰，实现自我超越和自我实现。"文化雅集"建设把使命引领、问题导向相统一，从课堂内外到校园内外，到线上线下的空间维度，营造"一草一木皆育人"的良好育人生态，力图达到学思用贯通、知信行统一，从而积蓄起建设"匠心学校"的强大力量。

采取有力有效举措，围绕学校育人的重点难点与体制机制问题，勇于破题、敢于创新，提升四个中心的能级，为转型发展构建"健美强壮的骨架"。近年来，我们通过策划举办越来越多的"文化雅集"活动，发挥其育人的独特魅力，精心设计便于人们参与、乐于参与，活化经典、跨界融合，吸引社会各界人士参与。进一步探索周周有"雅集"，可以有单一品类，也可以是综合性的，为每个学生提供出彩的机会，"点燃"和"激发"内在成长驱动和创新活力，收获实实在在的成长经历，吸收中华优秀传统文化宝贵养分，尽最大可能发挥美育功能和社会价值。只有让学生喜欢"文化雅集"活动，为其吸引，才会热爱中国文化、进行创造性转化，真正转化为内在的需求。不断挖掘文礼书院、文化创意中心（博物馆课程中心）、中小学生职业体验中心、海派餐饮文化传习中心（上海蓝带）功能，以中国精神为"文化雅集"灵魂，将"匠心文化"注入生命，呈现独特风格和独到价值。这几年，海派餐饮文化传习中心以"雅集"的名义让境内外各界人士感受江南文化、体验海派文化，让中国文化在世界上更有"味道"。未来我们离不开文化，在当前长三角一体化上升为国家战略的时代背景下，需要"跳"出上海去看待江南文化特征，有趣味、有思想、有审美的，还要保持着沉着勇敢的凝视，充满底气、骨气、正气、大气，着力打造人才高地、专业发展高地和学校更新的典范之作，成为中国文化的代言者，展示中国风采，持续推动学校品质提升，走出一条创新型复合型人才培养的商旅路径。

　　"文化雅集"也是学校"五育并举"、打造"六艺"特色，推进人才培养综合改革的重要平台。加强美育，不是坐而论道、上虚下空，而是要有的放矢、靶向牵引，通过实施"美育浸润计划"，各个专业重新修订人才培养标准、提升特色建设水平，遵循美育特点提出针对性的举措，着力解决学生美育落实不到位的问题。"文化雅集"建设，要打破原来以条线为界的工作格局，把美育与政治思想教育、人才培养工作结合起来，构建更高水平的人才培养体系，教育学生既要学好专业知识，更要在实践中提升综合素养、提高审美情趣，切实做到既有远大理想又能脚踏实地，促进学生可持续发展，成为创新型复合型技术技能人才。弘扬中华美育精神，以美立德，以美树人，以美储善，以美启真，以美养性，以美怡情，以美治言，以美导行，用美提升全体师生人文素养，沉淀文化自信沃土，彰显文化自信之美，筑牢学校的文明高度。聚力美育，学校的使命与意义将更加宏大而深远，我们对时代新人丰富内涵、时代特质、根本要求的认识和理解将不断深化。我们的教师要远离浮躁市场，潜心静气打磨技艺，以苦功练内功，以匠心匠艺培育"好人"、新人，培养创新型复合型技术技能人才，这也体现了我们的治理能力、治理水平。

09　开展创新创业教育是中职学校的新使命

大众创业、万众创新，是时下最大的"风口"。要高度重视创新创业教育对推动中职人才培养模式改革的重要意义，人是创新最关键因素，要落实立德树人根本任务，优化专业结构，提高教育质量，促进学生在创新创业中全面发展，适应和服务经济社会发展和国家战略需求。开展创新创业教育是中职学校的新使命，是提升学生核心素养的重要内容，更重要的在于解放人，激发人的潜能，促使学校回归本位、教育回归本质、学生回归本真。创新创业教育本质上既是一种与职业教育使命相契合的全面素质教育，也是我们长期所追求的"三明治式"人才培养模式的有效实现路径，更是对长期坚持以就业为导向的职业教育目标的价值超越。必须进行教育教学改革探索，把创新创业教育融入各专业人才培养方案之中，把创新创业教育作为提升学生综合素养的重要平台，切实增强学生的创业意识、创新精神和创造能力，把创新文化沉淀为师生行动之间的思维习惯，厚植大众创业、万众创新土壤，为上海建设具有全球影响力的科技创新中心培养技术技能型的创新人才。

把创新创业教育列入学校的教育教学计划之中。坚持立德树人基本导向，明确创新创业教育目标要求，成立由校长牵头负责，由教务处、专业部、培训部、招生就业办、教育发展处、德育处、实验室设备管理处、团委等各部门参与的校级组织协调机构，制定切实可行的管理办法和配套政策，完善创新创业教育课程体系，将学生创新创业教育及日常管理工作纳入学校教学管理体系之中。把创新创业教育通识课程作为限定选修课程开设，列入各专业教学计划，同时组织建设与创新创业有关的创新思维与创新方法等选修课程，以及与创业训练有关的项目管理、企业管理、风险投资等选修课程，形成线上与线下、校内与校外、学校与企业相融合的创新创业教育课程群。创新创业教育通识课程，要改变原有的教材形态、教学模式、考核评价方式，进行课程资源、课程内容和实施方式的整合，打破课内外、专业内外、校内外的壁垒，设计出适合学生发展、中职学生喜闻乐见、具有跨专业学科特点、体现知识、能力、素养"三位一体"的课程教材，推动选修课程、学习社区、特色社团建设，使课程时空更加灵动，学校教育更加生动活泼，校园生活更加丰富多彩。

我们这次编撰的创新创业通识课程教材《创业梦想启蒙》《创业行动指南》《创业案例荟萃》，摒弃了深奥的理论阐述，以身边毕业学长、学姐的故事，以"做中学"这一学习方式，真正放手让学生活动，把行动与思维训练联系起来，让学生在行动中自己获取知识，体验成功喜悦，让创新能力在实践中不断提高，问题比答案更重要、法律法规比知识更重要、体验比体面更重要，寓教于动、寓教于乐、寓教于学，培养学生的思维能力、观察能力、解决问题能力、创造能力、表达能力、合作能力和社会情绪控制能力，促进学生主动学习、快乐学习，改善合作和交往能力，促进语言和表达能力的发展，并在学习的过程中逐渐完善自己的知识体系。中职学生蕴藏着巨大的发展潜能，通过"创新创业"这一新的教育诉求，激发中职学生的内在潜能，可以更加准确地认识自我，重拾自信，增强他们对专业学习的兴趣，实现个人超越，成为最好的自己。从我们试点情况和征询学生意见的反馈来看，学生都非常喜欢《创业梦想启蒙》《创业行动指南》《创业案例荟萃》，这三本教材贴近学生需要，呈现出完全不同的精神风貌。不仅学生喜欢，上课的教师也对这门新课程、这三本新教材给予好评，学生在课堂上的盎然兴趣使得老师的幸福感也油然而生。

积极推进创业实践项目。创业教育是一个基于实践的过程，黑板上办不了创业园，创新创业教育的生命在于实践，也只有在实践中才能体现其意义。要积极推进创新创业训练计划，在校内外导师指导下，让学生在具体的项目实施过程中扮演一个或多个角色，通过编制商业计划书、开展可行性研究、模拟企业运行、参加企业实践、撰写创业报告、参加创业大赛等，全面提高学生的综合素质，增强学生的创业意识、创新精神和创造能力。积极推进创业实践项目，学校成立专门的机构——学生创新创业教育中心，依托政府、高校、有关社会机构、合作企业，充分利用开放实训中心、开放实验教室承担学生创新创业训练任务，为参与计划的学生提供资源、场地、政策、管理等支持和创业孵化服务，加快创新创业训练计划实施的条件建设。制定相关的激励措施，鼓励校内教师担任学生创业实践项目导师，积极聘请社会上创业成功人士担任导师、顾问，指导学生创业训练和实践，在学校导师和企业导师共同指导下，对一些具有市场前景、可持续发展的项目或者服务，以此为基础开展创业实践活动。学校要从课程建设、教材编写、教师培训、学生选课、成果认定、学分认定、灵活学籍管理等方面给予政策支持，为学生创新创业提供交流经验、展示成果、共享资源、资金支持的机会。

开展创新创业教育绝对不是为了创办"公司"，其意义在于促进人的发展，教师的专业发展和学生的可持续发展，唯有如此理解，对于很多我们难以理解的问题才能释怀。创新创业教育的价值在于促进教育价值重建：从外在工具价值走向内在生命价值；促进教育目的重建：从养成适应现成社会走向培养生命自觉。创业教育是以培养拥有创业精神、掌握创业理论和知识、具有创业能力和创业技巧的技术技能型创新人才为目标的教育，重在培养具有首创和勇于进取的精神。我们所说的创业，不仅是办"公司"，更重要的是对全体学生进行基于岗位的开创性开展工作，这与我们的办学目标、育人目标是一致的。

10 "研学""旅行"有机融合
提升学生综合素质

2016 年 12 月，教育部等 11 部门联合印发《关于推进中小学生研学旅行的意见》（以下简称《意见》）。《意见》对各地中小学研学旅行的开展提出了"四个以"的基本要求，即开展研学旅行工作要以立德树人、培养人才为根本目的，以预防为重、确保安全为基本前提，以深化改革、完善政策为着力点，以统筹协调、整合资源为突破口，因地制宜开展研学旅行。探索并形成中小学生广泛参与、活动品质持续提升、组织管理规范有序、基础条件保障有力、安全责任落实到位、文化氛围健康向上的研学旅行发展体系。通过研学旅行增强对坚定"四个自信"的理解与认同；同时学会动手动脑，学会生存生活，学会做人做事，成为德智体美全面发展的社会主义建设者和接班人。

多年来，商贸旅游学校一直把"研学旅行"作为学校校本课程、作为学生综合实践活动的重要内容，培养学生的社会责任感、创新精神和实践能力，落实立德树人根本任务、提高教育质量的重要途径。这次《意见》的出台，对我们来讲是有了尚方宝剑，对于学校来说，是解开了套在头上的"紧箍咒"，由以前的羞羞答答到"登堂入室"。"研学旅行"不是字面上的学习与旅行体验的简单结合，实质是跨学科综合学习、实践育人的一种形式，是课程教材改革的重要措施，让学生通过"旅行"体验来探索"研究"、综合性学习，将生活、社会、文化等各方面融于专业综合实践学习之中，为学生提供一个多渠道获取知识、并将学到的知识综合应用于实践的机会，改变学生的学习方式，通过实践培养、锻炼、提升学生的职业关键能力，是学校教育和校外教育衔接的创新形式。研学旅行并非"说走就走的旅行"，关键是要激发学生学习的主动性，提升学习效能，将知识、能力和素养全面融合，让课本上的知识"鲜活起来"，培育核心素养，提升人才培养质量。正确理解研学旅行内涵，各个专业要精心设计研学旅行课程，促进研学旅行与学校专业综合实践课程有机融合，根据不同专业、不同年级的研学旅行目标，加强相关研学旅行课程建设、基地建设，把研学旅行纳入专业教育教学计划，结合学生身心特点、接受能力和实际需要，注重系统性、实践性、科学性和趣味性，灵活安排研学旅行时间。各部门要紧密配合，订立研学旅行工作规程，做到"活动有方案，行前有备案，应急有预案"，与家长、合作企业等签订相关协议，明确各自权责，切实保障学生安全，并报教育局备案。

研学旅行已经是我们部分专业的特色课程，要总结研学旅行课程的实施经验，在研学导师、研学基地、研学线路、安全管理等方面进行系统总结。文物专业每个学期基本都有，北京潘家园、故宫，苏州博物馆等，经历的实践周期也最长，活动区域、学习内容、导师聘请等都已有一个完整体系。近几年，旅游专业的长三角旅游项目，在三年级学生导游证考试结束后进行，每年都有一个主题，聘请行业专家作为导师，培养学生的职业意识和担当精神，成为专业建设的一个特色项目，深受学生欢迎。今年，商务英语专业又与澳大利亚圣斯蒂芬学院、埃迪斯科文大学等合作，开展海外研学旅行，参观澳大利亚的大学，接受相关课程培训，得到学生、家长好评。旅游外语专业与新西兰皇后镇旅游学院合作开展海外实习生项目已经启动，需要进一步推动。2019年暑假，团委组织了创新创业的暑期福建宁德的"彩虹人生"研学旅行，依托自然和文化遗产资源、红色教育资源和综合实践基地等，把研学旅行作为爱国主义教育、革命传统教育、国情教育的重要载体，学生在过程中进行深度体验，获得真正成长，感受到和自然、人、社会及历史之间的对话。特别是旅行中团队分工合作、集体生活，对我们学校学生来讲也是一种实实在在的锻炼，终身的美好记忆，集体生活培养出来的团队观念和整体意识也是"长大成人"的重要标志，能够帮助学生增加在未来面对困难的勇气。研学旅行对教师来讲，也是提出了更高的要求，在一个开放的环境中引导学生获取最直接的感受与知识，而不是和传统教学一样获取间接知识，有利于激发带队教师的专业发展需要。教师不仅需要创新的思维、较强的管理能力，还要有深厚的教学素养。

读书是精神的旅行，旅行是身体的阅读。"研学""旅行"实现有效融合具有独特的价值，是学生一生中非常宝贵的记忆。研学旅行，让学生基于自身兴趣，在快乐的旅行中进行专业学习，真正"研有所思，行有所获"，通过亲身实践，发展收集与处理信息的能力、综合运用知识解决问题的能力以及交流与合作的能力，增强社会责任感，并逐步形成创新精神与实践能力。"纸上得来终觉浅，绝知此事要躬行。"如果不去敦煌，怎么体验那优雅的雕塑、恢弘的壁画和经卷上的唯美书法；不去西藏，怎知道那天这么蓝，怎么体验经幡上所承载的希望和幸福；不去壶口瀑布，怎么能感受到黄河的雄壮和博大……我们不仅要读万卷书，更要去行万里路。

第五章

从理想到现实：
培育匠心匠艺的
教师团队

打造德技兼备、育训皆能的工匠之师，是我们的努力方向。坚守"工匠精神"，用匠心去打破传统与创新的边界，是教师专业发展的核心。从探寻"匠艺"到发现"匠心"，从凝聚"匠心"到提升"匠艺"，给足"阳光雨露"，助力"茁壮成长"，"工匠精神"正在传递到年轻一代手中。

01 打造德技兼备、育训皆能的工匠之师

教师是学校的第一资源。要把教师队伍建设作为基础工作，形成以人为本的制度激励，为教师赋能，持续激发创新活动的内生动力，推动"和乐"校园文化建设。实施《"商旅好老师"行动计划》《教师素质提高计划》，加强专业带头人领军能力培养，为教师育德能力提升、专业发展找到内生动力，产生一批青年骨干教师、专业带头人、教学名师等高层次人才，现有 6 位市级名师工作室主持人。张桂芳是中国职教名师、董朝霞是中国旅游教育名师、韩琴是中国旅游教育杰出青年教师、孙建辉是市攻关计划主持人。每个教师争做学校改革的主角，不断提升专业能力、教学艺术，为实现学校"美好教育"而努力。

德技并修是中国特色职业教育的根本特征。在快速变化的技术技能世界中，学校面临着两个重大挑战，一个挑战是社会经济发展日新月异，新技术新方法无孔不入，新业态新职业新岗位不断涌现；另一个挑战来自中国社会传统和现实唯文凭、唯升学的价值取向，而职业教育面对的学生又往往存在着行为习惯、学习动力等方面的问题，既要让学生掌握职业技能，还要求学生能够可持续发展、适应社会经济发展需要，德技并修的任务十分艰巨。教师不仅要有广博的理论知识，还要有娴熟的实践技能；既能传道解惑，还要能传技授业；既要做人类灵魂的工程师，又要当工匠精神的传播者。德技并修成为广大教师的行动自觉，这是解决当前学校转型发展，加强学生综合实践能力，培养企业需要的技术技能人才的现实要求，只有"育训皆能"的"工匠之师"才能让"手脑并用""教学做合一""理论与实际并行""知识与技能并重"等教学原则落到实处。学校现在的变革，有的人感到不习惯、不理解，产生不安全感、有抵触情绪，这很正常。要给教师以体面和温暖，引导教师不断去向往美好，追求美好，打造一支德技兼备、"育训

皆能"的"工匠之师"。

工学结合、育训结合是职业教育的基本特征。职业教育要由参照普通教育办学模式向企业社会参与、专业特色鲜明的类型教育转变，必须走产教融合之路，必须加强校企合作、工学结合，育训结合、知行合一，强化类型教育特点。按照产教融合的"三个对接"——专业设置与产业需求对接、课程内容与职业标准对接、教学过程与生产过程对接，逐步走出"自娱自乐"的"围城"。专业特色不鲜明的职业教育、与普通教育大同小异的职业教育，难以受到社会的欢迎，难以适应不断升级的产业需要。体现类型教育特点，连接、引进、集聚更多更好教育资源，推动校企协同育人，为教师赋能、搭建成长和发展的平台，提高育人为本的教育境界和专业素养，提高专业教师对接产业发展的能力，以及吸收产业先进技术元素的动力，用高水平的"双师"培养高素质技术技能人才，全面提升教育教学质量。为教师提供更多平台，找到属于自己的那块"长板"，扬长避短，形成自己的优势，提升教师的获得感、满足感。实施1+X证书制度是育训结合模式的关键举措，有助于高水平培育学生的认知能力、合作能力、创新能力和职业能力，有利于教师掌握新技术、新工艺、新规范，提升模块化教学改革的能力，"精致化"培养高素质技术技能人才。

深化产教融合，提升工学结合育人水平。新一轮专业建设在提升校企合作水平方面站位要更高，提出了"把握产业升级新机遇，主动参与供需对接和流程再造，推动专业建设与产业发展相适应，实质推进协同育人"的新要求，这就需要改变传统教学体系难以面向市场的缺陷，学校内部多部门协调做好与行业协会、优质企业合作，推动"双元制"人才培养，建立校企深度融合培养机制，使优质教育资源进入专业教学改革，把产业发展对职业岗位的关键要素融入专业人才培养方案、课程标准和教材建设，全面提高教学资源水平，优化教学过程，提高学生职业胜任力，增强学校服务社会的能力，凸显品牌专业独特价值，保证"育训结合"模式落地。与中国烹饪协会、益海嘉里共建中烹专业，与蓝带举办西餐专业，与托璞司共建现代音乐专业；烹饪、文物等专业，聘请"名师""大师"和优秀校友担任特聘兼职教师，建立多层次的职业教育名师工作室、技能大师工作室等，创设有利于人才成长的优质师资环境，形成具有影响力的双师结构教学团队，体现了类型教育的特点。通过职业培训，反哺职业教育，改革绩效工资制度，扩大收入分配自主权，落实教师参与职业培训、校企合作、技术服务、成果转化、自办企业等所得收入可按一定比例作为绩效工资来源的政策。

国将兴，必贵师而重傅。我们要尊重教师专业发展自主权，注重教师个人专业发展规划的落实，积极开创并提供各种教师在职培训、学术交流、研讨展示的机会，满足教师个性化培训需求，形成集中学习、合作学习和自主学习相结合的支持模式。注重教学成果推广，把科研优势、人才优势转化为教育变革的动力，引领和推动学校发展质量变革、效率变革、动力变革，逐步形成"学术水准的导向、关注需求的自觉、鼓励创新的机制和持续创新的能力"，让教师专业发展成为学校可持续发展的重要引擎。

02　为教师个人专业发展找到内生动力

我们正处在一个瞬息万变的信息时代，数字化生存方式上的改变是人类面临的有史以来最为剧烈"文明的冲击"，特别是以互联网技术为主的信息技术对零售、文化娱乐、金融等行业造成了颠覆式的改变，但似乎对基础教育、中等职业教育的冲击还不是那么剧烈。从微观角度看，信息技术对教育教学的影响仍停留在表面，有些设施设备的利用率还不高，有些教师虽然已经用平板电脑上课了，但仍然是传统的教学模式，仅仅是把教学内容从黑板转移到了平板电脑上而已，还没有对教学模式进行变革，个别教师对学校信息化管理还有一些微词，教育信息化还处在一个困难的推进阶段，"今天的学校和课堂仍是工业化时代的产物"。我在十多年前就提出开展"整合性学习"，到近几年推进信息技术与课堂教学"深度融合"，这是教育改革与发展的必然趋势，刻不容缓。信息技术与教育教学的"深度融合"绝不是一般的技术应用，而是信息技术与教育教学的相互促进，"要将信息技术融入到教育教学的全过程，运用信息技术逐步改变原有的教育教学过程与模式，实现以知识传授为主的教学方式向以能力素质培养为主的教学方式的转变，最终达到提升教育教学效率和质量的目的，这也是信息技术与教育教学深度融合的根本任务"。相信随着技术的发展，必将克服技术"左右"教育信息化发展、"教师被技术绑架、学校被企业绑架"的弊端，尤其是大数据、云计算、微课、MOOC、翻转课堂、移动通信、VR 等广泛应用，必将对教育教学产生革命性影响，信息技术必定会打破传统学校和教师对学习资源的垄断，学生学习的途径和方式将会发生质的改变，推动教育教学流程再造，包括教师角色再造、课程模式再造、组织机构再造和管理方式再造等，必将推动学校产生深层变革，推动人才培养模式变革、推动课程体系变革、推动学校教育进一步开放，学校的形态最终会发生改变，真正形成无边界的课堂或学校……教育信息化的春天即将到来。

短短十年间，商贸旅游学校完成了"硬件"提升的嬗变，在学校基础能力建设和办学条件得到基本保障后，我认为所有靠物质、靠金钱能解决的问题已不再是主要问题，主要的问题是"人"的问题，要关注教师专业发展、工作的愉悦，把重点转移到对学校文化、办学品质、教师发展的关注，而教育信息化是学校迈向现代化必须跨过的一个重要桥梁，是未来学校核心竞争力的重要标志。我们正在破解的难题已经与世界同步，正在走向教育改革的前沿，要放在世界教育的坐标系上加以定位，以更加智慧、更加辩证的方式去推动教育信息化，信息化的最大阻力不是来自学生而是我们自己。要用高标准、用典型引路，通过教学展示、教学研讨、课题研究、信息化教学比赛，通过剖析、固化、推广一些典型课堂教学案例、提炼课堂教学模式来推动课堂的变革。根据教师在应用中的刚性需求，抓住痛点，借助信息技术重点在拓展师生学习的时空、改变教学流程上下功夫，使得超越教室空间的学习发生，让师生之间、生生之间、师生与外部世界之间充分连接，产生智慧传递；借助信息技术清晰地看见学生的学习过程，分析学生学习状态、思维质量，让研究学生成为教师的专业自觉，打开学习的"黑匣子"，成为学生潜能与优势的发现者，而不仅仅依赖于经验的直觉判断，更呼唤技术支撑、大数据分析，让教师能恰到好处地介入与支持；技术、工具永远不能替代学习者的真实学习经历，要提升信息素养，加强个别化指导，教会学生自我发现、自主学习、自如应用。当前，随着人工智能技术的崛起，智慧教育备受各界关注，打造"智慧教室""智慧校园"被高度重视起来，我们正在探索构建智慧学习环境，提供合适的学习资源与便利的互动工具，自动记录学习过程和评测学习成果，以促进学生进行有效地学习，让师生能够施展灵巧的教与学方法，为学生提供最适宜的个性化服务，"从而培养具有良好的价值取向、较高的思维品质和较强的施为能力的人才"。

《上海市中长期教育改革和发展规划纲要（2010—2020 年）》指出："运用现代信息技术改革教育教学内容和方法，推动课程教学与信息资源的有机整合，不断丰富教育教学资源，形成开放、互动、共享的信息化教育模式，促进学习方式的转变，满足学生多元化和个性化的学习需求。"推进教育信息化，根本在课堂，重点在应用，突破在创新。也就是说，学校要进行顶层设计，在信息技术的大背景下整体考虑学校的发展，并从政策、经费、人员等各方面全力推动。我们把重点放在"课堂的变革"，由"信息技术背景下的整合性学习"逐步深入到"信息技术与课堂教学的深度融合"，在教学理念、教学手段、教学模式及学习方式上进行改革，改变教材的观念形态，改变相应的教学环境、手段和方法，使各种教学资源、各个教学要素和教学环节有机整合，产生优化效应，提高学生获取信息、处理信息、表达信息的能力，提高学生自主学习的能力，推动学习范式的转变。我相信，只要抓准、抓住、抓好这些具有革命性的因素，从传统的教科书、讲义、粉笔和黑板中解脱出来，深刻了解教育的本质，将各种技术手段完美、恰当地应用到课程、课堂、课本中，信息技术与教育教学逐步会从量变到质变到"深度融合"。实现"深度融合"的目标并非轻而易举，必然会碰到许多问题和困难，这就要求教师不仅要注意积累，还要不断了解新的技术、方法、信息源，不断提高对相关信息的获取、加工、融合的能力，了解新的教学理念、教学组织形式和方法，对标国内外名校的好经验好做法，更好增强自身优势，这对培养创新创业人才具有重要而深远的意义。网络环境下的课堂教学将成为"新常态"，缩小班级规模、注重个别化指导，以学生为中心设计学习活动，使学习资源、学习工具和学习活动有机结合，推进构建以信息技术与课堂教学深度融合为特征的教学模式，着力打造"精彩课堂""活力课堂""智慧课堂"。

从思想上、观念上充分认识信息技术对于教师专业成长的重要意义，教师的信息素养是决定教育信息化有效应用的关键因素。教师的魅力、教育的魅力要求教师拥有过硬的教育信息技术基本功，通过推进"信息技术与课堂教学的深度融合"为教师个人专业发展找到"内生动力"，使新理念、新技术、新方法与教师基本功相融合，让"道""器"与"技"三者合而为一，形成一支高素质、高境界、高度职业化的教师队伍。我不仅关注教师知识、能力的提高，更关注过程，关注课程建设、课堂教学过程中怎么"生成智慧"、怎么体现生命的价值，怎么让教师有信仰，这个才是最重要的，这个才是支撑学校内涵发展的软实力。同时，我们也要重视学生信息素养的培养，借助信息技术为每一个学生提供出彩的平台，提供多样化、可选择的课程，信息技术给"选择"提供了可能。要多看学生的"长板"，认识和发现学生的潜能，利用信息技术对不同起点的学生通过不同的教育方式对其不同的发展路径起到推动作用，帮助学生学习习惯、学习能力的形成，真正实现"融合"。学校不仅要使学生升学有优势、就业高质量，更要让学生发自内心"喜欢"，促进学生终身学习和适应未来社会发展，更是为了使学生能够发展成为更为健全的个体，能够更好地适应未来社会的发展变化，并为终身学习、终身发展打下良好的基础。尽管中职学生的家庭背景、生活状况差异很大，学习基础、学习习惯、偏科情况差异很大，分数已无法反映出学校对学生个性需求的满足，必须利用信息技术推进课程创生，为不同发展倾向的学生提供多样化、可选择的课程，这也是近年来我们大力推进课程体系建设、通过课程集市、学习社区、各类社团满足学生个性发展需求的逻辑起点，是对教育本源的认识与回归，也是对"办学生喜欢的学校"的积极回应。信息技术与教育教学"深度融合"将成为衡量现代化程度、新型学校的一个重要指标，是走向现代教育的开端。

我们编撰的《课堂的变革——信息技术与课堂教学的深度融合》是学校教师进行思考、研究与实践的成果，是一本为教师解决信息化教学提供有效帮助的指导书，是一本由专家与一线教师、理论与实践相结合的案例集，是一本对学校教学研究、教学管理具有借鉴意义的参考书，是一本教师培养培训项目设计与实施的辅导手册。虽然其中疏漏、缺点在所难免，但是内容实、操作性强，浓缩了学校教育教学改革中信息化教学自上而下或自下而上反复提炼而出的鲜活经验，是我们对课堂变革的全新理解和深刻认识，是大家亟须解决的重点、难点、热点问题。同样，我也承认内心的惶恐与犹豫，承认我们期许的改变实在微小，时常在利害、得失、欢欣和沮丧之间挣扎，但就是在这样的认知与实践中，让我们获得了更多的智慧，我们许多的不成熟或许可以作为同行者的前车之鉴。无论我们赋予学校多少使命，但教师是学校第一位的财富，我们以实际行动重新定义课堂，努力前行，和乐其中。

03　教研组建设的一点思考

　　教研组是教师成长最现实的平台，教师培养是教研组责无旁贷的责任。在讨论制订学校十四五发展规划时，必须要有"学科建设规划""课程建设规划"，以专业建设为引领，根据各专业人才培养目标、各教研组要在学科（课程）特色、学生培养、质量评估和三全育人等方面打造自己的特色。由教研组教师全员参与，明确学科发展方向，关键要有每位教师具体的发展方向与措施，把学科建设与教师专业发展、个人发展形成逻辑关系，基于核心素养落地推动未来教研系统转型升级。拓宽教研组建设路径，不断完善教、研、评、修一体化教师发展机制，让教研组建设有明显的校本化特点，更具有操作性、领先性、精准性，我想提三点看法。

　　教研组长要担当起新使命和新任务。要成为一个好学校因素有很多，其中最重要的有两个，一个是名师，一个是专业特色，两个互为支撑，这是"精致化"的内核、硬核。这个"名"，不仅是名气，更是创新、引领、示范、辐射，是卓越、担当和影响力。只有"名师"未必是"名校"，但是有了"名师"＋"名专业"，有了团队才可能成为"名校"，因为一个专业、学科团队的卓越，必然会带动相关团队乃至整个学校的进步。因此，教研组作为学校教学管理的基本单位，其在学校谋划更高水平发展中的重要性不言而喻，其中教研组长、专业（学科）的"领头雁"就显得尤为重要。过去我们自诩"国内知名、上海领先"，特别是这几年外省市投入、发展势头很好，与兄弟学校相比"大楼"落后了。现在，我们唯有在名师、团队建设上下功夫，拥有一支高素质的专业、学科团队，才能在业界占有一席之地。教研组长是专业、学科的领头人与主心骨，其号召力如何，直接决定着雁群的飞行方向和终极归宿。现实中，有的组长为人不够大气，威信自然就树立不起来；有的自身能力有限，又不主动学习提升，组员就会不服气；也有的缺乏严格执纪的魄力和勇气，怕得罪人、甘当"好好先生"，引发破窗效应。教研组长是一项具有高度专业性的工作，需要加强培养培训，更需要在实践中锤炼，不仅要具备教育理论、学科专业知识，还需要具有课堂教学、信息化教学等多方面的能力，这是做好组长的基础。同时，更要有服务意识、服务精神，包括对政策理解、研究指导、组织管理等多方面的能力。作为教研组长，要重视共同价值观的塑造、重视对教师的人文关怀，让大家有归属感，就会形成凝聚力、向心力、创造力、战斗力，这是我们优秀教研组具有的共同特征。围绕"三全育人"，我们要将学科（课程）的知识点、能力点和素养点全部进行梳理，让每个教师知道学生要学什么、老师要教什么，了解学科（课程）的内容框架。全体教师共同参与（而不是个别人），清楚整个学科（课程）、特色社团的整体架构、运行机制、质量要求、绩效考核。团队建设要有理念，更要有特色课程、特色活动和建设机制，激活整个团队的内在活力，出"名师"、有梯队，不断创新、不断卓越、不断涌现"好学生""名学生"。

教研组建设需要机制优化和创新。教研组功能当初设定的"学科教学研究功能"所占比重现在到底有多少？两周进行一次教研组活动，就具体活动内容而言，基本就是"学科工作的布置、落实与检查"，专题学术研讨、本学科建设的重难点和发展趋势的集体研讨严重缺失，教研"研"的力度不够，具体表现在：（1）研究的缺乏：虽然一直实施教研组管理，但对如何提高集体教研、线上教研质量，成为教师内在需要缺少研究；（2）指导的缺位：与普教相比，从上到下对教研组如何"研"的具体指导缺位，对学科的课程建设、课堂教学指导浮在表面，只是少数人参与；（3）管理的缺失：对教研组运行机制、教学研究和教师专业发展、双师素养提升等缺失精准管理和质量评价。面对新使命新任务，学校教研如何找到新的突破口？如何实现机制优化和创新？这是我们每个人需要思考的问题。学校要行稳致远，就要更加重视教研组建设、学习共同体建设，为教师同伴互助提供机会，围绕专业转型、课程建设、教学改革、教师发展、质量评价等重大项目，建立教研组捆绑式评价制度，建立集体反思、集体奖励制度，推动集体教研范式转型。从学校层面，分析每一专业、学科的办学"痛点"，引进更多"资源"，打造更多"共享团队""共享教师""共享课程"，形成新的教研"生态圈"，通过线上线下的各种连接、跨界合作来解决专业、学科的"痛点"，努力实现教研组与教师个人发展目标趋同，让创新项目脱颖而出，形成以创新为导向的激励机制和自下而上的内部创业精神，形成开放、跨界、融合、有效的教研组建设机制，形成专业、学科新的"竞争优势"，为核心素养落地和教育综改深化提供专业支持。激励更多教师参与到学校的创新实验中来，参与到跨学科、跨专业的综合实践中来，通过专题研究和项目攻坚的方式对专业综合实践课程建设过程中的难题进行研究，对利用大数据和信息技术改进教学、提高教学有效性、促进学生深度学习等进行研究。教研活动不再流于形式，逐步形成"学术水准的导向、关注需求的自觉、鼓励创新的机制和持续创新的能力"，这是现代学校治理、学校学科可持续发展的重要引擎。

　　教研组教研方式要进行优化和创新。开展基于大数据的学生核心素养发展、精准学科教学和学科教研，重视经验与实证的整合，教学研究与教育科研的整合，让教师对素养为本的导向从认同走向理解，再走向实践并能创新。我认为，以下四种形式协同开展，可以解决单纯的学科教研容易走向呆板、综合教研"大教研"比较"虚"的"两张皮"问题，由"粗放"转向"精准"，不断提升教研品质，不断提升教师专业能力，努力构建"互联网＋"时代的教研新形态。（1）学术沙龙，这是我们现在比较欠缺的，需要加强，每学期两次，旨在开阔思路，引导思考，借鉴"头脑风暴"、引进外部专家等，加深教师对某一问题的认识，寻求更多的教学策略。譬如，"学评用一体化教学模式"的实施，这既是一种教学实践模式、一种教学形态和教学理念，更是一种价值追求，希望能够通过专家指导，为现实教学产生一种动力、牵引、导向作用。（2）课题研究，主要是针对学科发展的难点、痛点问题，将教研与科研有机融合，动员各方力量、全组参与，把论文写在教学第一线，更深入、更规范、更科学、更具针对性地予以解决。（3）"同课异构"，这个教研活动形式现在比较普遍，深受大家欢迎，直观形象、操作性强，创新启发式、探究式、讨论式、参与式教学，有利于教师对新理念、新要求、新方法的接受与把握，易于转化为具体的教学行为。特别是，要在推进"混合式"学习研究，围绕"学评用"重塑教学流程、教学方法和教师角色，增强学生的代入感和参与度，提升教学的吸引力和感染力。（4）案例分析，这个形式我认为是最实在的活动形式，是"消灭水课、打造金课"的重要抓手，那种花里胡哨的"表演"课，包括有的"获奖课""精品课"，绝不是"金课"，不要过分迷信。当前最关键的是提升全体教师的学科教学能力，定期挖掘典型的、优秀的课堂教学案例，培养教师的叙事能力，特别是利用信息技术、数据挖掘进行的定量分析，不断提高分层教学、因材施教、精准指导的水平，保证学生学到的知识更适应社会、企业需要，形成学科优势，全方位改善与提升教师的教学理念、教学行为、研究能力和可持续发展能力。

下一步，我们改革的方向就是陈宝生部长所提到的"全面施工、内部装修"。这个"内部装修"，最重要的是构建课程体系。教研组长带头参与、积极参与就是无声的号召，最有力的动员。如果组长不带头、没有积极性，就无法攒指成拳、形成合力。喊一声"跟我上"和吼一声"给我上"，一字之差、天壤之别。学校的党员干部更要躬身践行、做好示范，既领之、又导之，形成上下协同、整体联动的总体效应。学校要构建专业综合实践课程体系，作为学科，线上线下相结合、校内外相结合，学科之间相结合，打造特色课程群，形成教师创新团队、梯队，为每一个教师发挥自身潜能找到"出彩"的舞台，让教师参与课改的每个瞬间成为宝贵、有趣的生命体验。

04　基于"任务引领"的
"学评用"教学模式

　　基于移动互联网大数据挖掘的精准营销已经进入每天的生活。大数据将给教育带来什么？我们的教育是否已经做好了迎接大数据时代的准备？随着智能手机、可佩戴计算设备的出现，我们的行为、位置、甚至身体生理数据的变化都可以被记录、分析。而信息技术还没有真正进入到课堂，还在纠结"技术"，还没有真正到"信息"层面，更没有到"思维"层面，没有融入课堂，仅仅是手段的信息化，展示方式、传播方式的生动化和形象化，并没有对教育本身带来实质改变。教育信息化还处于量变之中，教育理念、课程体系、教材内容、学习方式本质上还是传统的，信息化应用并未实现常态化。

　　信息化教学不是赶时髦，不是跟着新技术走秀，而是要切实改变学习方式、打造智慧课堂，使课堂成为互动、体验和探究学习，促进知识理解和应用的场所，强调人与人的交往与互动，而不仅仅是知识的传授。在多年教学研究、实践的基础上，对积累的典型教学案例不断研磨、改进，探寻教学规律，提炼出了易操作、可复制、能拓展的基于"任务引领"的"学评用"教学模式，帮助师生提升教与学的能力，一批教师脱颖而出。最近，嵇云、邵静雯老师获得2018年全国职业院校教学能力大赛教学设计项目比赛一等奖；阮毅老师参加第三届上海基础教育青年教师爱岗敬业教学竞赛获得特等奖，荣获上海市教学能手、上海市五一劳动奖章。这几年，强调打造"智慧课堂"，要求教师在课堂教学活动中更多地从学生个体发展需要出发，从专业人才培养方案和学科课程本身特点出发，精心设计教学环节，利用信息化互动学习平台，给学生自由支配的时间、空间和资源，最大限度地激活学生的智慧、思维和潜能。评价一堂好课不是看教师讲得有多精彩，而是看教师的引导、问题的设计，学生的主动投入、智慧的生成。打造"智慧课堂"，是超越传统课堂空间，打通课内与课外学习、面对面学习和网络学习、正式学习与非正式学习，单一课程学习与跨学科、跨专业的综合学习，使之成为一个个解决具体"任务"的学习，"任务引领"的学习，满足学生个性需要和选择空间。

教育信息化是学校迈向现代化必须跨过的一个重要桥梁，是未来学校核心竞争力的重要标志。信息技术与课堂教学深度融合是推动教师观念转变、课堂转型、学生学习方式转换的关键，是学校让学生喜欢、质量提升的要素。探索以"大数据"为基础的课堂教学变革，打开学生学习过程的"黑匣子"，使课堂升级、教学效率提高，使教育真正成为"科学"。人工智能、5G 技术必将对课堂教学产生革命性影响，必定会打破传统学校和教师对学习资源的垄断，学生学习的途径和方式将会发生质的改变，推动教学流程再造，包括教师角色再造、课程模式再造、组织机构再造和管理方式再造，推动学校产生深层次的变革，推动人才培养模式变革、课程体系变革、学校教育进一步开放，学校的形态最终会发生改变，真正形成无边界的课堂或学校。这是一个趋势，要以更开放的心态、创新的勇气，拥抱"大数据"的到来，"未来学校"的到来。短短十年间，完成了"硬件"提升的嬗变，在学校基础能力建设和办学条件得到基本保障后，我认为所有靠物质、靠金钱能解决的问题将不再是主要问题。主要的问题是"人"的问题，更多关注教师工作的愉悦、团队建设，关注学校文化、办学品质、育训皆能，驱动教学模式创新，加快教师角色转型，将工作重心从知识技能的传授转移到更有利于学生高阶能力发展上来，核心素养提升上来，真正发挥教师"育人"的核心价值。

"深度融合"是将信息技术融入到教育教学全过程，逐步实现以知识技能传授为主的教学方式向以职业素养养成为主的教学方式的转变，最终达到提升教学效率和教育质量的目的，这也是信息技术与课堂教学深度融合的根本任务。以全国职业院校教师教学能力大赛、上海市中职信息化教学大赛、教学法评优等活动为抓手，通过培养一批改革的先行者、示范者，变革传统课堂教学模式，改变教材的观念形态，改变教学环境、手段和方法，使各种教学资源、各个教学要素和教学环节有机整合，产生优化效应，推动学习范式的转变。通过教师培训和实践锻炼，教师普遍学会使用学校的互动学习平台和相关专业(学科)适切的工具，推广使用"学评用"教学模式，有效促进教师专业发展。通过几年的努力，广大教师技术应用和信息素养得到很大提升，从最初的技术应用者、消费者逐步转向技术整合使用者，还有不少已经发展成为技术创新使用者，给课堂教学改革赋予新动力、带来新资源，给团队注入新活力。我不知道未来的学校会是怎样，未来职业学校的教师必须具备什么素养，但是往前跑总是不会错的。要充分认识信息化对于教师专业成长的重要意义，但课堂教学改革必须是缓慢的，不能操之过急，改快了反而可能会失败。教师的认识、成长需要有一个过程，经过这几年的熏陶和实践，对"深度融合"的理解也就深化了，课堂转型也就更接地气了。

学校建立了涵盖师资管理、实践提升和机制激励三个层面的教师教学能力提升的保障体系，构建了"评估（Assessment）—规划（Planning）—行动（Action）—反思（Introspection）"的教师教学能力提升的运行模式，扎实、有序地推进教师专业发展。立足教学现场，在"学评用"教学模式指导下，开展基于"深度融合"的教师教学能力评估，描绘教师能力图谱，可视化表达其能力水平，并且为其推送适合的学习内容，提供针对性的指导，评估教师信息技术应用能力对学生学习成绩影响。形成一批典型课堂案例，结集出版了《课堂的变革 信息技术与课堂教学深度融合的实践与探索》，有理论有实践有反思，深化基于"任务引领"的"学评用"教学模式。这既是学校课堂教学研究成果的提炼，也是以学生为中心，以课堂为重点，注重教师"反思性发展"的集中体现，成为上海职业院校教师课堂教学改革的范例。通过全覆盖的培训、多层次的教育科研，"研究学生""研究课程""研究人培方案""课程思政""文化育人"逐渐成为教师的专业自觉，提高了教师整合技术的学科教学方法能力（TPCK），从关注技术转变到关注教学活动本身与学生职业素养养成，把理念转化为可操作的课堂教学结构框架和活动程序。教师基于自身体验、感悟、反思、实践，提升了实践智慧，内化为自己的风格、特点，落实"任务驱动"的课程观。

这是"任务引领""任务驱动"的学习，需要教师对知识体系进行解构，围绕工作过程，围绕职业行动能力，围绕"学评用"，体现"做中学"，改变原来的学习形态，学习逻辑由知识积累向能力积累转变。提出了对工作过程的整体理解能力、利用资源有计划完成任务的能力、问题的识别与解决的能力、对工作方法改进的能力、工作任务执行的能力，及严谨、负责、效率、合作、安全等职业素养的要求。借助现代信息技术，以丰富的学习情境为载体，包括微视频、学习任务单、学案、教师的各类课件、教学软件、各类图片音视频素材等，启发学生利用已有的知识结构中的经验去理解、同化、建构新的知识，掌握本课程（专业）的学习方法，实现掌握知识（学会）与发展能力（会学）的统一。学生自我学习与探索的能力远远超过我们的想象，让学生真正成为课堂主人的最大阻力来自哪里？我认为，不是学生参与意愿不强烈，关键还是教师不愿意，组织课堂教学能力有限，希望在框框里教、在框框里学。"深度融合"对教师而言不是教学能力的提高，而是教学能力的转换；前者只要努力就可以实现，后者却需要重新学习。近年来，不少专业、学科通过"长作业""毕业作业"等方式，以任务引领、任务驱动，以丰富的学习情境为载体，让学生围绕某一主题开展各类综合实践学习，取得一系列的成果，启发学生利用自己已有的知识结构中的经验去理解、去同化、去建构新的知识，培养学生的自主学习、合作学习的能力。

基于"任务引领"的"学评用"教学模式，是根据职业教育特点，围绕"学习任务"而开展学习的教学活动结构框架和活动程序。"学评用"既是教学理念、教学策略、教学模式，也是教学的主要流程。以"学""评""用"重构教学活动，"学"是起点，"评"贯穿始终、"用"是核心，三者构成相对独立又紧密联系的有机整体。联通课前、课中、课后，通过翻转课堂、微视频教学、同伴互助、团队合作学习、提升核心素养一体化思考，重视学习过程与思维品质，由低阶思维向高阶思维转变，重视情感、态度、价值观和创新创造创业能力，有机融入文化育人元素，为一线教师提供进行课堂教学的抓手与支撑。我们强调"自主学习、多元评价、学以致用"，通过混合式学习，促进学生智慧学习、智慧提升；围绕职业素养提升，对学习目标、学习方案设计、教学评价等诸要素进行系统思考，在注重学生基础知识、基本技能的基础上，围绕"用"来开展"学"和"评"，以学生为中心，让学生能够有效能地"学"习未知、"评"量已知及应"用"相关知识、技能，增进未来的职场综合素质。以"解决问题"为核心，把教学资源、教学要素和学评用三环节有机整合，重构学习流程，形成有效互动，使得超越教室空间的学习发生，由教会学生"答"到逐步教会学生"学"、学会"问"，产生智慧传递，让不同水平的学生在社会化的情境中学习并获益。

"评"是本模式的最大创新点。"学评用"教学模式要求教师在课堂教学活动中，形成提问设计→数据分析→新的教学决策之课堂运作流程，用"数据"了解学生的潜能与优势，以创造更高效能的智慧教学。利用智慧教学系统、易乐学习社区等，给学生更多自由支配的时间、空间和资源，最大限度激活学生的智慧、思维和潜能，关注学生学习过程、学习状态、思维质量，利用生成的教与学数据进行分析，为教师课堂教学决策提供充分有效的数据和依据。通过测验、投票、给分、抢权竞赛等，在互评与互动过程中，深化对专业技能的学习成效。通过多元的"评"，让学生与教师、专家、资源"对话"，通过倾听、思维、判断和实践应用，找到解决问题的策略，提升实践应用能力，培养团队精神和高阶思维能力。有效提问、有效数据运用和教学决策能力是教师职业能力中的关键能力，也是课堂教学质量提高、学生思维品质提升的关键。以学生为主线，以真实工作任务为引领，去设计问题并形成问题链，注重跨专业的综合学习，利用虚拟现实技术的交互性、沉浸性、可复制、可验证等优势，让学生在对问题的追寻中找到知识之间的纵横联系。在教学中应注重养成"习惯"，关注"科学精神""审美情趣""人际交往"，更好地体现科学性、技术性、艺术性、人文性统一，使课的设计站位更高，培养能够适应终身发展的综合素质。

平台记录的各种数据、活动、问题、作品以及教学互动视频等都可生成教学资源，这也是一个创新。智能录播，实时打点回放，学生可以反复观看，让学习更有效；使用IRS 即时反馈系统，在愉悦的环境中参与竞赛，让学生学习更有趣；把学习过程实时记录、播放，由数字化到数据化，让学生学习更有劲、更有效。教育资源不再局限于专有资源，而是呈现出教育资源的多渠道供给形态，学生的"作业"也可以是教学资源，特别是人文、艺术类课程，它是开放的、没有标准答案的，作业是有梯次的、可选择的，表现的形式是不同形态的，可以展示学生的创造性。专业综合实践课程群建设将会大大推动学习资源供给侧改革，成为学校 T 型课程体系一个新的增长点，这是基于核心素养的学生综合实践能力提升，推动专业交叉、融合、复合化、精致化发展的关键，跨专业综合学习将有效帮助学生养成职业素养。修订各专业人才培养方案，根据知识图谱，优化各专业课程设置、课程标准，用技术来优化教学、深化教学，促进人才培养流程再造，支持个性化学习，注重职业素养养成，促进学习方式根本变革。未来，将推动优质教学资源共建共享，推动教研组为单位的协同教学，即擅长授课的负责组织教学，其他教师发挥各自特长，进行在线教学资源甄别获取、答疑解惑、作业批改等工作，促进教师共同体建设，提高教育服务质量。

决策分析，就像是教学的"内窥镜"，这是加速教师专业成长的有效工具，也是我们提升课堂教学质量的"法宝"。教师在教学活动设计前，先要完成课堂主要提问的决策分析，此项工作可以大大提高教学效率，提升教学智慧。课前测评若通过率大于80%，表示大多数学生已经掌握该知识，可以直接进入课堂下一环节；若通过率介于50%—80%，表示仍有学生对此知识没有掌握，可以采用分组讨论的方式，让答对的学生向答错的学生解释正确选项。选择错误选项的学生较多（小于 50%），则需要教师亲自给予提示、引导正确答案后再进行分组讨论和二次作答。利用互动教学系统，形成以学生为中心的"一对一"学习环境，即时诊断、反馈、补救，促进教学质量的提高。

依据精准的数据分析提升教学诊断、评价与改进的及时性、针对性和有效性，提升教师细微问题设计的能力。课前，通过分析学生在线测评的结果进行诊断性评价，确定教学起点、重点和难点；课中，通过有效提问、练习、操作等，根据教学决策树分析，及时调整教学策略，实行分层教学、精准指导；课后，根据学生作业情况，及时诊断和反馈，个性化推送学习资源，及时补救与改进，融会贯通，灵活应用，让现有课堂教学形态提高效益。利用"平台"记录每一个学生在课堂中每一个环节的表现，记录学生的思维过程、思维质量、人机互动等情况，从宏观群体走向微观个体，基于数据的汇聚了解学生、洞见学生的数字画像，发现学生学业成绩好坏背后的原因，实现教学评价的创新突破。

重构学习空间，可以是真实的学习空间，也可以是虚拟的学习空间。在线学习、泛在学习，未来将成为非常重要的学习方式，具有学习场所的灵活性，学习时间的便利性，学习材料的小颗粒性，学习进度的自主性，学习方式的适应性等特点。在这次"停课不停学"得到了非常好的体现和实践，也是我们利用信息技术创新和突破的一种手段与方式，学生的自主自律能力与教师的设计能力是决定学习效果优劣的主要因素。未来"混合式学习"将成为新常态，必须改造传统学校教学空间，创新学习空间环境，智慧学习空间，这是我们必须要做的。"智慧教室"是一种能优化教学内容呈现、便利学习资源获取、促进课堂交互开展、具有情境感知和环境管理功能的新型教室。作为上海市首批立项三所学校之一，于2014年正式建成了1.0版智慧教室。从形式上兼顾传统与现代、班级授课制与圆桌式学习，既有适合统一进度的集中学习区，也有适合分散讨论的自由学习区；既有适宜动手能力培养的训练拓展区，也有适宜学生自主学习的休闲学习区。现在，我们又建成了2.0版智慧教室、3.0版智慧教室，突出了"强交互、多功效、高科技、全智能"的特点，把场馆建设与特色课程群建设相匹配，与教师项目团队建设相匹配，形成围绕工作任务（项目）的主题综合学习场馆，譬如浦东、浦西图书馆，南京路商业博物馆，浦东里昂教室、新西兰教室等，体现了"任务引领""学评用"一体化的落地落实。

基于"任务引领"的"学评用"教学模式，是强调操作技能的课堂教学模型。它能为旨在培养学生核心素养的课堂教学设计提供很好的支持，有效提升教师课堂教学能力和课程执行力，能够实现学生在"做"真实的学习任务时，以一种更协调和综合的方式运用所有这些构成性技能，从而提高他们在较为复杂认知技能操作上的整体能力。从本质上来看，"学评用"模式设计的精髓在于始终将学习任务作为一个复杂的整体来对待，是面向真实、面向工作实践的，与中等职业教育的目标相吻合。体现以下特点：

传统教学模式	学评用教学模式
手机（平板）是通讯、娱乐工具，影响学习	手机（平板）重要的学习工具，改变学习习惯，提高学习效率
按照标准教教材，注重显性知识，培养记忆、理解，知识、技能，唯一标准答案	用教材教，注重学科学习方法、隐性知识，注重情感态度价值观，答案多种可能，培养想象力、好奇心、创造性
以"课文"为基本单位的教学；以单一学科（课程）书本知识，按部就班、原原本本地把教科书、教参内容搬到课堂，告诉学生，以动脑为主	以单元（章）为单位的综合学习；以"真实任务"引领的跨学科（课程）学习，体现做中学，动脑＋动手，培养学生独立思考及解决实际问题能力
统一目标、进度、考核要求，教学的标准化、规范化、程序化以及可预设性、可控性等，形成一整套规范操作要求	个性化学习，结合多元智能挖掘，自行设定学习目标，选择合适的深度、广度，自行制定学习策略，各种方式反映学习过程、展示学习成果
个人学习，注重结果评价，教师是唯一评价者，课堂教与学活动的设计与实施	自主学习与团队合作学习，注重过程评价，引入多元评价主体，课前—课中—课后教与学活动的全程设计、实施与评价
以启发方式提出问题，但教师很快以引导性、暗示性的评价语言迅速把学生的思路、解决问题的方法引到设计好的标准化答案上来、迅速指向正确答案	用技术变革学习，注重学习资源的整合与应用，注重团队合作学习、分享，及时反馈、诊断与补救，提供个别化、差异化指导
教师问题意识、批判意识淡漠，对书本的依赖、盲从、迷信；教学过程各个环节固化的程序、结构，束缚了教师创造性、束缚了教学智慧的生成	重视基于自身体验、感悟、反思、实践而形成的教育智慧，丰富教师教学策略；展示学科知识、课堂评价、实践应用、调动学生及突发情况灵活机智应对的综合能力
教师被定格，就会失去自我，失去智慧产生的基础	"学评用"就是教学要有一个基本的规矩，有一个基本的格。关键还是教无定法，让教师入格后"出格"，依托信息技术，与个体经验相结合，内化为自己的风格、特点，进入智慧的境界

05   在线教学促动职业教育变革

今天我演讲的题目是：在线教学促动职业教育变革。分为三个部分，一是当前的主要工作，二是此次在线教学引发的思考，三是如何把此次在线教学成果转化到互联网＋职业教育变革的追求中。

一、当前的主要工作

此次在线教学，按照市教委的统一部署，我们与各兄弟学校一样正在认真推进。当前，主要抓了以下三方面的工作。

第一，为全体教师提供基于在线教学的指导服务。为保证"拷贝不走样"，对全体教师进行在线教学方法、信息技术应用的全员线上培训，编制《在线教学指导手册》，解决线上教学可能遇到的难点和重点问题，强化培训效果，保证全员参与；以教研组为单位，推动线上集体教研，做到精准帮扶，保证线上教学有效性，形成闭环管理、动态管理，保障学生"在家学习"的基本质量。

第二，让教师的"十八般武艺"与学校智慧教学、管理和服务平台相嵌合。公共基础课，市级层面的录播课程，教师与学生的互动，可以运用各种工具，将 PPT、语音、视频分享到班级群中，有微信、QQ、钉钉、腾讯、Zoom 等，我们老师自嘲是"十八线"主播，但实际是拿出了"十八般武艺"；但是，我们要求教师必须与学校的智慧教学、管理和服务平台相嵌合，了解各维度的教学状况、师生访问情况、活跃度、资源建设、作业批改等数据实时可视，为诊改提供数据支撑，便于安全管理、全员管理和精准管理，从而提高学校整体的线上教学质量。

第三，家校合力让线上教学效果最大化。线上教学不仅是"教书"，更是家校合作

"育人"良机。根据学生的线上学习时间、时数、作业等数据，做好教师间沟通、家校间互动，促进教师共同体、家校共同体建设。不少班主任潜在水下，观察学生学习态度、学习方式，做好幕后服务；这张图可以看到学生作业的时间分布，很晚还在做作业，班主任就要干预，指导学生养成良好作息习惯、作业习惯。"差生"可能表现不差，家校合作、精准指导学生自主学习，促进同侪互助，分享学习成果，为学生成长赋能。

二、此次在线教学引发的思考

此次应急的、超大规模的在线学习，我们经受住了考验。学生对在线教学的适应性普遍高于教师，进一步催生面向未来教育的教师培训培养变革。

"今天的学校和课堂仍是工业化时代的产物"。我认为，信息技术本质上还没有融入课堂，仅仅是手段的信息化，展示方式、传播方式的生动化和形象化，教育本身并没有实质改变，本质上还是传统教学。需要我们深入发掘"互联网＋"时代教师成长的内在规律，线上学习活动设计、弹性教学策略、探究式学习等应对未来教育场景的创新教学方式，顺应互联网＋规律，培养新一代教师。

此次线上教学将成为促动课堂教学变革的"催化剂"。此次在线教学，既是全员性的"大培训"，也是"大实践"，是一次前所未有的集体尝试，随着互联网"原住民"教师越来越多，教师信息化教学能力、信息素养提升，将会推动"全员性"的课堂教学变革。更重要的是，此次线上教学实践积累的各种数据、实践中不断完善的方案、许多行之有效的经验，展现了现代教育治理所蕴含的巨大潜力。

"互联网＋"职业教育变革是时代的呼唤。"互联网＋"已经进入到我们生活的每个角落，职业教育如何尽快适应这种变化？借助互联网、拥抱数字经济。这次抗疫实践，体现了中国企业线下线上强大的整合能力和效率，海量需求得以在线满足，充分显示了数字经济强大的动员和管理能力，"互联网＋"的职业教育变革迫在眉睫，"融合"将摆在更为突出的位置，"互联网＋"全面渗透、融合和赋能，这是学校变革的决定性力量，实现"换道超车"关键变量。

三、如何把此次在线教学成果转化到"互联网＋职业教育变革"的追求中

面临"互联网＋职业教育变革"挑战，要有非常强烈的危机意识，可能过去所有的经验都不再有效，需要我们突破原有的思维方式，摆脱过往的经验，战胜自己，用更宽、

更多的视角去审视，革自己的命，但是必须这么做。只是理念的巨人，没有真实的行动，是可怕的。

混合式教学将会"常态化"应用。现在大家都在讨论，线上教学的种种不足，也有说要替代传统教学。我认为，两者都有偏颇。未来的趋势是加快"融合"，一定是线上线下相结合，是新一代信息技术与传统课堂教学深度融合，教师角色将会发生变化，而"面对面""育人"是不会变的，本次线上教学将驱动越来越多的教师参与变革，用持续的变革让自己不断成长。未来，教师不再是传统的知识传授，而是以典型工作任务作为教学内容的载体和训练素材，师生共同参与"资源"建设、"课程"建设。此次我们线上教学开设的"计算机常用软件工具"课程，有10位教师共同参与，不同专业、不同年级学生共同参与学习，每个学生自行设定学习目标，选择合适的深度和广度，自行制定学习策略。如何参与？如何完成？都给课程设计、教学实施和支持服务带来挑战。学生拥有较大的自主性，依据个人需求和爱好，根据自身需要进行选择性学习，从而为教学中的个性化应用的实现提供了可能。教师根据学生需要不断投放学习素材、学习资源，开放、多元、弹性、可选择，共享学习成果。当在线开放课程给了学生这样的机会，立即对他们产生了巨大的吸引力，对比之下自然会对当前学校的常规课程提出新的诉求，必然会给我们的教学带来新的挑战。

泛在学习将打破原有课堂边界、专业边界和学校边界。我们培养新商科、大旅游和创新创意复合型人才，绝不是过去商贸、旅游加"数字化"的简单组合，而是基于深度的"融合"，是以人工智能、大数据为代表的新一代信息技术与传统产业的融合创新，由原来知识技能的单项应用转向"复合化""数字化"，由学科本位、知识本位向育人本位、核心素养本位转变。学校正在打造"基于核心素养的综合实践课程"，需要我们推进泛在学习，把线上线下学习资源创新联系起来，促进资源的开放和共享，有社会实践、野外考察、企业实践，也有基于虚拟及增强现实技术（VR/AR）的课程学习，为学生提供了一个远比课堂环境更为丰富的真实学习情境，这一系列丰富而生动的跨学科学习场景，不仅可以降低管理成本，还可以提高管理服务效率，优化资源配置，有助于学生综合实践能力提升目标的达成。我们与第一教育、全国餐饮职业教育指导委员会推出"跟大师学做上海菜"系列课程反响很好，"篆刻""顾绣""装裱"即将上线。此次线上教育实践，将会大大加快推进线上线下相结合的职业教育培训，现在正在准备迎接4、5月份中小学生的线上职业体验，正在打造"视频制作"等20门线上体验课程，着力培育

"开放共享"新理念。

开展新型课堂教学探索，要为一线教师提供教学模式与技术支持。我们设计的"学评用一体化教学模式"是一个注重操作技能的课堂教学模型，力图使教学由"粗放"逐步转向"精准"，从关注技术转变到关注教学活动本身，把理念转化为可操作的课堂教学结构框架和活动程序。"学评用一体化教学模式"既是教学理念、教学策略、教学模式，也是教学的主要流程，是从"教师视角"出发，适合教师工作实际和表达习惯的教学模式。以学生为中心，以"学""评""用"重构教学活动，"学"是起点，"评"贯穿始终，"用"是核心，明确路径，可测量、可评价，三者构成相对独立又紧密联系的有机整体，联通课前、课中、课后，通过翻转课堂、团队合作学习、提升职业能力一体化思考，重视学习过程、思维品质和创造创新能力，有机融入文化育人元素，强调"自主学习、多元评价、学以致用"，促进学生智慧学习、智慧提升。根据职业教育特点，围绕"学习任务""项目学习"，聚焦教师课堂教学遇到的普遍问题，选择性截取一些获奖的优秀课堂教学案例中精彩、典型、有价值的教学片段，制作成微视频应用于教研活动，对特定的教学片段进行观摩研讨，解决实际问题，教师基于自身体验、感悟、反思、实践，内化为自己的教学风格、特点，塑造出更多的"金课""好课"。

利用教学生成的数据做好数据分析、利用。"评"是"学评用一体化教学模式"的最大创新点，通过"提问设计→数据分析→新的教学决策"课堂运作流程，用"数据"了解学生的潜能与优势，以创造更高效能的智慧教学。依托平台和工具，为教师课堂教学决策提供充分有效的数据和依据，即时诊断、反馈、补救，促进教学效率和质量的提高。探索数据挖掘，通过构建学科质量分析模型，从教学、检测、分析和改进四个方面开展以"数据"为基础的课堂教学变革，包括试卷分析、学生学情分析、命题内容结构分析和各试题的技术指标情况等，完善终结性评价手段，为教师课堂教学决策、学校教学管理提供充分有效的数据和依据，解决教学诊断与改进中隐藏的问题。

互联网＋职业教育变革，需要学校根本转型，需要不断试错、纠正、迭代，用不断的自我批判驱动成长，需要从知识技能、信息系统、组织平台、沟通系统、对学校整体发展上的认识，从根本上把整个学校治理能力提上来、转过来，这是催生学校变革的重要力量，是现代学校治理必须跨过的一个重要桥梁。

06 指向单元教学设计，推动课堂教学改革

　　我们今年再次组织教师教学能力评估活动，是基于教师课堂教学能力提升，推动课堂教学改革，有针对性地对教师进行反思性指导，挖掘典型的、优秀的课堂教学案例，并在学校内部形成可复制、可推广的经验，从而有效、全面提高教师育人境界和专业素养，提升课堂教学质量，完善教、研、评、修一体化教师发展机制。本次活动借鉴"2019年全国职业院校技能大赛教学能力比赛方案"，课程中不少于6—8学时连续、完整的教学内容，以一个完整"单元"为整体进行一种系统化、科学化的教学设计，要求"教案完整、规范、简明、真实"，阐述教学设计与实施的见解与特色。为什么要强调一个完整"单元"？就是希望教师增强课程意识，提升专业素养，有自己的教学主张。我们讲的"单元"，是指"同一主题下相对独立且自成系统的内容整体"。从整个单元教学设计看课堂教学设计，是整体视域下看局部，是先见"森林"，再看"树木"，有利于确定"树木"在"森林"中的位置，使课堂教学设计更有整体性、针对性，着利于提高学科核心素养。尽管我们的教学是由一堂一堂课组成的，但不能简单地割裂为一堂一堂的课，更不能把课堂教学等同于一堂一堂的课。希望以"单元"为单位，以相关主题和典型工作任务为主线将课程串联起来，成为一组有相互关联、先后有序的教学内容组合，具有一定的独立性；有关内容组成符合知识、技能发展的逻辑顺序和学生的认知规律，有明显的结构化，凸显教学过程的整体性、递进性、关联性。希望教师把一堂一堂课串联成为一个整体，串联成为课堂教学所意欲达到的对学科知识、技能和方法的掌握，从教学走向育人，这是一个需要我们努力去突破的问题。

　　单元教学设计一般需要把握以下这些基本环节。（1）整体把握教学任务。按课

程标准和教学基本要求，把握本"单元"在课程、教材整体中的地位和作用；整体规划单元中各课时教学设计，针对单元特点的不同内容，有的侧重于过程与方法或者学生学习兴趣的激发，有的课时教学设计注重于学生学习方式的改变等；还要考虑各课时教学设计之间的递进及关联；做好教学对象分析，紧扣本专业人才培养方案和职业岗位能力要求，了解他们的认知基础与技能，注重课堂教学与人才培养目标相匹配。（2）确立单元教学目标。整体理解课程目标，表述明确、相互关联、重点突出、可评可测；明确单元教学课时及具体安排，准确把握每课时教学目标的作用，理解多个层次目标的转换，合理分配，注重目标与具体内容的关联，有利于既见"树木"又在"森林"；每一堂课都应该根据职业岗位能力需求，确定明确、具体、可检验的教学目标，达到何种程度，都要清楚明白地列举出来，以其为中心，通过何种有效的方法，促使和指导学生进行训练以实现既定目标；合理增加德育、职业操守或安全操作等方面的目标，强调培养学生学习习惯、职业素养，文化育人。（3）预判教学重点难点。单元教学重点是教师分析单元教材内容内在联系的基础上确定的，它既体现本单元内容在教材中的重要地位，又能反映单元教学目标价值的教学任务；同时，根据教材特点和学生特征之间的联系，依据学生整体与个体情况学习数据反映，为单元教学确立重点和难点提供思考依据，准确预判教学重点难点及其掌握可能；由于学生间存在差异，在单元教学设计时，可不单列"教学难点"，而仅指出教学难度大的教材内容，教师可针对具体学情来确定教学难点及其解决方法。（4）注重教学活动设计。教学活动设计是关键，可有效支撑教学目标实现，教学活动设计要"科学严谨、容量适度，安排合理、衔接有序、结构清晰"；针对不同生源特点、教学内容特点，以典型工作任务作为教学内容的载体和训练素材，使教学内容贴近职业岗位实际，教、学、做合一，激发学生的学习兴趣和内在动力；以学生为主线，去设计问题并形成问题链，注重跨专业的综合学习，利用虚拟现实技术具有交互性、沉浸性，可复制、可验证等优势，让学生在对问题的追寻中找到知识之间的纵横联系，实现"教学过程系统优化，流程环节构思得当，技术应用预想合理，方法手段设计恰当"；注重养成"习惯"，关注"科学精神""审美情趣"，更好地体现科学性、技术性、艺术性、人文性统一，使课的设计站位更高，培养能够适应终身发展的职业素养。实训教学还需教师规范操作与有效示范。（5）实现作业形式多样。针对各"单元"学习内容，教材已配置必要的练习题，提供学生自主作业；教师要根据本专业学生特点，单元作业与核心素养相沟通，改善基础性作业，加强实践性作业，重视开放性作业,开发质疑性作业等,提高作业品质,体现减负增效;作业的形式多种多样,可以是视频、音频、文字,将自己最满意的作业提交到平台;学生可以相互学习同伴的作业并给予评价,教师在课堂上播放优秀的学生作品,起到了激励和示范作用。(6)探索多元考核评价。重视课堂教学考核评价方案的设计,关注教与学全过程信息采集,包括学习态度、主动参与、职业规范、合作互助等,针对目标要求开展考核与评价,使其成为规范、鞭策、激励学生的职业技能训练和素质养成,激发学生学习兴趣和成就感的重要"杠杆";方式包括口头的、书面的、活动的等多种方式;一个单元希望有一个综合性实践活动,进行综合性考核评价,提倡教师评价、学生自我评价,以及学生间相互评价相结合,形成性评价和终结性评价有机结合。(7)教学资源应用。通过智慧教学系统等信息技术工具,获取精准的数据进行分析,及时、客观、全面、持续地跟踪学生的学习状态,有效诊断学生课前课后学习的频度和效度,对课中所学真实的掌握程度,记录学习轨迹,为教师备课、课堂调整教学策略、针对性地指导学生提供科学依据,提升教学诊断、评价、补救的有效性;利用智慧教室等特色教学场馆,创设人人皆学、处处能学、时时可学的学习环境,体现丰富性和有效性,有效地支持教学模式创新和学习组织形式创新。

我们指向学科单元教学设计,整体把握教学任务是起点,确立单元教学目标是核心,预判教学重点难点是价值所在,注重教学活动设计是关键;将作业改革、多元学习评价融入教学活动之中,充分利用各类教学资源支持教学活动,形成信息技术与课堂教学深度融合的实践"新常态",完善"学评用一体化教学模式"。希望我们这一实践活动,按照课程标准来设计,按照课程目标来实施,以单元为单位精心设计教学活动,最大限度地激活学生智慧、思维和潜能,这时把一堂堂课串成"课程"就是水到渠成的事了。我们开展这次活动,不是要看教师讲得有多精彩,而是要看课堂转型、学习方式转换、学生培养流程再造、智慧生成,如何由教会学生"答"到教会学生学会"学"、学会"问"。希望产生智慧传递,提高教师对教学规律性把握、创造性驾驭和灵活机智应对的综合能力,理解真正的"课程实施",提升学生学科核心素养,更有效地实施"课程思政"、推进"三全育人"。教育部《关于职业院校专业人才培养方案制订与实施工作的指导意见》(教职成〔2019〕13 号)指出,要:"准确把握课程教学要求,规范编写、严格执行教案,做好课程总体设计,按程序选用教材,合理运用各类教学资源,做好教学组织实施。""普及项目教学、案例教学、情境教学、模块化教学等教学方式,广泛运用启发式、探究式、讨论式、参与式等教学方法，推广翻转课堂、混合式教学、理实一体教学等新型教学模式，推动课堂教学革命。加强课堂教学管理，规范教学秩序，打造优质课堂。"

"结合不同专业人才培养特点和专业能力素质要求，梳理每一门课程蕴含的思想政治教育元素，发挥专业课程承载的思想政治教育功能，推动专业课教学与思想政治理论课教学紧密结合、同向同行。"

07 走出过度辩护效应，
永葆学校内部活力

　　商贸旅游学校尽管在一段时间内，我们拥有领先的"成绩"，但市场变幻莫测，任何看似一个偶发事件，犹如"蝴蝶效应"，都会导致丧失竞争优势，不能为了眼前的各种利益诱惑而忽视、放弃学校发展的未来愿景。应该看到，上海中等职业教育面临着日益严重的"生源危机"和"质量危机"，在高职扩招政策背景之下，我们如何生存？学校如何能够跟上环境、政策的变化？让我们的教师及其团队更具有创造性，感受工作的价值和意义，是组织驾驭不确定性的根本解决之道。《周易》上说："君子安而不忘危，存而不忘亡，治而不忘乱，是以身安而国家可保也。"孟子也说："君子有终身之忧，无一朝之患也。"生于忧患，死于安乐。这些都是凝结人类政治智慧的至理名言。事物发展是一个从量变到质变的过程，事业兴衰也有一个漫长而不易觉察的转换阶段。我们现在有部分干部、党员和教师，虽然能力强，但已失去拼劲，得过且过，遇到有困难的工作就开始挑三拣四，逐步成为了"老油条"。过去他们也曾经迫切地想抓住每一次机会，做好每一个项目，出色完成每一个任务，现在既无动力、也无学习力、更无耐力。学校变革挑战着我们的核心价值观，有的人就会感到不习惯、不理解，甚至有失衡感，感到落伍的威胁，产生感情震荡、抵触情绪。大多数人初入学校的时候，也是想拼想干，给学校带来了一股股新鲜血液。没出几年，那朝气蓬勃的劲就消失得无影无踪，一面指责学校环境氛围对他们不友好，一面有工作能拖就拖，有问题能逃避就逃避，也许他们想过继续拼搏，但因为动力不够、耐力不够，迟迟无法前行。

　　人的行为通常由两种动机构成，分别是内在动机和外在动机。内在动机是出于自己的意愿、乐趣，外在动机是外界的惩罚、奖励。无论内在动机还是外在动机，都能激励人做出某种行为。现在学校存在着"过度辩护效应"，过度强调外在动机。客观地讲，现在激发外在动机、成就感的手段不多，我们确实需要继续努力。不要过分的"精细化管理"，要给教师以体面和温暖，感受家庭的温暖。但我认为，走出过度辩护效应，才能使学校永葆内部动机，内部动机才是一个人充满活力、激发动力、形成耐力，持续奋斗的关键。应当保持过去几年的那么一股劲、那么一股热情、那么一种拼命精神。坚守初心、牢记使命，有意识地保持广大教职工奋斗的习惯，关键是在激发教师内在需要、内在动机上提供更多平台，让教师有更多展示自身价值的机会、出彩的机会、让大家认可的机会，追求我们的梦想。逐步形成以创新为导向的激励机制和自下而上的内部创业精神，让大家看到新的"竞争优势"对个人和学校的积极影响，逐步使学校与个人发展目标趋同，形成良好内部生态环境。黑格尔说"心无旁骛，专心于职业的追求，就会忘掉很多烦恼，找到许多努力过程中的快乐，默默耕耘的人其实是最智慧的人"。我们要始终保持思想上的清醒，保持时不我待的紧迫感、舍我其谁的责任感，保持开拓进取、奋发有为的精神状态。做职业学校就是这样，没能力的人做不了事，没耐力的人成不了事，耐力比能力更重要，拼到终点的人，才会是最后的赢家。共产党员这个称号，既表明一种身份、一种荣誉，也意味着一份沉甸甸的责任。作为党的一分子，必须以务实的作风、扎实的工作、坚实的努力，为学校的可持续发展不断作出应有的贡献。

08 学习工匠精神，追求教育梦想

时间过得很快，我和张平共同主持的工作室三年的学习即将结束了。学员们学习的体会、实践的体验、研究的成果即将结集《工匠梦——职业教育名师工作室学员成长足迹》由华师大出版社出版，可喜可贺。《工匠梦——职业教育名师工作室学员成长足迹》分"起航篇"、"学习总结篇"、"课堂实践篇"和"理论研究篇"四大板块，全面展示职业教育名师工作室学员们的学习、工作和研究的状况；我看到了学员们向书本学习、向专家学习，不断更新知识内涵、拓展知识领域、理论联系实际、不断提高自身素养的思考和做法；我看到了学员们从实践层面上努力进行教学行为的变革，在自身经验和专业背景下，自我导向、自我驱动，在日常的专业实践中学习、探究，形成自己的实践智慧；我看到了学员们通过对教育教学行为的观察、内省、反思，以"思考"的目光审视职业教育，以"反思"的胸襟走进课堂，努力成为"研究者"；我看到了学员们身上的"工匠精神"和努力实现梦想的追求，名师工作室为教师的成长和发展创造了一个非常良好的平台，激发了学员们的内在需要，促进了主动参与和自主发展，最重要的是促进了反思与合作。本书是在大力发展职业教育背景下，积极推动学校内涵发展，促进教师专业发展的一个新起点，通过扎实创造"典型"、认真执行"典型"、不断优化"典型"，引导教师不断发展与创新，也将为职业学校教师培养培训发挥积极的示范和借鉴作用，引领校本教研和科研兴校向纵深方向发展。

本书的主题是：工匠梦。李克强总理在 2016 年的政府工作报告中强调"培育精益求精的工匠精神"。那么，教师的"工匠精神"是什么呢？我认为，教师是一个特殊的职业，不是一个简单的赚钱养家的职业，不应是"教书匠"。我们要做"名师"就要树立一种对工作执着、对教书育人精益求精、精雕细琢的精神，做"名师"应该具备的基本特质包括精益求精、严谨、一丝不苟、耐心、专注、坚持、专业、敬业等。我们要不忘初心，有做"名师"的内在需要，脚踏实地、锐意进取、努力学习、敢于挑战，不断超越自我。我从名师工作室学员们身上看到了精益求精、团结协作、群体奋斗，这个教师群体向我们展示的就是最具代表性的"工匠精神"，大家为了学校的"梦"、自己的"梦"，任劳任怨、尽心尽责，虽然有时也会有迷惘和抱怨，但他们对"梦"一直努力追随，脚步没有停留，期望没有停留，追求没有停留，奋斗着、前进着，回头看看，"梦"在现实中实现了，梦想照射在我们的现实中，它把我们带向了新的高度。我认为，倡导"工匠精神"、工匠文化固然重要，但让认真做事的教师能够得到足够激励和尊重的制度设计与落实更关键，我们通过提炼、总结其中的经验，力图推动学校的新工匠制度、工匠文化与习惯落地，把"工匠精神"真正细化为可测量的重要维度，把"工匠精神"作为重要的文化纳入学校成长基因，渗透到全体教职员工和管理者的心灵深处，学校才会有真正的生命力。

同时，我们要有做一个"无名英雄"的思想，学校的发展不仅需要"名师""英雄"，也离不开脚踏实地、尽职尽责在自己的岗位上做好每一项工作的普通教师，正是众多的"无名英雄"保证了"英雄"有了用武之地，正是"英雄"及"无名英雄"组成的团队，推动了学校"示范校"建设等重大项目的实施，推动了学校的内涵发展，推动了现代学校制度建设和学校治理，加快了学校的新陈代谢。当今社会的浮躁和急功近利不同程度地反映在我们教师身上，有的人总是想着走捷径、钻空子、占便宜，而不愿脚踏实地地按程序去做，丧失了更多自我发展的可能，曾经有过远大的志向，却始终无法实现，最后只剩下牢骚和抱怨。是金子总会发光的，特别是在湍急的河流中，高速发展的学校为教师提供了比前辈更多的机会，我们的年轻教师，不要把学习停留在口头上，要真正用心地去学习，要通过自己的奋斗来改变自己，享受奋斗的人生，迅速地成长起来。只有在勇于承担责任、坚持虚心学习、脚踏实地的工作中才能不断提升自己的价值。务实是成为"英雄"、成就事业、实现梦想的关键因素，没有务实何谈敬业，自以为是、自我欣赏是我们的敌人。过去的"英雄"不能靠过去的成绩、躺在过去的功劳薄上，昨天的成功经验可能成为今天失败的理由，要想永葆英雄本色，只有不断学习、不断充电、戒骄戒躁、跟上时代的步伐，不断超越自我，做出更大的贡献。

祝愿名师工作室的学员们，在崇明职业教育这个"梦工厂"里，走高、走好、走远，在学校发展的同时逐步形成个人教育品牌，使教育更具有情怀和人性化。天道酬勤，一分耕耘，一分收获。

09　做一名具有匠心匠艺的"四有"好老师

搭建平台,汇聚智慧。几年前,学校成立了"黄菊芳班主任工作室",力图通过这一平台,打造班主任专业发展带头人、形成优秀班主任群体的孵化培育机制,加速青年班主任成长。几年来,在黄菊芳老师的主持下,在各方专家指导下,"黄菊芳班主任工作室"为班主任共同讨论工作中的困惑、共同倾诉工作中的困扰提供了空间,成为班主任的情感交流站和工作加油站;同时,围绕班主任面临的个性和共性问题开展独立研究和合作研究,成为班主任相互学习、相互启发、取长补短、共同进步的平台,成为班主任校本培训、形成优秀班主任群体、汇聚优秀班主任智慧的重要载体,促进班主任队伍规范、专业和个性的成长,使广大班主任教师在岗位上更有幸福感、成就感和荣誉感,变"要我干"到"我要干"。"黄菊芳班主任工作室"发挥了引领、示范、辐射和孵化功能,提升了班主任工作专业化水平及班级综合管理能力,学校形成一支师德高尚、热爱学生、心理健康、业务精湛的优秀班主任队伍,为落实立德树人根本任务、培养德智体美全面发展的社会主义建设者和接班人提供强有力的人才支撑。

争做有理想信念、有道德情操、有扎实知识、有仁爱之心的好老师。"四有"标准既是合格与不合格、称职与不称职的标准,也是对优秀教师的标准,既是道德期待也是职业要求,我们每个教师都要按照"四有"标准去做。当人工智能时代到来,当人机互动成为主流,当一切都变得简易,当一切都变得可替代,学校还需要老师吗?这些年轻的心灵,还需要我们吗?怀揣着当初的梦想,看着这些年轻的目光充满了期待,充满了渴望,不用犹疑,不要忘记自己的初心和使命,那就是教书育人。虽然累了,倦了,但仍需面带微笑。要成为一名优秀教师必须不断学习,掌握现代教育理论和技术,改进教育方式方法,不断探索和把握好教育的分寸,将自己的学识和德性恰当地传达给学生,时时处处都能亲力亲为地做德智齐润的示范和榜样。做好老师，其实是做更好的自己，打造一支"四有"好老师队伍是学校的重要任务。

德聚匠心，共同成长。教育作为一门艺术，需要每一位教师具有严谨细致的工作态度和精益求精的职业精神，需要有扎实的专业知识和职业能力，才能成为一个有匠艺、怀匠心的"教书匠"。沙盘游戏是目前国际上非常实用且流行的心理健康教育和心身治疗技术，强调"四不，二重"原则，沙盘游戏不仅具有心理学意义上的治疗作用，它还可以作为一种工具、一门技术，作为心理健康教育的方式。"黄菊芳班主任工作室"在黄老师主持、袁胜芳老师指导下，以课题"沙盘游戏在中职班主任工作中的运用"为抓手，围绕研究任务与内容，组织并带领成员深入学习沙盘理论，开展个体沙盘和团体沙盘的体验学习培训，对疑难案例进行反复讨论、研究等，指导师生总结和反思，形成《漫步在心灵花园里——沙盘陪伴我们成长》这一专著，以及相应课程和资源包等物化成果，并在这个过程中逐渐形成工作室的特色与风格。同时，加强经验总结和成果转化，组织全校、市级层面及跨区域的交流活动，通过成果发布、经验交流、主题活动、微信等媒介，多渠道、多形式宣传推广工作室的经验和成果。工作室成员从探讨"匠心"延伸到探寻"匠艺"，通过不同专业背景教师、不同案例的演绎，学会关爱陪伴、倾听孩子的声音，学会耐心等待、欣赏学生，教会学生如何做更好的自己，有知识，也有责任……促进师生共同成长，将"沙盘游戏"的方法论提升到新的学术高度，最终在理性层面达成共识。

教育是人类的一种智慧，教育是一种力量、一种能力，我们在坚守"工匠精神"的同时要拥抱变化，让匠心打破传统和创新的边界，才能不断提升育德意识和育德能力，在时光的长流里不断提升"匠艺"，实现"立德树人"的目标。衷心祝愿"黄菊芳班主任工作室"越办越好，让所有的参与者朝着最美的学校图景迈进。

10 停课不停教、停课不停学

    为防止新冠肺炎疫情向学校蔓延，上海市教委宣布 2020 年春季学期延期开学，3月 2 日起，学生不到校，开展在线教育。"停课不停学"作为最近的热词，作为特殊时期的特殊办法，我们如何全力迎接挑战，尽可能利用互联网和信息化教育资源为居家学生提供学习支持，这是一次全市、也是我们学校的一次有益尝试，这项抗"疫"期间的应急措施，对保障学校安全和教学秩序具有重要意义。对老师来讲，不见面而"不停学"，这是个新鲜事物，会给我们带来一些新的困惑，新的挑战，但也是一个边学边干、边教边研的教师专业发展新机遇、新路径，促进教师合作"共同体"、新的教学团队的形成，促进虚拟课堂互动交融、学生自主学习，完善"学评用一体化教学模式"，探索"从学会到会学"的过程与规律，把学习过程还给学生。这次教务处组织了全员培训，了解了设备的使用、硬件环境的调试、直播授课、虚拟班级建立等。我们既不能敷衍了事走过场，也不要过分焦虑，关键是与自己作斗争、与手机作斗争、与习惯作斗争，斗争是为了"停课不停教、停课不停学"，为 3 月 2 日全校线上学习的准时开播。从长远看，则是为了师生信息素养普遍提升，适应未来学习，5G 技术发展以后，在线教育必然常态化，可以更快适应新的学习方式、混合式学习方式。毕竟是个新事物，在线上，如何更好地发挥学生主动性、自主学习，教师如何精准教学，提升教学的有效性？教务处、教育发展处要组织力量完善"学评用一体化教学模式"，一周内编写出《师生线上学习手册》，为精准教学、因材施教提供指引。请教研组长落实网上集体教研及具体安排，教务处做好督促检查，做好协调、服务工作。听取组长意见，制定教学闭环管理措施，提供基于"学评用"的教研指导服务。从各班学生的具体情况来看，学生的智能终端、宽带网络应该问题不大，除了一个未返沪的学生无法到位，保持联络、保证落实。感谢各位班主任、招生就业办的各位班主任，包括学校的行政部门做了大量的工作。

公共基础课，按照"同一学段、同一课表、同一授课老师"的原则，市教研室组织全市优秀骨干教师录制了相关课程，我校语文、数学、外语三个学科都有教师参与，7位骨干教师分别担任了审核、录制工作，完成了20课时的教学资源录制，非常辛苦，向老师们致敬、感谢。3月2日开始的网上教学，市教研室已经为大家提供了电子版教材，已经提供了下载方式。纸质教材，如何领取、是否领取，按照市教委有关要求、按照市教研室统一部署进行。中本贯通酒店管理专业三年级，考虑转段需要，可适度增加语文、数学、外语课时数。今天会议，主要是针对各专业的核心课程、拓展课程。从教务处现有方案来看，3月，拟开设在线课程43门，近800个课时。最近，学习强国、各地教育部门、劳动培训部门、专业出版社，包括行业协会、高校、线上教育企业等，都拿出了大量免费可供下载学习的线上学习资源，有的课程资源很新很好，真的是精品课程，真的是一次难得的学习机遇。从现在的情况看，各专业收集的资源、课程参差不齐，实际是教师发动、教学研究、教学团队的差距。今天会议后，请各位组长回去发动全体教师，尤其是多搜集一点专业边缘、交叉的新课程，把握线上经济细分领域带来的新契机，有利于专业转型发展，建立起与本专业、学科、教材体系对应的课程资源库，集成专业综合实践课程群。加强教学闭环管理、教学研究，覆盖课前、课中、课后，教师怎么讲、怎么问、作业怎么设计、如何反馈补救，学习材料、微视频、学习任务单，覆盖学生预习、自主学习、测验评价和小组学习等环节，覆盖教学的全过程。线上教学要按照《师生线上学习手册》实施与管理，重点做好仿真线下答疑环节，有统一的时间，教师可以运用微信、腾讯、钉钉等互动平台将PPT、语音、视频分享到班级群中，利用学校的易乐学习社区、互动教学平台同步到学生作业中，学生可以根据自身的学习时间、学习重点，反复自主学习，确保学习效果。

现有条件下，我不建议面上教师做直播，自己录课程。重点是：利用现有线上教学资源进行整合，改变教学方式，把录播和教师直播答疑、线上指导有机结合，促成新的学习、办公习惯的养成。录播课按20分钟录制，不超过30分钟；提供优质视频资源，精心设计PPT，文字不要太多、注意背景色彩与颜色搭配、不要过于花哨；技能课最好有教师的演示；要覆盖课前，有预习布置、资源推送、预习检查。难点是：根据课程资源、混合式学习的特点，对课进行新的设计，课要设计得大一点，多元师资的参与，学科知识交叉，尤其是对问题的设计，要体现思维的高阶性；加强作业研究，从作业形态、内容、难度、评价到考核，这是保证线上学习质量的关键所在；要体现时代性、前沿性，学习结果的探究性和个性化，与学生生活、生产实践建立关联，教会学生观察现象，分析原理，能迁移运用，提升学生学习的成就感。要体现学生的小组合作学习，组建围绕任务完成的虚拟学习小组，利用各种信息工具，组织线上学习讨论，根据反馈及时补救，教师及时做好课程迭代。"学评用一体化教学模式"非常重要的就是对数据的管理，将课前预习、听课、互动、作业反馈、辅导答疑等一整套流程搬到线上，要精准反馈、及时补救，这一环节对学习效果保障就显得尤为重要。建议学生在每周五规定时间内在线完成本周作业，教师在线批阅，周日将成绩报告单发给家长，让家长一同监督学生线上、线下学习情况。做好家校合作很重要，家长的正面影响力很重要，上周五我们专门开了班主任会议，希望班主任能够发挥与家长沟通的桥梁作用，任课老师的作用毕竟有限。教育是什么？叶圣陶先生说，教育就是习惯的养成。让我们借这一次机会，真正发挥信息技术的价值，遵循教育规律，因家而异、因人而异去改善家庭教育方式和孩子的学习方法，给家庭带来更多的亲子和谐！虽然家家都有本难念的经，家家都有个头疼的娃！

这次疫情，各种互联网应用一定不会是应急和昙花一现，这些应用是发展进程中一次重要的催化和促进过程，腾讯、钉钉等都已深入其中，以互联网为媒介，构建智慧空中课堂，一定会成为教学的新常态。"创新因时而变，创意应需而生"，我们要不断完善"学评用一体化教学模式"，确立要以教师为主导，注重发挥学生在学习过程中的主动性、积极性与创造性。教务处、教育发展处要及时总结经验，介绍、推广优秀教师的做法，培养出一批线上"教学名师"。当然，我们这次"停课不停学"，目的是让学生居家隔离时学习"不断线"，应该根据专业实际、学生实际和教学资源的实际，分类施策、设计合理的课程。因此，在课程数量上要摒弃形式主义和层层加码的思维，关键是在学习方式上有突破，抓细、抓实、抓成效，在现有方案的基础上，根据今天的会议精神上做好"加减法"，科学安排课程课时，合理选择教学资源，突破时空限制，实现高效管理。教务处要始终抓住"学生在家学"，围绕"预习导学、自主学习、作业辅导、自主交流"，实现课前、课中、课后教学场景闭环、数据融合，实现精准教、个性学、高效管。在校区、专业层面上，要加强线上沟通，做到互通有无。两个校区，要重点协调好现代音乐、商务英语两个专业的开学事项及线上教学工作，充分考虑其特殊性，还要考虑有关师生的返沪隔离工作。招生就业办，要根据教育部停止实习的有关要求，与教务处、有关专业组协商,根据绝大多数学生升学的实际需要,重新制定三年级学生在线教学安排,以综合素质评价、实训实习要求为抓手,利用线上教学资源,考虑学生基础文化、专业能力和综合素质等,增加相关课程。面上的课程安排要增加视力保健操、居家体育锻炼等项目,注重疫情防护知识普及,增强生命安全教育,守护好学生的体魄与灵魂。要加强对防疫阻击战一线人员子女和外来农民工子女返沪情况的了解和关爱……不能敷衍了事走过场。

第六章

从管理到赋能：
激发团队创新活力

　　变革是需要激情的,传递激情是校长的重要职责。用美好的眼光、专业的态度、微笑的方式来处理矛盾,为学校团队的每个人赋能,是学校管理的中心议题。以合理的价值管理来撬动团队创造更大的价值,激发"英雄辈出"的学校发展格局,是"美好教育"的常态运作。

01 践行初心使命,涵养胆识功力

打造"匠心学校",办学生喜欢的现代化、精致化学校,需要有战略思维。为什么战略思维这么重要? 因为战略决定成败。校长的战略思维能力是科学分析和判断形势的思维支点,更是正确把握安危、利害诸因素条件变化的重要逻辑起点。我们现在往往都在应付领导发下来的各种"活",有多少时间真正静下心思来思考? 我真希望每个月有一、两天不为领导打工,为自己打工,为自己想做的事打工。作为校长要有一种定力,就是要思考,我为什么要做这件事? 这个定力来自于哪里,实际上是对每个专业发展未来趋势的一种判断。制定战略是职业学校校长的核心工作,针对上海职业教育同质化办学现状,与人民群众对更好的教育期盼,我们提出小型化、差异化、精致化、国际化、时尚化的办学选择,借力借势,"好风凭借力,送我上青天",产生较大的"价值放大效应",成为上海职教改革的一张名片。上海中职招生这几年处于低潮,大家往往会错误地以为是教职工不够努力,把社会问题与教育问题、管理问题相混淆,使劲在绩效考核、绩效工资及其他管理上下功夫,但是这些措施根本不是关键。关键是要认清大势、找准风口,"台风来了,连猪都会飞"。学校专业建设需要校长贡献的是智慧,而不仅仅是身先士卒、用"死力"。

校长不能把太多时间埋没在具体事务堆,更多的是要抓"氛围"形成"势",为学校发展指明方向,规划未来。人工智能等新技术在不断改变着人们生活方式的同时,已经成为新经济形态的重要力量,如何面向人工智能、大数据、云计算、物联网、智慧城市等领域,主动对接上海产业地图、产业发展战略,对接数字化转型,优化调整专业布局,打造"区域有需求、行业有地位、国内有影响"的专业,增强对上海城市发展的支持力和贡献度。如何抓住历史机遇,积极拓展培训功能,把职业培训与学历教育共同打造成学校办学的"一体两翼"，实现学历教育和职业培训并举并重？如何用终身教育理念办职业学校，有力地服务于社区居民和周边中小学生，为满足人民群众对美好生活的向往贡献力量，形成现代职业教育的鲜明特征？"想"，有很多种表现方式，可以是闭门思考、可以去企业调研、也可去外地取经、参加各种论坛、研讨……总之，不管是哪种方式，这样做的目的只有一个，那就是寻找更多的思考维度，更多的思考参数，以期望得出正确的结论，从而做出科学的决策。

思维能力决定校长职业修养的高低，影响着工作水平和效率，也关系着其生活质量，思维能力强的懂得工作合理安排、简捷运行，懂得知足常乐、保持情趣。有的干部思维力不足，造成想不明白、说不清楚，如何提升思维力，掌握"系统思维"，透过系统"框架"（系统元素的构成规律）来认识规律。我认为，校长要会自己写，职业教育的创造性、多元性、繁重性等特点，要求我们不断学习，增强脚力、眼力的同时还要增强脑力、笔力。平时做一些笔记，养成自觉思考、感悟的良好习惯，遇人多观察、遇事多动脑，干中多总结、事毕多感悟，可以提升工作智慧，"学、思、行、著"是专业成长的必由之路。当达到一定积累时，专业境界才会提升，形成自己独到的见解，逐步走向卓越。当然，做校长更应该有很好的演讲能力，用自己的表达方式、"气场"，来体现你的传播力、影响力、引导力。这是看不见摸不着的，却真实存在的，是"人格魅力＋气质"体现出的氛围。

校长是学校发展的主心骨，讲话要有底气、有自信，讲了大家才会听，会照着去做，影响带动周围人的情绪。校长的气场强度不但对自己，对学校都是至关重要的，是一种无形的精神符号。校长的领导能力、智慧眼光和远见卓识，敢于创新，对新事物、新环境、新技术、新观念有敏锐的感受力，敢于承担风险、勇于承担责任，潜移默化地影响教师的行为活动、道德规范和人格建构，"气场"、修养也影响着外界对学校的认识。校长要善于"小题大做"，具备较强的教育科研能力，这对校长的"智慧"要求非常之高，也反映校长对职业教育改革的深刻理解、思考和研究，需要以知识、能力和素养作为背景来支撑。校长的幽默感也很重要，幽默使人感到亲切，使工作气氛变得轻松。特别在一些令人尴尬的场合，利用幽默批评教师，这样可以避免使大家感到过分难堪。最重要的，校长要有战略定力和耐心，养成静下心来想问题、扑下身子干实事的良好习惯，不要为一时波动变化所惑，不要为一时杂音噪音所困，推动学校走向更高境界。

校长更要以淡泊之心对待"名"，把它摆在合适的位置，慎重对待这个问题，不断增强对事业的责任心和使命感，保持自信的心态，加快推进学校治理体系和治理能力现代化。依法治校需要不断完善学校各项基础性制度，制度的"废改立"关键是行得通、真管用、有效率。不要完全照搬照抄所谓的"先进做法"，要结合学校自身实际情况，既要积极、还要稳妥推动改革。不仅要做控制者、平衡者，有时也要做平衡的破坏者。相对的不平衡是为了寻求更大的平衡与发展，所以相对的不平衡＝相对的平衡，它会给人危机意识，产生压力，正是这些压力的存在，才不敢有懈怠，进而推进自我职业生涯的发展与个人能力的提升。只要有学校存在，就会有问题，没有问题的学校是不存在的。如果为了保持绝对的平衡而平衡，反而很难平衡。如果学校内部教职工之间互不侵犯，一团和气，这是一种"和乐"假象，绝对要不得。坚持底线思维，用"增量"带动"存量"，用"改革""创新"的增量来促进发展、提高，形成新的稳定、新的平衡，促进专业、教师转型发展。

　　思考是一种务虚的工作方式，承受的是精神压力，要努力建立有效的个人工作方法论。要钻研当校长的学问，作为极为复杂、融综合性与专业性为一体的工作，需要年轻干部下功夫琢磨、思考和研究。有的同志干得多、想得少，对带规律性的东西认识不到位，整天十分忙碌，不会"弹钢琴"。很多人羡慕我做校长：每天神龙见首不见尾，也不知道他在忙啥，一会儿到企业转转看看，一会儿参加论坛，一会儿各地考察、交流，好爽。其实，他们哪里知道在职业教育百年大变革之际上海职业学校的校长之苦，"无米之炊"给你极大的精神压力，有的时候真是压得人食不甘味、夜不能寐。因为，教职工对你做任何事只有一个要求，就是成功，不许失败。同时，大家还觉得你是无敌的，你是全能的，大家都不会的事，你得会，大家在喊苦喊累的时候，你不能喊，大家都可以逃避责任的时候，你不能逃避。所以，我在很多场合都会说一句话，那就是，自己卸任的时候，能让我回得了学校，让人少骂两句，那就算成功了！

　　当前尤其需要警惕和反对的，就是空喊口号、缺乏实干，搞形式主义、做表面文章。这几年，商贸旅游学校专业转型就设计的目标而言，依旧乏善可陈，专业之间还没有握指攥拳，它的后遗症以后会逐渐显现。希望我们的学科带头人，全体老师们，看一看英国物理学家霍金在 2010 年的新作《大设计》：从金鱼的角度看宇宙。从中我们可以领会到，每个学科都是不同鱼缸里的金鱼，既有视角的独特性，也有视角的局限性，要想客观地理解世界，就得走出各自的鱼缸，加快推进专业群建设，加快学科、专业间的跨界融合。好的理念和设想，都要在具象层面落实转化，不然就是空谈、空转甚至空耗。

在亟须争分夺秒打开新局面，乃至创造"逆势飞扬"新奇迹的今天，浪费不起这样的时间，也付不起这样的代价。我的脾气、个性是非常鲜明，有时可能让人下不了台，在即将画句号时给大家说句抱歉，希望你们能谅解。做校长如果不愿意做"坏人"，不对中青年教师高标准严要求、逼迫他们去超越自己，培养一批"小绵羊""老油条"对事业不利，对教师成长本身也不利，当时可能很痛苦，现在回过头来还是很有幸福感、获得感。

我要感谢所有的那些诚挚的批评者，是他们的声音让我至始至终保持住清醒，不敢有丝毫的率性。心态非常重要，有什么样的心态，就有什么样的工作状态，我感恩组织给我这个舞台，感恩商贸旅游这个平台使我走向成熟，如果离开了这个平台我什么都不是。工作与生活的双重压力、理想与现实的激烈碰撞，可能对我们的心态会产生各种影响，要以知足之心对待"利"，懂得知足常乐的道理；以敬畏之心对待"权"，始终保持正确的人生航向；以从容之心对待"苦"，在不断进取中充实和完善自己。我们不要像麻雀那样，只会叽叽喳喳，在面对困难的时候，只知道一味地抱怨，却不去想办法解决问题。蚂蚁是团结的象征，我们要向蚂蚁学习，学习蚂蚁永不放弃的精神，紧盯目标，持之以恒，面对困难更要珍惜团结的力量。我们要从每一件小事实事做起，久久为功，为建成上海特色的职业教育提供"商旅"方案、贡献"商旅"智慧、交出"商旅"答卷，进而实现自身的理想和抱负。

加强学校中层干部队伍建设至关重要，他们是校长和一线教职工之间的桥梁，他们的主要职责是贯彻执行学校所制定的重大决策，监督和协调一线教职工的工作。如果一个学校的中层干部，每天都优哉游哉，肯定会出问题，"忙"是中层干部最典型的表现形式。如果发现中层不"忙"，需要警惕，想想到底学校管理出了什么问题，还是中层人选出了问题。中层为什么都很忙，因为中层位置特殊，不但要承上启下、上传下达，还要身先士卒带队冲锋，在第一线推动政策和项目落实、落地、见效，在第一线发现问题、研究问题、解决问题，决不能端坐办公室里遥控指挥，甚至"拍脑袋"。抓具体、具体抓，是推动工作的普遍要求，也是中层干部应具有的自觉。中层还要有监督考核的意识，不是把任务分配下去那么简单，对各种难点、痛点和瓶颈问题，要精准把握、善找对策，稳妥高效予以积极解决，保证任务完成才是最终目的。中层的第一责任是出成果，对所管部门的绩效与结果负责，既要出成果更要出队伍、出创新团队。

中层一线管理是汲取向心的力量、团结的力量、奋进的力量、昂扬的力量，形成精气神的关键。要让教职工发自内心地敬重，要有真才实学，不要装，否则大家都会讨厌你、远离你。当然，作为年轻干部，要发自内心地"谦卑"，让自己少一点"无知"，加强学习积累尤其重要。干部最重要的是以身作则，火车跑得快全靠车头带，要特别注意自己的一言一行：你做的每一个决定，每一件事情，说的每一句话都会被教师无限放大，并且成为他们日后行为的准则与效仿的对象。有点功劳就居功自傲，会让周围的人都很不愉快。中层干部，要公平公正地配置"资源"、安排"项目"，制定考核标准，监督指导整个过程，教师做得好该如何激励，做得不好该如何批评、指正，可能会遇到什么样的阻力和困难，该如何解决它们……一个学校、一个专业的兴衰不仅要看专业领军人物，更是看中层干部这些幕后英雄，能否形成团队、团队的战斗力、创造力、保证团队的"斗争精神"。要有知难而上、积极进取、勇挑重担、敢于负责的精神，在完成艰难任务中经受考验、接受锻炼、展示才华。

中层对于学校解决一些内部矛盾是很关键的，作为中间纽带要承担起管理责任，不能把责任全部推给校长，也要承担起协调任务，保证教育教学的正常进行。中国的管理者有一个做好人的习惯，害怕他人说自己不是一个好人，希望所有的人（上级、同事、下级、朋友等）都喜欢自己，答案是不可能的，再好的人，也会有人说你坏，因为你只要想做事，就会伤到那些不做事的，你的好，就会衬托出他人的不好。因比，做管理、带团队不能拿"让所有员工都喜欢"成为"好""不好"的唯一标准，不能把"票数"作为唯一依据，关键是我们校长心里要明白，学校核心骨干及大多数人的理解和支持，管理不是讨所有人喜欢。学校战略如果讲"人情"就不能得以有效实施，执行力靠的是纪律，必须要有良好的纪律，每个人必须按照制度的要求来规范自己的行为。

一定要言行一致，表里如一，遇到重大考验和复杂的情况时，要坚定不移、不忘初心、牢记使命，以自己的模范行为和良好表现展示政治忠诚。有少数人说比做多，说话漂亮、表态积极，但背地里受到一点委屈就牢骚满腹；还有个别人，私下做离心离德之事。我们在境界上要做到"心思用在工作上、情感贴在民心上、作风拧在求是上、荣誉记在集体上"；在方法上做到"说话恰到好处，做事于无声处，指挥简捷有效，协调通达有力"。真正这样做了，就会减少许多麻烦，避免许多问题的发生，成为"好人"、好干部。我们要发挥"和乐"文化的黏合剂作用，在处理一些内部矛盾的时候，要始终有"我们"的思维，而不要动辄指责"你们"如何，更不能将教职工的某些群体指称为"他们"，要尽量把"你们"甚至"他们"都变成"我们"，而不是相反，要特别重视教师的心理疏导和人文关怀。中层干部是化解矛盾"最后一公里"的重中之重，直接代表或反映着学校治理能力的现代化水平。

要有"灰度管理"思维，在处理一些原则性问题时，必须坚持原则，进行非黑即白的处理。极端是年轻干部成长路上最大的绊脚石，有的年轻干部在心情不好、工作不顺、进步不畅时容易出现不理性和极端言行。极端言行是最伤感情的，也会给自己带来心灵上的折磨和进步上的损失。对下面教师的批评不要得理就不饶人，直接结果是在工作中容易出现对立面，往往会杀敌一千自损八百，这是一种双输，只不过看双方哪一个输得更惨而已，甚至还会逼得对方要和你"同归于尽"，何苦呢？如果不懂得把握分寸，你做得越对，反而得罪的人就越多。因为你总认为自己是对的，你不肯让人半分，容易被孤立。韩寒《后会无期》有一句话，那就是"小孩子才分对错，成年人只看利弊"。虽然这句话争议不断，但是却证明了这不是一个非错即对的世界。任正非的灰度管理，在一定程度上体现了任正非的世界观、思维方式和管理理念。"合理地掌握合适的灰度，是使各种影响发展的要素，在一段时间的和谐，这种和谐的过程叫妥协，这种和谐的结果叫灰度。"世界非常多样，很多东西也并没有"对错"之分。大人处理兄弟吵架、老师处理同学打架、领导批评员工争执，一定会说你们两个都有错，两个都该骂，然后还要告诉他们，互相反省，互相道歉，互相承认错误。

领导工作极为复杂，里面蕴含着丰富的智慧，没有深入了解和长期体验是难以悟出道理的，做干部要讲究智慧和艺术。中国人讲究彼此各让一步，夫妻之间、兄弟之间、同事之间、同学之间，如果一定要分谁对谁错，分到最后就是离心离德，尽管天天住在一起，有时还不如路人。每一位年轻干部都应清楚，对立面出现后，往往很难化解，久而久之，会严重影响自己的心情、工作和前进的步伐。20年的学校管理，让我的阅历有了意想不到的褶皱，让我受益最大的就是"辩证法"，能从多个角度看问题，能容得下多样的观点，尤其是和自己不同的观点，不能"唯我独尊""我最正确"，更不要"好为人师"。我们既要学好"有字"之书，更要学好"无字"之书。

外部对我们学校的干部队伍评价还是很高的、正面的、有战斗力的。我到商贸旅游学校至今，干部输送力度还是比较大的。学校内部大家觉得干部之间还是有差距的。感受到中层后备力量的薄弱性，大家期望能够通过竞聘上岗的方法来选拔后备干部，选拔一批新的力量来让原有管理层感受压力，换换血。但是否优秀的教师，被提拔到管理岗位，就一定比那些测评中低分管理者更加优秀呢？在低级管理岗位有突出成绩被选拔晋升到中层岗位的人，是否就自动获得了所需的能力，成为称职的新干部？

答案是否定的。最大的原因，在于我们混淆了"升职"和"胜任"的区别，单纯根据"过去贡献决定晋升"的晋升机制，会造成人力资源浪费，要进行人岗匹配评估。所以，设定"助理"制，给一定的过渡期，让其了解新岗位的技能和工作内容，实习一段时间，用实际表现和成果评判他是否能够胜任这一新岗位。同时，这也是给"新人"机会，确认自己是否有能力空间应对新岗位的要求。不要以为只要之前的工作能做好，新工作应该也没问题，事实并非如此。

针对干部的职务岗位培训很重要。我们的同志都有十分出色的工作能力，晋升到上级岗位，把以前的工作习惯带入到现在管理之中，事必躬亲。这种领导方式，自己的能力可以更好展现，但也会给人造成领导能力不足的错觉，容易造成误解误伤。你坐上校长位置，老百姓对你的要求就会更高，你应该是全懂、全能的，"屁股决定脑袋"，处事的方式、思维的方式没人可以教你，学校管理要有团队概念，让每个人都有一定的"空间""作为"，更好发挥出各自的本事。知识爆炸是这个时代的特色，贩卖焦虑的app们也在不断地提醒，给我们造成新的压力，变得更加焦虑，从而在路径依赖的驱使下，希望通过学习更多的知识来对抗焦虑，知识付费就是在这种大背景下，迅速成为刚需和最重要的学习方式。残酷的现实是：长江后浪推前浪，90后已经成为学校的重要力量，95后也将在未来几年成为不可忽视的生力军。我们怎么来管理这些新教师，怎么来管理05后的学生？仅靠学习是搞不定的，要真正的成长，需要深度学习、思考和实践，知行合一，涵养胆识功力。

02　善学善思，善作善成

白岩松说，"浮躁的时代，我们始终不肯示弱，名与利驱使着我们往前走"。大家现在都希望自己不动脑筋，听你校长讲怎么更快更好地完成任务，没人有耐心听你讲思考过程、工作方法，更不会将心比心，换位思考。教职工有些情绪宣泄，不要过分紧张，要理解、宽容、包容，做工作不要干巴巴、硬邦邦的，要在群众身上用心用情、换位思考，有时也需要因情施策，耐心、细致、周到地做好各方面的工作。

我们不能只向上看领导脸色，不愿讲真话、不愿报实情、只报喜不报忧，或者对问题麻木不仁、熟视无睹，实际是自我保护意识不强，捂着压着、坐等出事，成为挥泪被斩的"马谡"。实践证明，有报告比不报告好，有正规书面报告比口头报告好，如实报告比打折扣报告好，跳出小我格局，提升战略思维能力和危机意识。增强工作本领、提高解决实际问题的水平，关键是要把自己摆进去，把自己分管的工作摆进去，而不是把加强学习放在嘴边。去掉点功利心，要有"入山问樵，入水问渔"的求知精神，在其位谋其政，在其职尽其责，否则老师们拼尽心血取得的成果就会付诸东流。绳短不能汲深井，浅水难以负大舟，这是非常浅显的道理。达尔文说："自然界生存下来的，既不是四肢最强壮的，也不是头脑最聪明的，而是有能力适应变化的物种。"做校长必须做好整个"管理链"全过程管理，脚踏实地、回到"实事求是"上来，练就"几把刷子"，本领有多大，天地就有多宽。

针对这次疫情，这场大考对干部的"见识"、治理能力、专业能力提出了更高要求，要学会在全局中定位、在大局下行动。做校长，除了会"贯彻"外，还应该敢于决断、善于决策，这是做校长应具备的基本专业能力，更是一种勇于担当的品格。专业是一种力量，是一种底蕴和素养。校长要用专业说话，凭本事吃饭，在风平浪静时不显山不露水，一旦学校遭遇危急和困难，作为学校的"关键少数"就要挺身而出，发挥关键作用，既要有宽肩膀、又要有铁肩膀，既要有责任担当之勇、又要有破解难题之智，要有心胸、境界、责任、担当和忠诚，用自己的专业知识和能力为学校领航。在危机处理时，要有如履薄冰的谨慎心态，重视各类专业人士的意见，采取果断措施。要拜专业人士做老师，恭恭敬敬地学，老老实实地学。不懂就是不懂，不要装懂。术业有专攻，专业的领域不需要所谓的"斜杠青年"。必须增强谨慎之心，对风险因素要有底线思维，依靠专业人士对学校存在的问题一抓到底，一时一刻不放松，一丝一毫不马虎。

作为"一把手"要在第一线、第一时间了解真实、动态的信息，及时快速做出正确决策，决不能往上推，更不能往下甩、"击鼓传锅"，贻误战机。作为校长，要有快速反应、快速判断、快速行动以及快速修正的能力，构成一个从决策到执行再到落实的闭环，也是一个向下说透、说清、干实的过程。敢于决断、善于决策，不是性格，而是素质能力、责任意识和担当精神，希望能够成为钟南山、"中国机长"式的魅力人物。做校长，既不要虚美也不要隐恶，既不要卖弄也不要煽情，摈弃空话套话、反对各种形式主义，对各种对标、对表的方案不能照葫芦画瓢，要根据学校的具体实际，预案的完善、措施的精准、流程的优化，用自己的见解来完善学校自己的解决方案，战时状态就不会出现"组织不力""落实不力"的状况。没有责任心，再安全的岗位也会出现险情，再小的事也会酿成大祸。面对职业学校的多重不确定性，要学会透过现象看本质、看趋势。学会做长期的"自我批判"，学会拿放大镜来探视学校的人、情、事，筑牢"防火墙"。能者多劳，这是一条最基本的职场规律，有硬活儿了看本事。

作为全球新一轮产业变革的核心驱动力，人工智能正在尝试与我们所在的世界构建起广泛而深刻的连接，从而以一种全新样式塑造人类未来。在这样一个历史性进程中，如果我们教育不改变，内容不改变，方式不改变，将来怎么办？怎么应对即将到来的工作机会？人应该做哪些机器不能做的工作？哪些工作是需要外包给机器的？这样的话题，是我们今天谈论学校变革的基石。我们已经进入智能社会，未来教育已经悄悄走来，我们必须拥抱未来教育，培养适应智能时代的国际化人才。

校长的战略思维能力是科学分析和判断形势的思维支点，更是正确把握安危、利害诸因素条件变化的重要逻辑起点。作为校长的核心工作，就是确保学校能够跟上环境、政策的变化，让教师及其团队更具有创造性，感受工作的价值和意义，是组织驾驭不确定性的根本解决之道。我们现在往往都在应付领导发下来的各种"活"，有多少时间真正静下心思来思考？我真希望每个月有一、两天不为领导打工，为自己打工，做自己想做的事。作为校长要有一种定力，就是要思考，我为什么要做这件事？这个定力来自于哪里？实际上是来自于对每个专业发展未来趋势的一种判断。今天，在座的有不少都是各个专业的负责人，专业部主任，你也要有这种战略的眼光。

做校长就是要学会应付那么多的不确定性。职业学校校长的能力体现在什么地方？就是应对不确定性，现在职业教育的不确定性东西很多，特朗普对中国经济走向也是一个不确定性，如何更好地驾驭学校的生存、改革、发展与稳定，校长驾驭不确定性的能力，是最为核心的组织管理和领导力。当法律道德、经典理论、经济形态、社会形态、技术极限突破以后，我们的职业学校该怎么变？我们原有的专业怎么变？我们在过去形成的很多能力和认知，在未来都会出现一些完全不同的可能。每一个产业、每一个领域都在发生巨大的变化，用中央的话来讲叫做"新常态"，即将到来的春天可能是完全陌生的春天。

03　努力攀登，寻找更好的自己

电影《攀登者》是 2019 年国庆档献礼片的三强之一。在庆祝新中国成立 70 周年之际，影片在全网掀起"人人都是攀登者"的高热话题。这是一部用心、用情、用功创作的电影力作，再现了 1960 年和 1975 年中国登山队的攀登英雄从中国境内南坡排除万难，两度破天荒地成功登上世界屋脊珠穆朗玛峰峰顶的历史奇迹。电影艺术家们站在新时代的高度，重温、反思、发酵这一独特而重大的历史事件，开掘出其间蕴含的精神高度和文化内涵。吴京、章子怡、胡歌、张译等还原了登山英雄们勇攀珠峰的历史壮举，我被片中激荡的中国精神深深撼动。影片表现的是登山英雄攀登世界屋脊的物质形态高山，我们心中也需要有一座精神的高山，为实现中国梦的精神高山。

梦想绝不是轻轻松松、敲锣打鼓就能实现的，需要我们一笔一画将其变为现实，抓落实的过程必然会存在着种种困难和困扰。越是困难、艰苦，越是考验干部、成就干部。然而，在我们工作中仍然存在办事敷衍、虚浮粉饰、遇事推诿、不肯负责的现象。总是强调条件差、教师能力跟不上等客观困难，有人瞻前顾后、畏首畏尾，不管大事小事都要会议集体研究，可以马上决策的事项也要按部就班走程序，把严格按程序办事当作推卸责任的"挡箭牌"。如此推进工作，看似严谨了、规范了、科学了，实际上不仅延缓了工作进程，甚至贻误了解决问题的良机，造成更大的损失。对各部门的考核，我们要的是成效，现在却过分聚焦在台账管理和痕迹管理上，为留痕而留痕，"结果导向"变成了"过程导向""痕迹导向"。"我们现在所处的，是一个船到中流浪更急、人到半山路更陡的时候。"习总书记在庆祝改革开放 40 周年大会上，以清醒的判断警示与激励大家："伟大梦想不是等得来、喊得来的，而是拼出来、干出来的。""绝不能有半点骄傲自满、固步自封，也绝不能有丝毫犹豫不决、徘徊彷徨。"

在学校改革的关键时刻，唯有迎难而上，做攻坚克难的奋斗者、攀登者，才能登上改革发展路上的"珠峰"。鲁迅先生说过："什么是路？就是从没路的地方践踏出来的，从只有荆棘的地方开辟出来的。"打造"学生喜欢的现代化精致学校"，我称之为"理想丰满"，但现实有许多问题需要要解决，存在诸多矛盾和问题，所以我说"现实骨感"。需要我们敢于担当、直面矛盾、动真碰硬，需要逢山开路遇水架桥、闯难关、蹚新路、出成果；需要在"具体"和"细节"上做文章，克服浮躁心理，坚持经常抓、反复抓、持久抓，坚持对症下药，精准施策，一把钥匙开一把锁，将各项工作真正落到实处。抓落实最见内功，最需定力，必须走出去、请进来，大兴调查研究之风，对真实情况了然于胸，眼睛往外看、向下看、身子往下沉，多到困难较多、情况复杂、矛盾尖锐的地方去。现在，特别考验的是动员沟通能力，要把身边的人、把广大群众动员起来，从解决招生等要害问题、产教融合等重点问题入手，推动改革的落实，就不会成为少数人的空忙。我们的梦想很大，必须努力攀登，寻找更好的自己。

未来上海中等职业学校的生存质量很大程度上取决于其能否为学生、家长、企业、社会提供优质、专业的教育服务，如果只能提供同质化的服务，将很难在竞争中胜出。专业改革纷繁复杂、千头万绪，我们要在统揽全局中找到重点，改变原有的线性思维方式和工作方法，在工作落实的大局中找到主要矛盾，进一步调整优化每个专业的人才培养方案，围绕"专精特新"，细化、落实到每个专业、每一个专业方向、每一个学生身上。坚持错位竞争，差异化发展、可持续发展，需要智慧、需要勇气、需要舍弃，需要有壮士断腕的精神，需要更新教育理念和课程教材，需要关注学生需求和适应市场变化，需要重视细节管理和专业品位品质，需要重视延伸服务和深化教育服务内涵。每个专业都要形成明晰的发展战略、自身独特的专业文化，研究、适应新的跨界合作，提高科学的管理水平。如果被"潮流"裹挟，专业的发展战略模糊不清，别人做什么我们也做什么，这样的专业长期下去肯定是没有前途的。"办学生喜欢的现代化精致学校"，要真正实现这个目标任重道远。

04　做好教职工的期望管理

华为是一向重视员工吐槽的，内部网站有空间专门供员工发泄抱怨和不满，但这一次，却和以往不同，华为轮值董事长徐直军发《告研发员工书》，痛批那些葛朗台式员工，就连任正非也站出来，为徐直军《告研发员工书》点赞，并让那些"确实不舒服"的员工，去"找心理咨询机构，或者是天涯网"。到底发生了什么事情，会让徐直军和任正非大为光火呢？从《告研发员工书》中可以看出，是一些员工抱怨华为的伙食太贵，还有一些干部"为民请命"，带头起哄，引起徐直军的不满。联想到自己学校，我们也有一些员工总是抱怨食堂的伙食太差，通过各种渠道在抱怨学校。"不要做葛朗台式的人物，一个连自己每天的基本生活都不愿花钱保障的人，对别人服务百般挑剔的人，怎么会有人喜欢。"我们应该明白，这几年猪肉连续涨价，其他副食品也在涨，我们的伙食标准费用还是早餐 5 元，午餐 15 元，这个价我们双休日、寒暑假值班的同志都明白，在贵州路是无法对付的。也建议双休日加班、寒暑假值班费用应该相应提高，否则很难兑付交通费、午餐费、冷饮费。"葛朗台式的人在公司是没有发展前途的。……同时也要理解为你服务的人，也要生活下去，不是你一人生活好，而不顾及别人。我们的研发人员要学会感恩，感谢为你服务的人。"

我们要关心教师生活，但教师也要对学校服务人员充分尊重，对待学校这些服务人员的态度可以辨别出一个人的人品，这未尝不是一种识人之道，对这些工勤人员恶语相向，这个人的素质一定不会太高。平日的温文尔雅，也许只是煞费苦心伪装出来给人看的。我们这个学校是培养服务性行业的人才，相信每个人都体会过客人闹事，教师的榜样太重要了。我们培养的正值青春的男生女生，他们凭借自己的努力挣钱生活，然而在企业实践时总会有些找事的客人出现。那些人仅仅为了谋取更多的蝇头小利，便对服务人员动辄指鼻子骂，这些年轻的少男少女有委屈哭泣的，也有默默认栽的……大多数企业都会息事宁人，让员工来担责，一月少到可怜的工资，还要被罚。那么服务性岗位还有学生愿意去干吗？所以，我常常提醒自己，我们买的是人家的服务，并不是人家的尊严，要想得到人家的尊重，自己先去学会如何尊重他人，我们要筑高标准，加强管理，绝不要去为难这些工勤人员、这些食堂阿姨。我们的二线管理人员，每天工作都是琐碎繁杂的，终日忙忙碌碌，却难以体验到积极的职业体验，要重新认识他们"不可或缺"的工作价值。

徐直军在《告研发员工书》直言："干部也不要随便把矛盾转移出去，学会管理员工的心理预期。你去帮厨的这三个月，暂不降低你工资，做不好再考虑。"华为创始人任正非也对该文章给出了高度认可的批示，并强调："我们的一些干部处于幼稚状态，没有工作能力，习惯将矛盾转给公司，这些干部不成熟，应调整他们的岗位。""我们是以客户为中心，怎么行政系统出来一个莫名其妙的员工满意度，谁发明的。员工他要不满意，你怎么办呢？现在满意，过两年标准又提高了，又不满意了，你又怎么办？满意的钱从什么地方来，他的信用卡交给你了吗。正确的做法是，我们多辛苦一些，让客户满意，有了以后的合同，就有了钱，我们就能活下去。员工应多贡献，以提高收入，改善生活。"我们的每个干部都应明白，改进工作作风、密切联系群众，不是写在纸上的一句口号。八项规定又是一项庄严承诺、一把利剑，教职工的诉求必须合乎现在的法律法规，不能损害国家、社会、集体的利益和其他教职工的合法权利。"合理性""合法性"是表达诉求的必然要求，这为我们干部提出了更高的要求：如何坚持密切联系群众的优良作风，如何与群众商量，如何维护群众的正当利益？

中层干部常常处于各种矛盾的风口浪尖上，必须具有承受压力和承担责任的坚定信念与勇气，要有担当精神，不能一推了之，用"上级规定""学校决定""李小华定的"来搪塞，否则会激化矛盾、制造新的隔阂。当然，作为校长也要敢于担当，在矛盾面前敢抓敢管、敢于碰硬，最重要的是敢于承担难事、棘手的事、得罪人的事，善于处理各种复杂的矛盾。要敢于做群众工作，要善于做说明、做解释，做好上传下达、信息畅通，否则一定会"一波未平一波又起"，容易造成新的误传误解。利益诉求多元是现代社会的正常特征，表达不同的利益诉求是公民的权利，关切不同群体的利益诉求不仅是党和政府的职责，也是学校的职责。必须完善职工利益诉求表达机制，加强对职工利益诉求的重视，建立不定期或者定期的对话机制，增进理解，减少、化解矛盾。更重要的是，我们要加强对全局性、长远性、政策性问题的研究，加强对深层次矛盾问题的研究，不断完善工作的思路、措施和办法。学校现在的主要矛盾还是"吃饭"问题、转型发展和高质量发展的问题，大家必须一起扑下身子去拼搏，发扬"铁人精神"，就像王进喜说的："宁可少活20年，拼命也要拿下大油田。""有条件要上，没有条件创造条件也要上。"

我们有时候不明白：为什么学校对职工已经很好了，可是他们还是不满足？我们已尽力在帮助他们，为什么他们并不领情？这些现象普遍存在，并不是学校做得不好，也不是教职工忠诚度出了问题，究其原因，是教职工与学校之间的期望管理出了问题，也就是心理契约出了问题。心理契约原本是社会心理学提出的概念，在20世纪60年代初被引入管理领域。华为强调"责任"而非"感恩"，形成一种基于责任的信任关系，很好地管理员工对于组织的"期望"，保证员工与组织之间是一种单纯的、基于"责任"的平等交互关系。华为明确组织对于员工期望的标准，员工也明确自己对组织期望的标准，两者之间处在一个相互符合预期的组织状态中。在这样的组织状态中，员工预期和组织预期都不会产生混乱，更不会有超过预期带来的不满，员工和组织在一种良性的理解中，构建了彼此的信任。从表面上看，似乎组织少了一些"温情"，而实际上，员工会更容易得到绩效结果和满意度。反观我们，一直强调"学校是个家"，拉高了教职工对学校的期望，但是学校确实不是一个"家"，无法用对待家人的方式来对待教职工，大家会觉得很受伤，出现背离学校期望的行为，甚至彼此受到伤害。究其原因，是员工与组织之间的期望管理出了问题，也就是心理契约出了问题。

如何管理教职工期望是一件极为重要的事情。对于学校管理者来说，尤其要做好新教工的"预期管理"，这是学校的未来和希望。要让新教师意识到没有完美的学校，学校正在不断地发展和完善，需要新鲜血液，需要年轻人贡献自己的聪明才智。我这个人情商低，对大家往往只有批评，很少表扬，相处长了大家也逐步理解了。我批评你时，稍稍不开心一下就可以了，但不要生气，因为我讲的是真话。现在谁还能推心置腹地、冒着得罪你的风险，给你讲问题？我现在年纪大了，批评的声音少了，未必是件好事；现在恭维声、表扬声多了，偷偷高兴一下就行了，千万不要太当真，年龄大了，更要珍惜那些给你指出问题的人……记得《人性的弱点》有句话："人的天性之一，就是不会接受别人的批评；喜欢找各种各样的借口，为自己辩解。"小时候交朋友，是谁对我好，我就跟谁玩；现在，则应该更加看重：谁能让我变得更好。我批评你，却是真心希望你发展得更高、更快、更好。干部作风建设应作为重中之重，让能干事的有岗位、肯干事的有舞台、干成事的有地位，做到人尽其才，才尽其用，让优秀人才脱颖而出。

05 新媒体环境下突发事件的危机管理与应对

在核心关切问题指向教育领域的情况下，认真回应舆论关切，的确很有必要，我们如何做好新媒体环境下突发事件的危机管理与应对？与传统媒体相比，新媒体更具时效性、丰富性和互动性，与传统媒体相比，公众获取信息的渠道更加快捷。新媒体给我们带来双重的影响，特别是在应对突发事件中，往往是一把"双刃剑"，会带来新的挑战。对于突发事件，有些人缺乏危机意识，缺少对新兴媒体的认识，缺乏应对突发事件的技巧，信息处理及危机公关能力缺失。在突发事件出现之时，相关政府部门存在信息滞后和口径不一等现象，信息的时效性落后于新兴媒体；同时，新媒体传播信息的方式为突发事件影响的扩大提供土壤。如何构建完善的突发事件应对机制，强化危机管理意识，如何请更"适格"的调查主体，或许是上级主管部门或督导、纪检单位，也可发挥主流媒体的权威性作用，在传统媒体和新媒体领域进行正确引导舆论。

另外，"90后"大学毕业生作为当今教育的新生力量，如何更好地与这些新教师进行沟通、交流。他们年轻、思想开放，充满激情和阳光；是互联网的原住民，成长于社交和移动互联网，网络对他们而言更具有关系连接和工具性质；他们勇于创新，接受新事物、新知识的能力比较强。他们的特点是找同类，这是最大的区别，也是兴趣社交最大的机会。互联网时代，个体深埋其中而无法释放出能量和价值，而在已经到来的移动社群时代，用户基于各种移动社群产品的交互来满足自己的信息分享、社会交往、情感连接和社会认可等需求。"90后"正在更好地利用社会化工具，以不受传统模式限制的方法扩展他们的能力，不是因为他们比我们懂得更多有用的事情，而是因为他们不像我们懂得那么多已经过时的观念。当"90后"比例逐步提高后，我们这些"60后"如何面对，在管理过程中要做到程序的正确，方法的得当，积极鼓励，慢慢引导。不论是"深夜约谈"还是"频繁迎检"，如果都得以确证，则折射出我们领导工作中的水平问题、作风问题，或许也有诸多无奈。面对网络舆论，如何勇于正视问题和解决问题，有则改之、无则加勉，而不是"解决提出问题的人"，这是网络时代干部的基本素养。

现实中，现在学校要面对的"婆婆"确实很多，要完成的工作任务也很多，还有很多跟学校关系不大的事情摊到身上。有的活动，上级部门甚至要求一天一报进度，一天一报信息，一天一报好做法，一天一报典型，不报漏报就要影响考核。每一项活动都要有方案、有总结、有阶段工作安排，还需要有过程印证材料做支撑，一项检查评估下来，学校都是满满十几盒甚至几十盒档案。上级来检查考核，主要是看档案资料，只要档案齐全规范，检查才能过得了关。"上面千条线，下面一根针"，面对如此多的检查，学校就要有那么多的领导小组、工作小组，就要开那么多的会，那么多的背景墙，就要拍那么多的工作照，而学校干活实际就是这几个人，不停换位置拍照。学校被迫"扎扎实实走过场，认认真真干虚活"，究其根源是形式主义在作怪。层层施压下，学校这一教书育人的地方，似乎可以不管不顾。我认为，"减负"不是轻而易举的事，只要形式主义不根除，给学校和老师"减负"就是一句空话。

办学有规律、学校有主业。今年是基层减负年，让教师回到本位，让教育回归本质，广大教师才能安心从教、热心从教，从"负重前行"到享受教学，教师减负需要全社会协同发力，共同营造良好的教育生态，学生也能舒心学习、静心学习。把负担减下来、把待遇提上去，让广大教师在岗位上有幸福感、事业上有成就感、社会上有荣誉感，才能使教师真正成为让人羡慕的职业。

06 做校长无需拼命展示你的成功

　　真正成功的人，不需要通过奢华的衣着、豪华的别墅、高级的轿车来向人们证实自己的成功，因为他的成功是有目共睹的，我们做校长的也是如此。现在不少校长拼命向人们展示自己有多成功，处心积虑，生怕领导看不到、听不到、想不到。客观地讲，在政府和资源配置要求的指挥下，校长面对各种压力，越来越沦为行政官僚体系的一部分，沦为狭隘的功利主义者，往往注重即时即刻的利益。在考核指标的指挥棒下，校长以满足上级绩效评价指标为行动根据，以应付领导的喜好为行动指南，不善声张"造势"的老实人往往吃亏。教育是一个复杂的体系，是慢的艺术，需要我们心平气和慢慢地琢磨，需要耐心细致，不能拼命去追逐热点、赶时髦、轰轰烈烈走过场，这很可怕。教育频繁翻煎饼，频繁去创造，校园嘈杂、喧嚣，到处是标语、口号，老师心不定，学生很茫然，这不是我们要的教育和校园，教育要"有趣"，校园要成为"精神家园"而不要成为片刻懈怠不得的竞技场。苏霍姆林斯基提倡让教育的痕迹尽可能淡化："在自然而然的气氛中对学生施加教育影响，是这种影响产生高度效果的条件之一。换句话说，学生不必在每个具体情况下知道教师是在教育他。教育意图要隐蔽在友好和无拘无束的相互关系中。"

　　无数成功的经验已经证明，教育的意图隐蔽得越好，教育效果就越好。不动声色，不知不觉，了无痕迹，天衣无缝，润物无声，潜移默化……这些都是教育的艺术，也是教育的境界。为什么现在的行政官员天天都在学习，碰到实际问题就忘记了呢？过去一个校长在一个学校过一辈子，很少有人削尖脑袋去钻营，现在走马灯地换，我们只能拼命展示自己的成绩功劳，学校校长是不能当机关官员这样来管理的。我们不少校长之所以痛苦，就在于想去追求不属于自己的东西。懂得知足的人，即使粗茶淡饭，也能够尝出人生的美味。与其拼命追求功利、拼命向上爬，在遗憾中郁郁寡欢，不如好好珍惜自己拥有的，这样才能收获更多的快乐。我们现在已经失去许多做校长、做教师真正的乐趣，如何用一颗平常心去看待自己，看待荣誉，看待表扬与批评，看待升迁，其实幸福不过是内心的一种感觉，你发现了，便拥有了。遵守简单才不会累，秉持宽容才不会生气，甘于示弱才不会伤，保持低调才不会吃亏，愿意放弃才不会苦，适度知足才不会悔，记住感恩才不会怨，懂得珍惜才不会愧！努力做一个没有太多追求、不太浪漫的校长。

很多刚提拔的管理新人，以为当校长了，别人就会对自己言听计从，一切都要围着自己转，或者认为别人应该对自己有更多的理解尊重。其实不是这样的，甚至是反过来，大家会更关注你的一言一行，期望会更高，原来的同僚也会嫉妒，甚至挑刺。学校的运作管理与工厂有本质的差别，你面对的是一群受过高等教育，都有自己独立思想和不同个性的知识分子，要被大家认可不是一件容易的事。做校长绝对不是做个决定、提个要求、下个命令这么简单。新提拔的领导，不仅是职务高了，更是责任大了，拥有各种资源的调配权。频繁使用权力做管理是最低级的，如果我们要去追求高水平的管理，做到不用权力却让大家不自觉地跟随和服从，这需要很多的技巧，公平公正，以身作则，三思后行，控制情绪，心胸宽广，一日三省。

不要总是希望大家都听你的，不要拼命展示自己的能干、成功，不要期望每个教师都那么优秀，而且是德才兼备，太理想化地试图把每个人打造成自己所期望的样子，忘了因材施教，人尽其才。其实这是最吃力不讨好的方法，结果把干群双方都搞得痛苦不已，甚至因为误会而反目，还傻傻地指望感恩。马云说，"唐僧这样的领导，对自己的目标非常执着；孙悟空虽然很自以为是，但是很勤奋，能力强；猪八戒虽然懒一点，但是却拥有积极乐观的态度；沙僧，从来都不谈理想，脚踏实地的上班。因此，这四个人合在一起形成了中国最完美的团队。"人无完人，每个人都有其优点或缺点，我们做校长不能只盯着老师的缺点，要善于让不同特点、观点的人去做适合的事，不要试图去改变一个人。做校长不要去学"木桶理论"，而是要用"长板理论"，需要差别化管理，做人和做管理是两码事，对所有人一个态度，一种方法，尽管做了很多，但实际效果并不好。我们现在喜欢健全各种规章制度，用制度管理学校，各种工作、业绩都量化，一切以数据和钱说话。这种管理未尝不可，但我更相信教师工作绝大多数是良心活儿，可量化的只是冰山一角，学会多角度看人，做一个能够关心关爱老师的校长。

过去我们教育学生不要说谎，理由很充分，每说一句谎话就需要再编十句谎话来圆这一个谎话。但今天，虽然我们推崇诚信，一个人说真话反而不易，原因是很多人缺少讲真话的勇气，也缺少了讲真话的土壤。在我看来，讲真话不仅是个人品德问题，也是做人的原则问题，反映的是工作态度，体现的是思想作风，折射的是能力素质。真话是逆耳，有点不好听，但是真话含着真相、透着真理。做校长要听得进不同意见和声音，当一所学校干群上下一心时，无论是教育、教学、管理都不会出现掩耳盗铃的状况。作为校长，在社会转型期，学校全面深化改革，没有讲真话的胆识，没有直面听真话的勇气，不善于从讲真话、报实情中体察教师的不安和困难，发现现实问题与矛盾，怎么能提高校长的领导力？如果没有一定的理论功底和思想方法，看不透事情的本质，也很难做到讲真话。

校长不要拼命向教师展示自己有多成功，要想讲出令人信服、老百姓爱听愿听的实话和符合职业教育改革发展的真话，要理论联系实际，正确地解决面临的实际问题，提升解决"不确定性"的能力。做一个有教育情怀的校长，一定要培育讲真话的土壤，营造让人能够讲真话的环境，让老师敢于讲真话，允许教师发表不同的意见，鼓励坚持正确的意见。只有让讲真话、讲心里话的人受褒奖，讲真话才会蔚然成风，真话才能真正发挥它的价值。在功利主义的价值观为主导的教育面前，教师被"工具化"，教育被"实用化"，残酷的竞争让"出人头地"成为教师奋斗的目标，把教师可能的成长空间不断压缩，独立人格、人文关怀等被逼出视野。而这样的结果是，我们的教师也渐渐成为世故圆滑的人。因此，我们讲尊重教师，更应该尊重教师的人格，真正的尊重不是表面上的客气、融洽，你好我好，不是两个无所事事的人的相互恭维，而是校长和普通教师之间的惺惺相惜、相互鼓励、共同进取，让老师真正感受到"尊重""赋能""激励"，才会主动把更重的担子压在自己肩上。校长要敢于向老师提出更高的要求、目标，这才是真正尊重他们能力、尊重他们未来可能性的做法。做一个讲真话，能听真话，能为教师赋能的校长。

很长一段时间里，中国的文化是赞扬成功者而忽略失败者的，导致了很多人不愿意失败，盲目地迷信成功，"只许成功，不许失败"这种思维造成了群体的畏首畏尾，导致大家做事都必须要在极其有把握的情况下再做。改革已进入深水区，可以说，容易的、皆大欢喜的改革已经完成了，好吃的肉都吃掉了，剩下的都是难啃的硬骨头。矛盾越大，问题越多，越要攻坚克难、勇往直前。我们做职业学校的校长，要敢于啃硬骨头，敢于涉险滩，敢于向积存多年的顽瘴痼疾开刀，我们的一些改革也有可能失败，可是从另一个角度来看，你敢于去做陌生的事情，敢于踏出这一步，这就叫成功。"世界上的所有功德与努力，都是不会白白付出的，必然是有回报的。"大教育家胡适曾以"天下没有白费的努力，成功不必在我，而功力必不唐捐"来鼓励学子们在人生道路上作坚持不懈的努力。

"罗马不是一天建成的"，"匠心学校"不可能一蹴而就，需要进行长期的奋斗。要有"功成不必在我"的大格局，这样的胸怀和境界。不要拼命展示自己有多成功，关键是有担当的宽肩膀，给学校带出一支优秀的教师团队。既要敢于直面矛盾和问题，又要善于化解矛盾和问题；既要有想干事、真干事的自觉，又要有会干事、干成事的真本领，把全部心思用在"真干事"上，创造出经得起实践、人民、历史检验的工作实绩。

07　不必样样追求完美

我们每天都在追求更好。精心搭配服饰，细心打扮妆容，注意自己的言谈举止，留心自己的每个动作，生怕一些小细节给自己减分，力图把自己塑造成一个完美的人。的确，我们追求完美，会带来老师的夸奖、领导的的赞扬、同行的羡慕。我们嘴上不说，但还是会觉得脸上有光，心灵得到极大的满足。在讲究"包装"的风气下，我们更加追求完美，想把每一件事做得更好。殊不知，我们这样其实是把自己困在了自己的想象里。一个校长没有自己的脾气、爱好、缺点，说话没有一点破绽，全是套话官话，太过完美，会让老师觉得你太没意思，太难接近，太没人情。如果任何事没有商量回旋的余地，老师还会来找你说说心里话，聊聊家常？太过精密的机器只会给人恐惧。普通老师还是更喜欢有温度的、有生活的人，而不是一个位置、一个符号、一幅标语，需要的是一个有真实思想、活生生的人，一个真实的人。过分完美会给人生分的感觉，一种无形的压力，也有可能因为这种完美而产生距离，激发矛盾。要想做一个完美的校长，要懂得原谅工作中的不完美，"物以类聚，人以群分"，超出一定标准去要求干部、群众，久而久之，一部分人就会避而远之，没有共同语言也就没有交流的可能性，隔阂也就出现了。过分追求完美，会让人觉得压力、觉得不舒服。世界上根本就没有完美的树叶，缺憾才是万事万物最本来的面貌。做人也是一样，你我皆凡人，谁都有缺点，如果都那么完美，哪还有姹紫嫣红，人生百态呢？我们在执着于追求完美的匆匆脚步中，会错过太多的东西，不要累己累人。

官僚主义的一大表现形式就是命令主义，我们有些干部喜欢强迫命令，不顾客观情况，不顾学校实际，工作高高在上，只考虑领导感受，感受不到基层教师的辛苦，感受不到我们嘴巴动一动，一线员工解决问题时的困难。在大家看来，所谓官僚主义，就是我们只顾发号施令而不考虑实际问题，有"当官做老爷"的工作做派。我们现在不是在学文件，就是在拟文件；不是在写材料，就是在修改材料。要戒除官僚主义，首先应该改变姿态，改变看事对人的姿势，才能真正戒除官僚主义作风，才能够看清学校实际、教师实际和学生实际，才能够明白实践的千差万别，才能看清客观现实，看清它对学校带来的影响。只有真心与实践对话，与群众对话，与现实对话，才不会在工作中脱离实际。用高标准、高质量完成上级赋予的任务，值得肯定和赞扬。但凡事不看对象，不讲缓急，处处高标准、样样求精致，一味吹毛求疵、层层加码，就会让教师不堪重负、学生无所适从，从而陷入事务性工作中出不来。这种工作的"高标准"，费时耗力，磨掉的是教师聚焦立德树人主责主业的积极性，干扰的是正常的教学秩序。

近年来，学校各项工作持续向"三全育人"聚焦，各项建设正按照"立德树人""育训结合"扎实推进。然而，我们有的工作还是重面子不重里子，在形式主义上作文章，在"花拳绣腿"上抠细节、严要求，不在抓质量、抓转型、谋发展上提标准、下真功。当前，我们要有"过紧日子"的思想，提倡一种办事讲成本、不铺张浪费，重视节约一滴水、一度电、一张纸的必要性。弄清"奋斗"和"艰苦"的关系，形成艰苦奋斗的好风气，充分认识厉行节约的艰巨性、长期性、反复性，各部门下定决心削减行政开支，不与"质量提升"重大项目争人力、争精力、争财力。要保持足够的定力，不要患得患失，做到心中有数。做本分事不易，持平常心更难。要修炼平常心，不去计较任何个人得失荣辱。形式主义、官僚主义是必须时时要防范的。做校长如果每件事都要苛求完美，我们只有一个脑袋、两只手、两只脚，怎么可能什么都去干，能争取到完美呢？样样追求完美只会让人走进形式主义的怪圈，要学会"弹钢琴"。不要让自己活得太累，不过于去追求完美，才会使自己变得更好！

白岩松说："毁一个人的最好的方式就是让他追求完美和达到极致。""今天的一切其实都感谢那个时候的做减法，我单纯了，也才成了我今天的我。"如果想做一个好校长，只会做加法，那你本人、你的学校、教师是很悲哀的，要学会勇于看淡成败，勇于让自己慢下来，让自己的心去做减法，减去奢侈的贪念，减去心灵的负担，才能轻装上阵，更好地拥抱自己想要的未来。

08 管理要回归常识

在生物学中,有这样一种现象：在蚁群中,绝大多数蚂蚁都非常勤劳,只有极少数的蚂蚁四处观望,看上去懒懒散散。可是,在蚁群遭受威胁时,那些"懒蚂蚁"却能带领蚁群向自己已经侦察好的安全地方转移,这种现象被称为"懒蚂蚁效应"。我们需要一部分人把时间花在"侦察"和"研究"上,能够观察到组织的薄弱之处,同时保持对新事物的探索状态,从而保证群体不断得到新的食物来源。"懒蚂蚁"并不是完全不做事,只是把主要精力放在更广阔的视角,不是去执行某些具体的任务,而是寻找群体的其他出路和备用方案,懒惰的蚂蚁会起到十分关键的作用。"咬定青山不放松",这是我们的成事风格。但也必须时时抬起头来看路。当前,以互联网、大数据、人工智能等为代表的现代信息技术日新月异,新一轮科技革命和产业变革蓬勃推进,数字产业快速发展,对经济发展、社会进步、全球治理等方面产生重大而深远的影响。学校之间的竞争已经从单纯的生源竞争、特色竞争时代转变成为综合实力的竞争,用过去传统的一套模式已经很难适应当代市场环境。

在专业转型的过程中,还在不断试错就会贻误战机。教育发展处这个部门非常重要,并不是我们有的领导眼中无关紧要的,是学校进行战略思考的部门,学校要有整体的战略规划和战术部署。要跳出学校、专业自身圈子,突破固有思维和"点状思维",从学校全局出发进行系统性思考,引入各方专家智慧,顶层设计专业布局调整,提高优化效益。主要从三方面做突破：(1)心智调整：跟着产业转,心态更开放,引进和充分信任专业团队和人才,这是减少试错成本的基础；(2)认知高度提升：跟着市场转,提升行业敏锐度,在充分了解行业发展前提下,做更好的决策；(3)战略规划：跟着企业转,聚焦细分领域,形成具有前瞻性、有效性、且可实施的解决方案,引进专业团队高效执行，提升团队信心。这样做的目的是推进专业设置与产业需求对接，课程内容与职业标准对接，教学过程与生产过程对接，创新职业教育人才培养模式。

做校长要有肚量，要容得下能力比你强的人。我们都喜欢与自己相似的人一起，排斥与自己不同的人，在大家看来，喜欢比能力更重要，正所谓"物以类聚、人以群分"。我们往往虚荣心作祟，接受不了他人比自己更优秀，特别是下属，不听话的下属比自己更优秀，这会让自己很难堪。作为一个单位、一个部门的领导，一个人的成功并不在于自己的表现如何，而在于他领导的人表现如何，只有充分地发挥了他人的优势，整体的效力才能够得到最大发挥。这似乎是一个非常浅显的道理，但碰到自己往往会输在这里。我曾经仔细观察过一些领导者，有的人很聪明，人际关系经营的也不错，专业知识也很强，但总是走到"半程"就停止了，之后就很难往前迈进了，有的甚至开始走下坡路。当然，这里面的原因有很多，但其中的一条原因就是"哈利规则"在作怪，不能尊重和任用一些比自己更有水平和能力的人。

不要处处表现自己"卓越的领导才能"。有些人在日常的工作中总是想方设法"打压"一些人，限制一些人的表现，从不把他人放在眼里，如此一来，下属的主动性和积极性都消磨殆尽了。我们要对有特殊才能、专业的领军人物有足够的尊重，这是你所不能及的人，我们要为他们的专业成长做好服务，这是义不容辞的责任，当好"后勤部长"。我可以不懂专业，甚至可以不懂管理，但身边要有这样一批专业人才、领军人物。何以到达"远方"，只有通过他们的勤奋耕耘，"撸起袖子加油干"，才能够把你的想法变为现实，能够成就你的梦想，写出美丽"诗篇"。另外，要能够容忍"唱反调"的人，这一类人才敢于挑战领导的想法，他可以指出我们思维上的"盲点"，帮助我们做出更正确的决策。我们很难做到喜欢和自己"唱反调"的人，这是因为"反对声音"会让你"不舒服"。当然，"另类思维"的朋友价值观和你不一样，也会给学校带来很多麻烦，起到相反的效果。

经营学校其实就是在经营和教职工之间的关系，当形成共同体的时候，这个学校一定可以做好。经营学校就是经营"相信"，让教职工觉得跟着你干踏实，有奔头，有未来，他们就会全力以赴。学校文化不是虚的，关键是大家在一起做一番事业是有意义的，是共同的价值所在，大家在一起工作很快乐，其实是一种精神锁定，是一种心灵契约的锁定。很多领导深谙那些高深莫测的管理理论，但一到具体的事件和问题时就觉得无甚用处，就像是空中楼阁。大道至简，有效的管理，也应该是至简的。管理的东西应该一说就明白，如果听不明白，就一定是假的，也一定是错的。管理一定要回归常识，回归本质。

09　少一点狼性，多一点和乐

　　我在 2007 年来校后提出把"和乐"作为学校的校训，希望把"和乐"两字作为唯一的痕迹留下来，希望大家用"和乐"思想来认识事物，用"和乐"态度来对待问题，用"和乐"方式来处理矛盾，形成和谐的人际关系，在真诚、平等、宽容的人际环境中学习、生活，进而提升教职员工的凝聚力。推进"和乐"文化建设，希望引导不同利益、不同层次、层面的教职工共同为打造一所"学生喜欢的现代化精致学校"而努力，用学校的新目标、价值观来凝聚人心、凝聚共识、凝聚智慧，使学校上下对学校的使命、愿景、核心价值观达成共识。学校的改革要让教职工有获得感、幸福感、安全感，这是衡量改革发展成败得失的基本指标，是学校稳定的基础。学校要走得长远，要敢于剖析学校自身的文化缺陷，减少"文化性内耗"。

　　狼性文化被越来越多的领导所接受、信奉、推崇。富于进取心和攻击性，且不轻言失败，不轻易放弃，在最短的时间里，以学校利益最大化为原则，富有攻击性、贪婪、执著的精神反映了中职学校为争取生存而不顾一切的心态。我始终认为，教育应该用理想主义的思维，教育、学校和教师与其他任何行业、企业和职业是不一样，没有理想主义，根本无法推进素质教育，无从谈起立德树人。在一个充满诱惑的世界里，如何以清醒的心智和从容，以淡泊的态度和心境对待竞争、合作、发展，不要为太多名利欲望而痛苦。淡泊，不是不思进取，不是无所作为，不是没有追求，而是要以纯美的灵魂对待教育、对待教师、对待学生。

　　淡泊明智，古人早已对淡泊有过精辟的见解。真正成熟的人，不会纠结过去，也不会担忧未来，而是认真而专注地活在当下。历史上成大事者从不纠结，所以别想太多，活出自我就好。不如意的事情太多，一味地纠结其中，只会让自己活得更累。人心就是一个容器，是有限的，一旦超出自己所能承受之限时，就产生焦虑、焦躁，影响到老师、学生，我们一定要懂得"知止"。我们现在做一件事情往往考虑太多，前怕狼后怕虎，就是不肯行动起来，最后还会安慰自己，没事挺好……要知道很多事情，本想着"三思""千虑"而后行，殊不知"思"太多，就不敢行动，想太多，就更无法行动了。我们要"知行合一"，就是当你内心"知"了的时候一定得去做，想的都是问题，只有"行"才会有答案，在实践探索中发现问题、解决问题，不能老是想着"拼刺刀"，想着超过谁，而是要推动学校高品质高质量发展，做别人不想做的、做不了的事，更好地促进学校的改革发展和稳定。夫学、问、思、辨，皆所以为学，未有学而不行者也。

审慎进行"精细化管理"。我们希望构建一个自上而下的精致管理体系，把教师的一切教育教学行为都纳入管理范畴，各种事情都要让管理者看到。但我认为，学校管理本质是激活广大教师的主动精神、培养人才，强调"和乐"文化的战略性创造，就是希望教职工广泛参与学校文化建设，激发教师的主人翁感，激发教师对学校的忠诚，只有"忠诚"才会激发员工的主观能动性和创造力，激发内在成长驱动力，才能让人才从内部冒出来，促进可持续发展。构建"平台＋团队"的组织模式，由过去重视专业、学科到重视项目单元领导者培养与梯队建设，给岗位、给责任、给资源、给绩效，完成了给予表彰奖励。逐步完善人才的选用、培训培养和各类创新团队建设，让"创业者"拥有一些比较对称的决策信息，再给学习培训的机会，形成以创新为导向的激励机制和自下而上的内部创业精神，激发教师担当责任从而获得成就，让大家看到新的"竞争优势"对个人和学校的积极影响，让原有团队也能分享成果，实现学校与个人发展目标趋同。

授权能力是衡量校长领导力的第一个标准。运用授权的前提是有特定的责任需要承担，授权的意义就是要锻炼管理团队、普通教师，打造创新团队、创新项目。为此，有些管理者可能有点醋意，要真正认识教师是学校的第一资源，对人的激励、赋能是重要的，现在最缺的是对于员工快速成长的具体安排和支持。普通教师不会自发产生激情，需要管理者不断地创造激情、传递激情，有激情的学校才会保持年轻，学校要成为一个能犯错、容错的地方，我希望今天的管理者要把握住。我们对教师做的不够的地方，需要提出善意的批评或建议，希望员工有所行动，有所改变。但也不能全是批评、挑剔、指责，更不是对人格的批判，这使人感到恐惧、紧张、愤怒、不满，我们的语言在表达伤害的时候，往往如此锋利，而在表达关爱时却如此无力。知识分子最要面子，批评人应该是请客吃饭，应该就是绘画、绣花，要温良恭让，给教师以体面和温暖。

做校长一定要善良。自己在做教师的时候，也非常讨厌校长唧唧歪歪的，屁大点事儿非跟你唠叨半天，上纲上线，不胜其烦。但是，等我自己做了校长之后才发现，有些问题还是要反复讲、讲反复，有些事还是要反复抓、抓反复。关键是对事不对人，不能恶语相向。虽然无法保证每一次付出善意都会有回报，但善良不意味着懦弱，无论讲什么、做什么都要问心无愧。我现在的思维可能已经不合时宜，但我认为我做的这些事还是符合人性，符合大多数人要求的，也是符合教育本性的。每个人心里实际都有一杆秤，公道自有人心衡量，该糊涂时糊涂，糊涂有时是智慧。学会给自己、给别人笑脸，笑是人的本能。有时候看得到微笑却得不到感染，不是不漂亮，而是笑得不自然，是装出来的笑脸。只有当人脸部的嘴角肌、颧骨肌和眼角肌三块肌肉共同"配合"，才会展现出最美的笑容。微笑是一种魅力，以微笑待人，生活也会回馈给你微笑，如佛教所说"赠人玫瑰，手留余香"。

从抓教师个人发展到团队建设。《西游记》中的唐僧团队就是一个好团队，虽然唐僧无降妖除魔之能只会阿弥陀佛，但他"获取真经"的信念坚定，孙悟空脾气暴躁却有通天的本领，猪八戒好吃懒做但情趣多多，沙和尚中庸但是任劳任怨挑着担子，这样的团队搭配是完美的，不管是目标实施还是成员关系，能力的施展等，他们人数不多，但个性鲜明，互相配合，互相沟通，在这样的管理下，最终取得了真经。管理大师德鲁克说："发挥人的长处，才是组织的唯一目的。才干越高的人，其缺点往往也越明显。……筹划一个组织，关键着眼于人的长处。"我们做校长也是如此，要为团队规划好目标、使命和价值观，这样不管路上有多少艰难和诱惑，团队才不会因为利益而动摇，因为艰难而退缩，这样才能取得真经。有了成绩，是大家的；出了问题，是我的，这样才能带出好队伍，如果贪功为己有，就会失去威信，也就没有了追随者。

稳定的情绪，是一个人最好的修养。"冲动是魔鬼"，不稳定的情绪是一颗定时炸弹，让自己和他人苦不堪言。作为校长不能自尊太强、自我意识太强，别人稍微冒犯，立马反弹回去。遇到事要有耐心，懂你的人你不解释，他们也会理解你，不懂你的人，纵然你喋喋不休地解释，在他眼里也只是不屑一顾，越解释越误会，麻烦会越来越多，倒是累到了自己。每个人有每个人的生活方式，尝试放下"我"，要站在教师的角度去考虑，去理解，去宽宥。做教师也需要有稳定的情绪，这不是天赋，而是一种能力，是一种通过智慧和修行可以获得的能力。有时我们会把许多消极的情绪传递给学生，尽管学生不会完全被教师所左右，但是会影响学生的发展。学校要关注教师的工具性价值，更要关注教师精神品质与生命需要所承载的人文价值，关心教师的内心需要、关注心理健康，教师的人格与心理健康比教师的专业知识、技能和教学方法更为重要，教师不仅是传授知识，更重要的是在塑造学生人格。

班主任的班级学生管理对学生人格的影响是巨大的。要真心诚意去关爱每一个学生，不论成绩如何、家境如何，都要一视同仁，让他们在爱的环境中成长，教师自身的人格特点和心理健康会对学生一生产生深刻、潜移默化的影响。同时，教师的心理健康，还会直接影响教师自身的身体健康、生活、工作及家庭幸福。作为教师，忠诚度是最需要具备的第一品质，尽心尽力、忠于人、勤于事的奉献情操，它是一种发自内心，饱含着付出、负责甚至牺牲的精神。个别教师在课堂上发牢骚，讲一些不应该讲的话，但教师这一教书育人的特殊职业要求我们"落实立德树人根本任务"，作为一个教师、一个成年人对未成年人，应该用什么样的价值观来影响我们的学生、用什么样的方法来教育我们的学生，应该有严格的界限。借用台湾星云法师的话，希望"人人做好事，人人说好话，人人存好心"，努力去做一个"有能力的好人"。

身为党员、干部，是否真正具备了足以胜任本岗位的能力？大数据、移动互联、云计算和人工智能等现代科技越来越与经济社会发展深度融合……目前，我们正处于爬坡过坎的关键阶段，所面临的形势和任务发生深刻变化。感到"能力不足"在所难免，出现"本领恐慌"不可怕，可怕的是对自身缺乏认知，自我感觉过于良好，看不到自身不足。还是习惯于用老思路老套路来应对，蛮干盲干、不尊重民智民力，结果是做了工作，有时做得还很辛苦，但就是不对路子，事与愿违。在农耕时代，一个人读几年书，就可以用一辈子。今天，"知识半衰期"越来越短，一个人必须一辈子坚持学习，才能跟上时代。要让学校静下来、慢下来，让老师多一点学习、多一点思考，少一点形式主义、少一点痕迹主义。我们讲质量、讲整改关键还是在课堂，传统的由教师、学生、课程构成的三维结构将转变为新的四维结构，即学生、数字化学习环境、数字化学习资源和教学支持服务，未来教师的角色将被重塑，需要更高更全面的专业素养。

如何围绕促进学生的自主学习、实现技术与学习、教学的有效融合进行改革，为教师熟练掌握即将在学校、社会学习环境中普遍应用的数字技术提供课程与技术支持，这是教师思维与能力的根本转换。所有可标准化、可量化、可考核的部分，未来都会被机器所替代，唯一不能被替代的是人的创造力。我们讲质量，不仅是讲分数、考证通过率、技能大赛奖牌，关键是要看师生共同成长，我们努力去获取这些奖牌，重视的是通过这些平台促进师生共同成长、重视的是获取奖牌的过程，激活教师的创造力。灵感、创新、创造力只有当人意气风发的时候、物我两忘的时候才会被激发，要改变以管控为主的管理方式，给教师创造展现自身魅力的平台、资源和机会，他才会用一种创造的智慧去激发学生心中的精神潜力，培养有创造力的学生才会水到渠成。

最重要的还是要做好我们自己的事情。面对"成长的烦恼"，我们要保持清醒头脑，锚定高质量发展战略定力，既要补齐短板，更是要做长长板，根据供给侧结构性改革，换道竞赛，在奔跑中调整呼吸、在竞赛中调整姿势，引导传统专业转型升级，做精做强新兴专业，推动各专业集群融合发展。把小事当作大事干，一步一个脚印往前走，"质量制胜""文化致远"。希望我们找到职业效能感，撸起袖子加油干，逐步形成高素质、高境界、高度职业化的教师队伍，推动学校在新起点上实现新的跨越。

10　心存正能量，把人和事往好的方面想

作为一个60后，发现自己的辈分在悄悄改变，从哥哥、叔叔成长为爷爷，从小李变成老李。开始怀念过去，参加各种形式、不同规模的同学聚会，常常想起不同的老师，是他们的教导和严厉才成就了今天的我们。感谢在最好的年华包容我们所有的叛逆，耐心教导我们，"师者，传道授业解惑也"，当自己成为老师之后，开始慢慢理解和感恩老师对我的教育与关怀。尽管聚在一起时还可以找到青春的痕迹，但在90后看来，已是地地道道的老头了。当现在吃饭不香睡觉不香时，突然明白了"老头"的含义。出生时值三年严重困难时期，幼年时营养不良，小时候总是盼着放假、过节，逢年过节能够吃上一块肥肉真是一种享受。一位同龄朋友说，我的要求就是每天有一餐"好饭"。但是，现在营养过剩，吃多了胃不消化、不舒服，粗茶淡饭悄然成为一种自觉。

今天聊天，一位老师跟我讲了个故事，语文老师让学生看图说话，一个背着女孩子的妈妈，遇到大雨，突然一个男子过来帮她们撑伞遮雨，让孩子们续写故事，学生们几乎都是从"不怀好意""坏人"的角度来写，很少有正面地、积极地赞扬其"绅士"行为，觉得是助人为乐、传统美德，这也反映了现在的家庭教育、社会意识带给我们深刻思考。善良是一个人对另一个人最纯粹、最本真、最无功利的善意。现在的社会很复杂，大家也都习惯了将人往坏的地方去想，但是，很多时候，我们的社会、我们的身边还是有许多好人好事的，凡事往好的方面想一想，事情也许就不一样。要有积极的心态，要善于不断发现美、体验美。在方法和路径上，多观察、多谈论自然界美好的东西，多记忆、多品味人际关系中的美好时光，多欣赏、多体念同事、朋友身上美好的品格，多与性格好、心态好的同志打交道、交朋友。长期坚持这样做，就会习惯用美好眼光去观察美好时代、发现美好环境、展望美好人生，就会懂得知足，"和乐"也就自然而然来了。

　　事情都往好处想，往好处看，就会想到、看到美好的生活在向我们招手。皮格马利翁效应告诉人们：人很容易受暗示作用，愈觉得好，愈做得好。把人想得好一点儿，就生活在一个好人的世界里，会越来越好，看到更多笑脸，感受更多幸福。所以，学校的宣传很重要，我们的老师说，看到学校这些同事、取得这些成绩，觉得学校很美好，很高大上，在商旅工作很幸福。"人同此心，情同此理""将心比心"，当大家把人和事儿都想得好一点儿，看人先看别人的优点，不是盯着别人的缺点，这样就会存好心、说好话、做好人、办好事。当然，有时候，有些事儿不尽人意，但好人好事总比坏人坏事多得多。人的心灵就像一面镜子，我们要学会善解人意，大度，包容。豁达，是一种天不言自高、地不言自厚的大智若愚。做人要有力争上游的勇气，更要有愿意低头的大气。年轻干部在人生道路上不管遇到多大困难、受到多大委屈，都要用积极眼光看待周围一切，正确看待社会、看待集体、看待领导、同事和朋友，乐观对待生活。无论自己的心境如何，要靠自己细细消化，释放出的一定要是正能量。这样既可以弘扬社会正气、维护集体和谐，也可以保护自己。

　　最近，一个叫李子柒的姑娘，依照季节时令煮酒烹茶，从腌笃鲜、佛跳墙到玫瑰醋、枇杷膏、桂花酒、覆盆子老冰棍，把传统文化和田园生活拍成视频上传网络，引发海内外网友关注。李子柒的视频跨越了语言障碍，传播了中国文化；也有网友认为视频不够"真实"，完全不是真正的农村田园。实际上，这样的争论大可不必，"李子柒"已成为一种文化现象，她所构建的"田园诗意"，虽是想象中的乡村牧歌，但恰到好处击中了都市人的痛点。看李子柒的视频很减压，在百忙中，在尘世喧嚷中，偶然丢开一切，无穷妙处源源而来。天天在上海，厌了，便想着回归田园生活。乡下人要进大都市，城里人想寻僻静山村，大家都喜新厌旧。动物习惯于自己的生活环境，非无奈不肯搬迁，喜新厌旧的是人。因此，每当有空时，总愿意出去走一走。走出去，才能眼界阔、天地宽。我摄影，总希望寻到静趣，领略静中趣味。与有趣的人，并不必多说话，有时默然相对，也会心领神会，这就是朋友之间的无上至乐。读书让脑子动起来，行走让身子动起来，学李子柒讲好中国故事，活出精彩和自信，是李子柒带给我们的生动启示。活出自己的风景，不要在意别人的眼光，做自己就好，过自己的生活，自己的心情才最重要。

　　据 2018 年中华医学会健康管理学分会等机构联合发布的《中国城镇居民心理健康白皮书》显示，16.1％的人有不同程度的心理问题，大部分人处于亚健康状态。在我们身边也有偏执情绪的人，对某件事的看法或做某件事情固执己见，听不进劝，对同事、对学生、对家长、对社会、对一切事情都会产生一种负面的认识，并将这种认知固化在潜意识中。教师的心理问题是摆在我们面前一道非常严重的问题。教师拥有健全的人格和健康的心理，比拥有扎实的专业知识和多彩的教学方法更为重要。有时候，发生一些冲突，实际是教师的心理困惑和情绪失调，是心理问题不是"师德"问题，是"更年期"碰到"青春期"。要重视教师群体的心理健康教育，建立和完善教师心理健康保障机制，只有心理健康的教师才能培养出健康的学生，教师的不良心理不仅会影响教师自身的工作和生活，还会影响学生，引发学生的心理问题，给学生的学习生活和人格发展带来负面影响。教师面对工作和生活压力，必须学会合理宣泄，要给教师一定的宣泄途径，保持情绪健康。现在，每年学生中有超过 5％ 的学生有心理问题，生命安全教育任重道远。不少教育机构在各种功利心驱使下，一味地强调竞争和比较，而忽视了教育最重要的东西。

11 沉下心来享受美食，喝茶看书

做梦也想不到，会度过这样一个独特的假期，"宅在家中，就是在为国家做贡献"！对我这个经历过 1988 年上海"甲肝"的人来说，更能理解不能出门的意义。疫情改变了我们传统的过年方式，也影响了无数普通人的命运。经历了最初的焦虑、紧张，随着对疫情的逐步了解，渐渐习惯"宅"在家里，有了更多的时间，发现和关注到原来很多可能被忽略的事情，非常享受这个"意外"的超长假期。平时就像一个不停旋转的陀螺，没有时间停下来，现在强制让我蜗居家中不出门，有更多的时间陪伴家人，沉下浮躁的心，放下忙碌、盲目和茫然，远离周围的喧嚣。手机也是一个"焦虑源"，每天接收大量鱼龙混杂的信息，有的夸大其词，有的胡编乱造……管住手，除了几个不得不看的工作群，不看朋友圈，腾出更多时间，享受当下，享受难得宅在家里的时光。收起各种抱怨和不满，不辜负这使人万般惬意的权利，给心灵腾出感知幸福的空间。

有人觉得，在家里吃了睡睡了吃，无所事事，无聊至极；有人感到在家越来越"闷"，有点难熬，甚至身体出现一些不适应的症状。如果连这几天都受不了，还能受得了退休的十年、二十年？都说退休好，很多人往往临到退休就受不了。到了这个岁数，内心应该趋向于宁静，减少外出活动，包括旅游、开会、讲课，应付热闹的场面，学会享受内心的宁静。就像一只鹰在外面飞得久了，累了，倦了，也要回到舒适的巢穴休息休息。有人说，做了父母后，担心就成了一辈子的功课。我总劝太太不要过度关心孩子，尽量不去烦他，因为他已经长大了，被嫌弃将是父母一生的命运。要有自己喜欢的事物，做自己，做自己喜欢的事。最美好的生命是有平衡感的生命，周国平曾说过："人世间的一切不平凡，最后都要归于平凡。"把平凡生活过好，人生才圆满。

"宅"在家里，有一种非常简单的缓解压力的办法，那就是美食。什么是美食？仁者见仁，智者见智。自己喜欢吃的就是美食，关键是让自己心情舒畅。为什么这么说呢？享受美食时，可以分泌多巴胺，它就是影响情绪的"硬核"。精神上的健康就是愉快，随心所欲，精神健康了，身体也就健康了。"宅"在家里，吃点自己喜欢的食物，觉得世界真美好。每成功做出一道自己喜欢的美食，会让自己觉得很有成就感。制作的过程也是创造的过程，从那么多美食 APP、视频中吸收来的养分转化为自己的创作成果、劳动成果，让自己心情更舒畅、更愉悦。美食，是释放自己的一个好选择。美食，不一定是海参鲍鱼，对顶级厨师而言最难的是家常的清粥小菜，重要的是带给自己的幸福感，甘之如饴，吃得兴高采烈，这才是真正的生活，幸福就是这么简单，不要想得太复杂。当我们没了工作，发现了吃的乐趣，就会填补上退休生活的无聊时光。

上班时，总担心自己会发胖，内心充满纠结，明明是品尝美食，也是粗暴地、匆忙地、随意地对待，体会不到食物的美妙，更不会过分关注颜色、外形……现在，"讲究"地享受每一餐美食，不再去纠结、担心自己会发胖，一心一意、细嚼慢咽、乐在其中，细细体会其触感，聆听嚼碎食物的声音，回味整个创作过程，提升幸福感，食物的聚合也是一种"缘分"。作家大都是美食家，善于享受生活。大文豪苏东坡喜欢美食尽人皆知，还发明了东坡肉。顶级资深吃货蔡澜先生说：有灵性的人，从食物中也能悟出道理。美食，不是为吃而吃，不要错过了对它们的品味、感受和感悟，平淡无奇的锅碗瓢盆里，盛满了中国式的人生，更折射出中国式伦理。在中文里，"火候"一词的使用并不局限在厨房，更能用来评价处世的修养、为人的境界。如同传授母语，父母把味觉深植在我们的记忆中，是不自觉的本能，这些"种子"一旦生根、发芽，即使走得再远，熟悉的味道也会提醒我们家的方向。

一辈子究竟有多长，没人能预测，唯有顺其自然。古印第安人有句谚语："别走得太快，等一等你的灵魂。"利用这大好时光，闲下来什么也不做，拿本书，泡上一壶茶，沐浴着暖暖的阳光，即使身在闹市，也能游离万物之外，观赏着天空缓缓变化的白云，享受着小区、院子的静寂，慢慢品着香茗，让自己彻底放松，沉浸在茶汤之中，感受茶的香气、口感和韵味。茶不过两种姿态：浮与沉；喝茶不过两种姿势：拿起、放下。浮沉时才能氤氲出茶叶清香；拿放间方凸显出人生态度。其实，懂不懂茶并不重要，喝什么茶也不重要，适合自己的才是好茶，懂得拿起，学会放下。陆游说："蛮童未报煎茶熟，一卷南华枕上看。"有茶岂能无书？不同的阅读给人以不同味道的感觉。既有"学习强国""阿基米德"等多个视听平台，通过声音和视觉的双重体验带人走进美好的阅读世界。更多地是把最近买的、来不及看的书都放在触手可及之处，随手可翻可看。家里弄得有点乱，但阅读的心境很重要。

没有目的性的学习、读书，是一件放松、快乐的事，书要慢慢读、茶要慢慢喝，享受其中，或浅或深地进行一些思考！真心希望，在家里时常能闻到茶香、书香、饭菜香，能够有机会自己经常动动手，去创造这些香味，让孩子学会喝茶，学会读书，帮孩子学会做饭，这是人生的大计！一个人喝酒，喝的可能是闷酒；一个人喝茶，却是一种境界。与朋友喝茶，往往会因为聊天而忽视了茶味，或是因为他人对茶的点评而动摇自己的看法；一个人喝茶，可以聚精会神，享受难得的从容、笃定、宁静，享受慢生活。我们这个年龄应该知道"进退失据"和"来日方长"……知道什么时候可以放下，什么时候要加快脚步，什么时候必须驻足，什么时候又该慢走，不要因为一路快跑追赶而忽略了道路两旁美丽的风景。吃饭、喝茶、读书，事异而理同，殊途而同归。

12 等 待

现代人最不擅长的一件事，就是"等待"。街上的人总是脚步匆忙，似乎有谁在后面追赶一样。从远处望去，甚至能感受到他们急切的心情。朋友之间约了喝茶、吃饭也是如此，如果对方迟到一分钟，就会赶紧打电话给对方。这是因为我们无法忍受等待。我们已经适应了"等不起、慢不得、坐不住"的紧迫感，外地朋友到上海很不习惯。这次"史上最长寒假"，对个人来讲，就是要服从大局、遵守疫情防控各项规定，"宅"在家里，隔离是非常时期采取的非常措施，一定要配合，"宅在家中，就是在为国家做贡献"！张文宏在"上海书展·阅读的力量"作演讲时金句不断："不要到处瞎玩，还没到为所欲为的地步！""还得保持着警惕的心态，不要到处瞎玩，不要摘下口罩聊天，避免一起吃饭，取消不必要的活动。"上海总人口 2 400 多万，有 1 000 多万流动人口，这是 1 000 多万"城市候鸟"，人气渐渐恢复的同时也意味着更高的输入性风险、流动性风险、聚集性风险。如果麻痹了、松劲了，"前功尽弃"绝不是危言耸听。

最近有报道，位于闵行区华漕镇的沪上首家 Costco 超市（开市客超市）又开始大排长龙，蛋糕、肉类区域水泄不通，停车场转几圈才找到空位。朋友圈里，一则河南郑州百人排队购买胡辣汤的视频让人看着揪心，人与人之间也没有保持足够的安全距离。当当网出现 1 名新冠肺炎确诊病例，造成 66 人被隔离观察。当前，一定不能有丝毫松懈、麻痹和侥幸的心理，不去"轧闹猛"，懂得对自己负责。这次疫情的惨痛教训，应该转化为全民公共卫生安全意识，将戴口罩、勤洗手、不聚集、拒野味等全民抗疫要求转化为我们的行为习惯，决不能"好了伤疤忘了痛"。宅在家里，各种纷杂信息奔涌而至，无不由衷慨叹：活着真好！好好活着就是幸福。人应当如何好好"活在当下"？不要好高骛远，要学会从生活本身获得快乐。钟南山讲："人生在世，除了生死和健康，其他都是小事、浮云。""宅经济"逆势火热，"停课不停学"也是众说纷纭，我们反思疫情之下把"养成良好饮食习惯"作为"化危为机"的一个机遇。

"食育"想了好多年，饮食文化、线上教学推广了好多年，这次终于有机遇去实现。做任何事情都需要时机，时机不成熟，即使着急，想要马上做，也不会有任何结果。日本有这样一句话："只要等待，总有风平浪静之日。""食育"，就是关于饮食的教育，培育科学文明的饮食习惯，学会与自然和谐相处，形成良好的餐桌文化，更好地享受生活！在日本，将食育作为一项国民运动普及推广，与饮食观念、营养知识、饮食卫生、饮食安全、饮食文化等"食育"内容联系在一起。我们如何通过"吃"这个每天必做的事情，让孩子们了解"吃什么、怎么吃"，懂得食物的珍贵，劳动的辛苦，怎么把每一顿饭吃得有滋有味，养成正确的饮食习惯，增加对中国饮食文化的认同感，"治大国如烹小鲜"。这次，与中国烹饪协会、上海第一教育合作推出"跟大师学做上海菜"系列慕课，社会反响很好，既是烹饪专业建设成果的展示，也是非遗文化的推广。更重要的，是让更多中小学生和家长参与体验活动，树立正确的食物观，认识食物既是大自然的赐予、又是人类辛勤劳动的结晶，展示上海时令节气与特色饮食，让"上海味道"成为传承中华优秀传统文化的重要载体。

整理、推出《茶艺》系列慕课。包括泡茶的技能、品茶的艺术、器皿的欣赏，以及在行茶过程中以茶为媒、沟通自然、内省自性、完善自我的心理体验，培养健康的生活方式、高雅的生活情趣和审美情趣，弘扬传统文化、时代精神。尤其是在当下，病毒感染防治过程中具有突出的潜在价值，宣传普及茶艺知识，提倡养成良好饮茶习惯，践行科学饮茶的生活方式，弘扬中国传统文化。茶叶具有良好的免疫调节活性，平时多喝茶有助于营养膳食调节，茶多酚、茶氨酸、茶多糖等成分具有显著的免疫增强和免疫调节作用，师生健康意识增强和对健康生活方式的关注才是真正的生命之盾。市教委副主任倪闽景说："疫情给了我们一次反思教育的机会，教育行政部门可以借这次疫情让大家从升学漩涡中跳出来，更好地引导广大学生和家长正确看待学习的内涵和孩子成长的本质，那么，坏事可能真的变成好事呢！"

今天"惊蛰"，是春天的第三个节气，标志着仲春时节的开始。"惊蛰"这两个字，还包含更深层的涵义——当"蛰"则伏，当"惊"便起，学会顺时而动、应势而为。雷军说："风口上的时候，猪都能飞起来。"这次疫情，对忙惯了的我们有时会觉得有点寂寞，但这份寂寞又有着一种充实。正是前几年的这些积累，才有了今天线上教学的不慌不忙，有了一批教师敢于担当作为的自信、勇气和底气。《管子》说："时则动，不时则静。"有静气、沉得住、能等待，才是成大事者的必备素质。只有沉下心来，默默学习、沉淀思考、整合消化、为未来做规划，才有机会厚积薄发。古人仿佛很懂得利用"时间"这味佐料，时间褪去食物的锋芒，在岁月里化成了醇香。新茶，清香甘甜，自有其滋味；随年份的增长，茶色、汤色愈发深重，香气开始有了扑朔迷离般的神秘感，滋味开始多了醇厚和甘甜。食物也是如此，吃得太快，总会差点什么，加点时间进去会好很多。

疫情给了我们这次机遇，停下匆匆的脚步，听从内心的召唤，不去纠缠纷繁复杂的事情，不去疲于奔命，不去逢场作戏，做一些自己想做的、简单的东西。疫情的警报声仍在，静待事态好转。

13 系统思维，辩证施治

在此次新冠肺炎疫情防控阻击战中，中西医结合的应急医疗体系发挥了关键作用。以整体调节、治未病、多靶点等为特色的中医药，科技赋能、守正创新，成为抗疫"奇兵"和疫情防控的亮点，在海外疫情升温的艰难时刻，中医药为全球战疫贡献中国智慧，连花清瘟、清肺排毒汤屡屡"墙外飘香"。中国的抗击方案、防护措施为全世界抗击疫情提供了借鉴，尤其是以隔断传播宿主、阻断传播链为核心的中医治未病思想起到了很大作用。相对于西方医学的头疼医头、脚疼医脚的思想，中国传统医学更偏重于治未病。"治"，为治理管理的意思，"治未病"即采取相应的措施，防止疾病的发生发展。中医治未病理念源远流长，主要思想是"未病先防和即病防变"，是中医学理论体系中独具影响的理论之一。"未雨绸缪"，"未晚先投宿，鸡鸣早看天"，凡事预防在先，是中国人谨遵的古训。中医治未病理念的形成，正是根植于中国文化的肥沃土壤。随着现代科技迅猛发展、日新月异的今天，又提出了"精准治未病"，充分显示了中国传统医学的巨大魅力。

最近，我们正在实施的"基于系统动力学理论的职业学校创新发展路径与实践"研究与中医"治未病"理念有异曲同工之妙。中学为体、西学为用，希望借助"西学"的系统动力学这一认识系统问题和解决系统问题的有效工具，增强辩证思维、系统思维能力，努力提高解决改革发展基本问题的本领，为学校创新发展的顶层设计、整体思考提供助力，构建新的"育训结合""产教融合""三全育人""工匠之师"生态链，使教学链、产业链和利益链形成有效连接，打造一个多主体共赢互利的生态圈。系统动力学是一门基于系统论，吸取反馈理论与信息论等，并借助计算机模拟技术的交叉学科。系统动力学能定性与定量地分析、研究系统，从系统的微观结构入手建模，构造系统的基本结构，进而模拟与分析系统的动态行为。系统动力学的学科基础可划分为三个层次：

第一层次：方法论。系统动力学的方法论是系统方法论，其基本原则是将所研究对象置于系统的形式中加以考察。系统方法论目前还不很完善，系统动力学自身的发展也将会丰富、充实系统方法论。

第二层次：技术科学和基础理论。主要有反馈理论、控制理论、控制论、信息论、非线性系统理论，大系统理论和正在发展中的系统学。

第三层次：应用技术。为了使系统动力学的理论与方法能真正用于分析研究实际系统，使系统动力学模型成为实际系统的"实验室"，必须借助计算机模拟技术。

当今国家职业教育的制度框架已经稳定下来，学校爬坡过坎、提质培优的历史关键期，让已经稳定的制度不断释放出治理效能，解决教育质量不高、办学特色不鲜明、实训中心建设有待加强的状况。必须把改革的重心转移到高质量发展上来，以质图强、提质培优、增值赋能。积极参与纵向衔接、横向贯通的职教体系建设，由参照普通教育向企业社会参与、专业特色鲜明的教育类型转变，特别是产教融合、发挥行业支点作用，培养"能工巧匠"的高素质技能人才。构建一体化育人体系，完善"三全育人"机制，将立德树人贯穿于教育教学全过程，统筹推进课程育人、活动育人、实践育人和文化育人。推进"三教改革"，不断完善基于"任务引领"的"学评用"一体化教学模式，完善 T 型课程体系建设，开发一批活页式、工作手册式、一体化设计的多媒体教材，开发完善精品课程，打造一批创新教学团队。落实育训结合、并举并重的法定职责，调整学校绩效考核方案，鼓励教师多劳多得，打造一支育训皆能的"工匠之师"。学校现在面临的治理问题，越来越复杂化、风险化，其解决和应对已经超出某个学校个体或教育系统独立应对的能力。当然，挑战也把各个学校之间的竞争推进到一个新阶段，是否能够将各校的治理优势发挥出来，转化为实际的治理效能，考验着各位校长拥有的治理权威、掌握的治理技术、动员的治理资源以及应对问题的能力，许多问题、风险永远存在。

清醒认识所处的历史方位、学校定位，把握学校改革的主要矛盾，把握作为中等职业教育的实际实情，决不做自以为领导满意却让群众失望的蠢事。当"望闻问切"遇上 AI 和大数据，我们要有系统思维、整体思维和辩证思维，瞄准"类型教育""未来学校"，从形式主义的束缚中解脱出来，有更多时间和精力去抓落实。动员多方力量精准推进、合作推进、创新推进，全面权衡，把握变与不变的辩证法，把握危和机的辩证法，加快数字化、融合化转型，着力传统专业转型、壮大"专精特新"专业，心无旁骛抓紧、抓实、抓细各项工作，加快取得更多实质性、突破性、系统性成果，为高质量发展奠定基础。在职业教育学历层级向上延伸、底部抬高的现状下，未来相当长的一段时间内，更积极地参与职教体系建设，推动中本贯通衔接教育，仍将是学校改革发展的重要任务之一。

第七章

从参照到变革：
走向公共空间的未来学校

　　未来职业学校不仅是职业教育、技能培训的场所，也是社区居民可以共享的公共活动空间和社交空间。让学校成为开放的社区公共空间，成为重塑人际关系的公共场所，具有独特的意义。未来学校不仅要考虑年轻人的需求，还要满足老年人的需求。如此，打造"匠心学校"、弘扬工匠精神就会透过围墙、超越学校、甚至跨出教育领域。

01 突出类型教育特点，
教育培训并举并重

　　职业教育与职业培训并举是中国特色职业教育的基本特征。《国家职业教育改革实施方案》出台，聚焦当前存在的关键问题，指出未来发展目标，提出了一系列举措整体推进职业教育改革。客观地讲，职业教育的独立类型地位仍未得到广泛认可，中职教育仍依附于普通教育体系，处于"弱势群体"地位，虽作为一种教育类型，但在公众眼中还是被看作低于普通教育。因此，职业教育在招生、人才培养、就业等各个环节受到不同程度的歧视。招生已连续多年滑坡，高质量生源很难进入职业学校；在人才培养环节，职业教育的人才培养水平、存在的价值受到质疑；在就业环节，职业学校毕业生在劳动力市场中并不占优势；在大力发展高等职业教育背景下，中职的产教融合、校企合作更加困难。在此背景下，如何落实《国家职业教育改革实施方案》，落实学历教育与职业培训并举的目标任务举措，对于提高学校办学水平，提高教师专业化水平和优质技术技能人才供给具有重大意义。

　　确立学历教育与职业培训并举并重。我国是典型的学校本位的职教模式，职业培训在职业教育体系中所占的比重较低，且不系统。然而，作为一种教育类型存在的职业教育，其本身的复杂性决定了不应该只有一种办学形式。职业教育与职业培训应该是一个体系，二者都是我国现代职业教育体系的组成部分，必须落实职业院校实施学历教育与培训并举的法定职责。建立学历教育与职业培训并举的现代职业教育是全面深化改革背景下的新设计、新安排，也面临着前所未有的改革推进难度。最近，教育部办公厅等14部门又印发了《职业院校全面开展职业培训　促进就业创业行动计划》，要求："各地教育行政部门、职业院校要高度重视培训工作，切实将职业培训摆在与学历教育同等重要的地位。职业院校要把开展培训工作作为一把手工程，成立专门负责培训的机构，配备专人负责。"职业教育使命已经转向，应该育训结合，还要并举并重，"要适应经济高质量发展的要求，办好职业教育和技能培训"。近年来，由于众所周知的原因，各职业院校的培训机构、培训项目基本下马，职业培训处于停滞状态，有的机构、队伍已经解散，现在重新要在短时间内集结起来困难很大。由于相关法律法规、政策文件条款均缺乏系统的支持，学校的操作存在诸多不确定性，上有红线、下面教师缺乏积极性，大家都有畏难情绪，推进的难度很大。

"育训结合"是新时代职业教育的发展重点。党的十九大报告指出"完善职业教育和培训体系，深化产教融合、校企合作"，为职业教育发展指明了方向。不断深化与蓝带国际的合作，汲取合作办学的经验和教训，继续大力引进国际、国内的品牌项目，以项目为纽带开展高起点的国际合作培训，通过职业培训反哺职业教育，提升专业教师的国际视野、提升职业教育的品牌影响力。围绕高端现代服务业、文化创意产业技术技能人才紧缺领域开展职业培训，主动与具备条件的企业在人才培养、技术创新、就业创业、社会服务、文化传承等方面开展合作，满足人民群众日益增长的美好生活需要。我们也要开展面向全体劳动者广泛开展职业培训，参与市级"劳动者技能提升"培训，这既有利于支持和促进就业创业，也有利于学校提升人才培养质量和办学能力，也是深化学校改革的重要内容。伴随学校基础办学能力的明显提升，教育质量的进一步提高，进而为长三角，为沪滇、沪遵合作，尤其是为"一带一路"沿线国家职业教育发展提供商旅方案，输出江南文化、海派文化，讲好中国故事。现在，最大的挑战是观念的转变，制度的重建，机制的保障，抓住中央深化职业教育改革的契机，抓住这个大有可为的政策红利期和发展机遇期，高质量、一体化发展，迎来更快更好的发展，真正使学校成为上海职业教育改革的"高原""高峰"。

产教融合、校企合作是职业教育的本质要求。提高职业教育产教融合水平，也是《国家职业教育改革实施方案》改革的重要内容，是现代职业学校发展的重要方向。与社会经济发展接轨，与市场、产业需求相结合，引进一批有社会责任感的优质企业、头部企业，校企深度融合育人，深度参与专业建设，加速补短板，真正体现类型教育特点，把提高培养质量放在重中之重。校企合作，重新制定各专业人才培养规格和质量标准，突出专业特色、课程特色、教师特色和 T 型工匠人才培养特色，构建"精致化培养""个性化成长"的人才培养模式，为学生提供更加优质、精致、个性化的教育服务，促进学生可持续发展。抓好典型案例，借鉴文物修复技术专业的办学经验，聚焦"专精特新"、学生喜欢和深度校企合作，引进一批名师、大师组建工作室，提升本校教师"双师素养"，形成具有影响力的"双师结构"教学团队，凸显"品牌"专业独特价值。关注专业品质、专业特色和社会影响力，使"精致化培养""个性化成长"成为每个专业的特质。中职教育已经成为学生选择的"买方市场"，形成激烈的校际竞争，"精致化培养""个性化成长"应该成为学校的生存之本，也是学校发展的必然选择。因此，专业布局调整优化要在"小而美""专精特新"上做文章，使内涵与外延进一步协调发展。

校企"双元"育人是迫切需要攻破的堡垒。借鉴"双元制"等模式，总结现代学徒制和企业新型学徒制试点经验，校企共同研究制订人才培养方案，及时将新技术、新工艺、新职业纳入教学标准和教学内容，强化学生实习实训、综合实践能力，深度对接行业企业需求。近年来，我们在西餐、现代音乐、电竞等专业进行了"双元"育人的有益探索，这是我们力图突破体制机制束缚，形成不同于普通教育的特色人才培养模式。引导企业"依法履行实施职业教育的义务，利用资本、技术、知识、设施、设备和管理等要素参与校企合作"，使企业成为参与人才培养的重要主体，帮助学生掌握一技之长，实现更高质量、更充分地就业创业。"双元"育人改革是一个系统过程，不会一蹴而就，阵痛难以避免、挑战不容忽视。需要我们拿出攻坚克难的智慧和勇气，让"双元"育人举措落地开花。聚焦"专精特新"，与企业深度合作，才能实现"精准"发展，尤其是在新生的领域实现突破，最近与"中电创智"合作签约共建电竞专业，就是想在合作育人上进行新的尝试。企业是否选择进入你的"平台"，关键还是看你的办学思想、综合实力及培养质量，是否有一支敢于创新、敢于牺牲的教师队伍以及形成的比较优势。各专业要重新定位、重新规划，把育训结合、产教融合和创新元素融入到转型发展的具体实践中去，实质推进协同育人。

强化职业教育与普通教育的互融互通。现代职教体系应该是一个开放的体系，从理论上讲，与普通教育可以实现相互沟通，实际是两条平行轨道。近年来，中等职业学校与普通高中之间可以"学籍互转、学分互认"。但从实践层面来看，只有普通高中向中等职业学校转出学生，而从中等职业学校向普通高中的转学几乎不可能。近十年来，我们打破职业教育与普通教育的壁垒，主动在职业启蒙、职业体验、非遗传习、创新创业和劳动教育等领域开展区域合作和校际合作，不断完善"中小学生职业体验中心"的运行机制，不断开发完善多次体验、渐次深入的课程，构筑多元而丰富的多边互动，创新职业教育实施形式，提高职业体验的实效，实现专业教学改革的边际效应最大化。形成"FAIR 营销节""蓝带美食节""暑期小达人""国际木工邀请赛"等体验品牌项目，通过"小体验"去触发学生的"大未来"，让他们了解和发掘自己的潜在能量，展望并遇见未来的自己，努力培养学生的综合素养，培养学生职业兴趣和职业意识，体现了职业教育社会服务能力。这也是我们落实《国家职业教育改革实施方案》，落实职业教育与职业培训并举并重的丰硕成果。作为教育事业的重要组成部分，用"育训结合""并举并重"激活一池春水，商贸旅游学校必将迎来百花齐放的春天，不断增强社会影响力和吸引力。

02 依法治理合规办学，开展高质量职业培训

　　劳动者素质对一个国家、一个民族发展至关重要。技术工人队伍是支撑中国制造、中国创造的重要基础，对推动经济高质量发展具有重要作用。上海要落实好中央交给的三项新的重大任务，加快建设"五个中心"，持续打响"四大品牌"，迫切需要更多知识型、技能型、创新型人才。如何抓住、用好举办世界技能大赛的重大机遇，大力发展职业培训，规范职业培训，高质量培养高技能人才，推动职业技能培训行业发展。

　　社会力量举办的职业技能培训机构是职业培训体系的组成部分，依法享有办学自主权，政府应将其纳入提高劳动者整体素质的职业培训规划，切实采取措施予以扶持。当然，社会培训机构必须遵守和执行国家的法律、法规和有关政策，依规办学，积极为提高劳动者的职业技能素质，为经济建设、社会发展和劳动就业服务。规范社会培训机构发展的关键在于依法治理，统筹施策。要明确社会培训机构的法律地位，坚持依法依规治理。治理的目的是要使之成为学校系统、职业院校的有益补充，进而建立起中国特色社会培训机构的组织管理体制机制；与实施《民办教育促进法》相结合，行政性文件要有合法性依据，统筹施策，分类施策，精准施策。既要有行政管理部门的主体责任，还要发挥第三方机构在研究、评估、咨询等方面的作用，促进社会培训行业自律发展、规范发展。现在强调坚持党对一切工作的领导，这是重大政治原则，必须一以贯之；建立现代企业制度是改革方向，也必须一以贯之。中国特色现代企业制度，"特"就特在把党的领导融入企业治理各环节，把党组织内嵌到企业治理结构之中，明确和落实党组织在法人治理结构中的法定地位，做到组织落实、干部到位、职责明确、监督严格。

目前取得办学许可证的培训机构，普遍登记为民办非企业单位，这是一类非营利的社会组织，即使在修订前的《民办教育促进法》框架下，也只能取得合理回报。但现实却是，这个行业已经产生了数家市值巨大的上市公司，且资本还在不断进入。加强培训机构财务管理，对培训机构的收费、财务、审计等的监管，从而杜绝关联交易、抽逃资金。近日，知名英语培训机构韦博英语爆出重磅消息，疑似趁国庆节关闭多家门店"跑路"。作为一家成立 20 余年的老牌英语培训机构，在全国 62 个城市有 150 多家门店，受影响学员数千人，涉及退费金额或近亿元。此外，据传大量学员被韦博英语诱导，从广发银行、招联金融、百度有钱花等机构申请了数万元的培训贷。如今，培训机构倒闭，学员面临无法退费，但又要偿还金融机构贷款的困境。培训机构承诺未报名成功或未通过考试可全额退款，有学员未通过考试后，该机构却并未履行承诺。虚假承诺，学员退费难、维权难，机构"跑路"不见踪影……近年来，一些机构职业资格证书"包过"乱象频发，引发社会关注。然而，考试结果具有不确定性，如双方在合同中作此承诺，应严格履行。一旦接受培训方未取得相应培训成果，提供培训方应按照约定继续提供服务或退款。

国务院督查组发现，在失业人员培训上，一些地方存在课程选择少、实操内容少等问题；在职工技能提升上，一些培训机构存在课程压缩、职业资格证书"包过"等乱象。督查组建议，应根据失业人员需求调整、更新培训目录，严查职业技能培训中的乱象，避免培训补贴"打水漂"。政府管理部门应避免"大水漫灌"，注意治理的力度和节奏；加强舆情分析，既关注社会培训机构存在的问题，又要关注"妖魔化"社会培训机构问题。社会培训机构与互联网、社会资本相结合，是教育培训行业的新业态新动向。部分高端社会培训机构在信息技术与教育教学深度融合方面更为敏锐、发展更快、效果更好，促进学校体系与社会培训体系、公办学校与培训机构之间的良性互动发展。培训机构的发展规划，应围绕职业培训领域推进供给侧结构性改革。

2019 年 9 月，教育部等 11 部门联合发布《关于促进在线教育健康发展的指导意见》，把在线教育定位为"教育服务的重要组成部分"，并提出鼓励社会力量举办在线教育机构，开发在线教育资源，提供优质教育服务。在线教育行业一直备受争议。一方面，它较便利地满足了学生、家长对优质教育的渴望；另一方面，同所有的教育培训机构一样，在线教育经常跟超纲超前教学、资质不全的黑学校等负面新闻联系在一起，教学过程可能拔苗助长，让被迫卷入的家长和学生们又爱又恨。资本市场看在线教育企业，甚至在线教育企业看自己，往往只看到商业模式。如果在线教育机构能看到自己与生俱来的优势以及随之伴生的社会责任，将会获得更多人的认可，能够打开更大市场空间。作为教育服务的重要组成部分，在线教育机构应以更大的社会责任感，成为构建"人人皆学、处处能学、时时可学"学习型社会的重要助力。《2018 年度中国在线教育市场发展报告》数据显示，2018 年我国在线教育市场规模约为 3 134 亿元，比 2017 年增加了 45％，在线用户规模也从 2017 年的 1.44 亿人增长至 2018 年的 2 亿人。

抓好培训调研和需求分析是做好培训工作的前提。深入市场、产业、企业进行走访调研，按照需求设计培训项目，了解企业对职工的技能素质的具体要求是什么以及现有概况如何，从而有的放矢地制定培训项目，有针对性地开展技能提高培训或素质提升培训。另外，还要对待训人员进行认真细致的分析了解，包括年龄结构、学历层次、岗位层次、职务职称情况、理论知识和技能水平、学习能力和沟通状况，等等，以便保障培训的针对性、可行性及有效性。培训环节的筹备、组织是做好培训的基础。坚持走质量为本、持续发展之路。从培训方案的制订，到教学模块的选择，任课教师的选派，课程的具体安排乃至管理人员的任命等，每一步都必须经过认真分析、反复酝酿、不断筛选、合理定局。严把培训保障措施，突出服务意识，促进培训质量提高。把握培训规律、掌握培训特点、创新管理方法，努力实现项目运作程序化，节点操作规范化，培训实施标准化，培训管理制度化。鉴于培训工作复杂性、细致性、耐心性以及奉献性等特点，有针对性地确定适合培训项目的管理人员。实施"沟通无障碍、管理无定式"的管理格局，打造精细、严谨、实用、有效的培训品牌管理格局，促进培训质量的提高，达到良好的培训效果。

培训督导工作对把握培训质量至关重要。通过培训督导，有利于对教学过程总体情况的把握，不仅可以总结某一种类培训可能出现问题的规律性，而且可以找出解决问题的办法和思路，有利于改进教学效果，提高教学质量，为日后的培训工作打下扎实基础。在良好的教学和人性化的管理服务基础上，还需要严格抓好各培训项目的考试及各项操作的考核工作，以便及时了解学员学习、训练的阶段性真实状况，及时对部分薄弱环节进行补充和调整，达到有则改之无则加勉之目的。进一步规范培训流程，完善培训管理制度体系，提升科学化管理水平，促进培训质量提升。在选择培训方式方法时，如果能针对培训的特殊性采取相应的培训办法，则可起到事半功倍的效果。我们把"学评用一体化"应用到培训工作中去，重构教学活动。定期进行"双随机、一公开"的抽查和监督，对培训质量进行监测和评估。实施职业教育质量年度报告制度，报告向社会公开。现在，国家的改革思路逐渐清晰，学校也应该改变惯性思维，主动抓住机遇，提升人才培养质量。培训督导还要注重信息收集，收集主要竞争对手或者一些大型培训机构的信息；了解同类培训特点及其竞争优势；了解市场最需求的项目及原因；了解行业人士对自身的评价和口碑，了解行业内的相关资料等。

培训评估总结工作对培训改进与持续发展至关重要。培训过程中及培训结束后，必须做到及时改进、持续完善、确保质量，应依据目标管理的原则建立培训过程评估体系，做到质量考核标准化。通过随堂听课、座谈会、跟踪回访等形式，及时掌握培训进度和效果，找差距、补不足，不断改进培训方式方法，对数据进行分析和解释，总结经验教训，最终根据评估分析结果调整培训项目，为日后的同种或类似的培训积累第一手资料。培训效果的好坏关键在于如何把握培训的全过程。不但培训管理制度应健全，培训方式方法也应该适应培训特点，培训服务功能还要到位。国务院发文，再次取消多项职业资格许可和认定事项。那么，取消职业资格后，我们的培训如何开展？取消职业资格不是取消岗位和职业标准，也不是取消相关职业评价活动，而是改由用人单位、行业组织按照岗位条件和职业标准开展自主评价。我们还要更好地与行业协会合作，了解小微企业需求，围绕高端服务业开发新的培训项目。

03　对中小学生职业体验日活动的再思考

　　上海市商贸旅游学校自 2014 年举办"马上 F·A·I·R 营销节"，以"集市"的方式开展中小学生职业体验日活动，整个校园变身为职业体验乐园，俨然成为一场中小学生职业体验的嘉年华，已在上海形成自己独特的社会影响力，正在成为全国和上海职业教育传播正能量、好声音、新形象的"新名片"，成为让社会各界充分领略职业学校师生风采，感受职业教育支撑产业发展、促进创新创业作用的重要平台。

　　系统设计、精心组织。2016 年的"营销节"，学校依托新建的创新实训中心，突出新技术、新工艺、新设备、新职业，特别是 3D 打印、VR 技术、机器人等热点项目的推出，让活动参与者在体验中走近科学，了解上海经济转型发展，了解在互联网和新经济情况下不断创新的业态，了解应用新技术实现新发展的新的经济增长点，提高科学素养和创新创业能力。整个活动板块分为职业技能、人文素养、科学素养、文化创意等，以 26 个店铺、52 个项目串联起各专业的核心技能和学生社团的特色。本次"营销节"有 70 多位教职工和 300 多名学生作为志愿者参与活动，7 000 名社会各界人士参加了体验活动，其中中小学生 4 800 名，特别是邀请了两个公益组织的几十名自闭症儿童参与了体验日活动，体现了学校的社会责任。2016 年的职业体验日活动通过《文汇报》《新民晚报》《新闻晨报》《上海教育电视台》等主流媒体宣传以外，还通过传统的校园宣传和新媒体"新民网"等各种途径开展广泛的宣传。本次体验活动采用在"第一教育"微信公众平台进行报名和学校微信平台报名相结合的方式，公布具体报名方法和职业体验项目，力求让更多学生有参与兴趣项目的体验机会，学校职业体验活动微信阅读数达 18 000 人次。

　　总结经验、打造精品。根据 2015 年颁布的国务院关于每年 5 月的第二周为"职业教育活动周"的决定和上海市教委关于开展中小学生职业体验日活动的有关精神，结合学校新的办学定位，我们把中小学生职业体验日活动作为学校新的发展着力点，每年在四、五月之间以一个月左右的时间举办"FAIR营销节"，向社会全面开放，向境内外兄弟院校开放，向各个紧密合作的企业和社会各界人士开放，开展专业教学观摩活动、校企合作成果展示活动、校园文化展示活动，开展劳模、大师、技术能手和优秀毕业生进校园活动等，让社会各界了解职业教育改革和商贸旅游学校，感受现代职业教育特色与魅力。"营销节"期间，我们还举办了"来伊份杯营销零售菁英邀请赛"，与丹麦麦凯特（Mercantec）商学院共同举办了营销技能友谊比赛、邀请永达集团人力资源部朱珮瑾为学生做入职指导和职业生涯规划报告；邀请上海市收藏协会吴少华会长作了《古玩投资与收藏》的讲座，带领十多位业内知名专家坐镇，为广大市民提供免费古玩鉴定服务；邀请来自法国姐妹学校——罗宾学府的两位资深教师米歇尔·邦克（Mr. Michel BENKO）和西尔维·赫特（Me. Sylvie REUTER），进行为期两周的专业教学交流活动，"西餐服务"公开课邀请上海市同行前来观摩、学习；邀请上海市茶叶学会高级茶叶审评师、高级茶艺师杜青老师做了《江南绿茶的品鉴》的专题讲座，邀请都江堰职业中学茶艺社到我校进行展示交流和公开教学，并共同赴苏州洞庭山进行了采茶活动；为我校美术专业二年级学生李唯亲举办了"本涩——17岁李唯亲的水彩画展"。我们这些活动既高大上，又接地气，充分发挥了专业优势，为各兄弟院校提供了职业教育课程教材改革和职业体验活动的成功范例。

　　课程培育、机制创新。课程开发要注重不同年龄人群的兴趣需要，根据认知发展、技能培训的规律和市场需要、社会热点进行设计，逐步探索市场化运行。小学阶段以"职业启蒙"为主导，初中阶段注重"技能体验"，高中阶段倡导"专业探究"，社区居民和企业"白领"则以提升"生活品质"的模式，结合网络体验课程，开发多次体验、渐次深入的复合型课程体系。课程开发要注重多方合作研究、融合多种形式，注重引入时代发展新技术、新工艺、新设备，注重引进更多企业、社会各界人士参与其中，通过培育形成一批具有上海特色、示范效应的职业体验课程，形成几个具有教育性、创造性、体验性、完整性和示范性的可复制、可推广的体验项目，成为现代职教体系建设中不可或缺的组成部分，在社会形成良好口碑。通过三年的运作已形成"学校推进、专业配合、多方联动"的工作运行机制，要通过机制创新激发更多教师参与中小学生的职业体验活动项目设计与运行管理的积极性，与学校的创新创业教育活动有机结合起来，培养学生的创新创业能力和综合实践能力。中小学生的职业体验活动还要与社区终身学习、终身教育结合起来，与社区学校教师培训和企业员工培训结合起来，与介绍新技术、新岗位、新业态、展示工匠（大师）技艺绝活相结合，与非物质文化遗产保护与宣传相结合，通过职业体验这一多元的互动学习平台，让广大教师、家长、金领白领走进职教校园，参与职业体验和观摩活动，了解职业教育创新发展的成果，感受职业教育为人们生活带来的种种乐趣和变化，通过"影响有影响力的人"，激发全社会崇尚技术技能，弘扬工匠精神。

04　孕育精致脱俗的非遗文化

2016 年 10 月，为大力倡导"传承创新·匠心文化"的新时代精神，继承和保护非物质文化遗产，大力弘扬传统文化，继承和传播传统工艺，培育匠心精神，受上海市教委职教处委托，我们通过上海黄浦职教集团这一平台，通过市教委文教结合项目，与上海大世界传艺中心合作，以百年大世界传习厅"上海大世界非遗传习"项目为载体，把上海中高职院校开展的"非遗项目进校园"、民族文化传承基地建设成果进行全方位的展示，以"传承、传艺、传习"为重点，综合运用展览、展演、展播等形式，立体化呈现非物质文化遗产的历史与现状、文化特征与经典技艺。力图通过"非遗传习"主题系列活动，传文化传统之承，传民族工艺之艺，传传统技艺之习，展示上海职业院校"非遗"教学成果，弘扬工匠精神；为热衷于非遗文化、工艺的上海中高职院校师生，为热爱和从事非遗创新的现代艺术家、创意者，提供参与、展示和推广的平台；同时，开展非遗项目的教育培训，助力项目传承人从中挑选到有潜力的、可持续培养的技艺接班人；将非遗文化创造性地加以转化，开展创新创业教育，寻求非遗文化全新的市场生命力；开放与青少年学生相关的实践体验活动，开展校际、项目之间的合作，探索"非遗进校园""非遗进教材"，以此更好地传承非遗文化，开展爱国主义教育。

上海非物质文化遗产诸多，是先辈们劳动的成果、精神的传承，能够充分体现出上海文化风俗、历史传统文化等，是文化软实力的重要资源库。《保护非物质文化遗产公约》规定，非物质文化遗产主要包括：表演艺术；非物质文化遗产媒介的语言；口头传说与表述；有关自然界和宇宙的实践及相关知识；社会礼仪、风俗、节庆等；一些传统的手工艺技能等。2017 年 1 月，中共中央办公厅、国务院办公厅颁发的《关于实施中华优秀传统文化传承发展工程的意见》指出，加强中华优秀传统文化教育是增强文化自信的重要组成部分，也是构建中华优秀传统文化传承体系、推动文明传承发展的重要途径，更是培养和践行社会主义核心价值观的重要基础。《新时代爱国主义教育实施纲要》指出："发挥传统和现代节日的涵育功能。大力实施中国传统节日振兴工程，深化'我们的节日'主题活动，利用春节、元宵、清明、端午、七夕、中秋、重阳等重要传统节日，开展丰富多彩、积极健康、富有价值内涵的民俗文化活动，引导人们感悟中华文化、增进家国情怀。"非物质文化遗产通过不同的表现形式，能够将民族情感、民族精神、民族气质、民族历史等充分地体现出来，对建设我国社会主义核心价值体系有着重要的意义。加强爱国主义教育，弘扬我国优秀的非物质文化遗产，在新时代具有重大而深远的意义。

非遗只有与生活相结合，让更多的人了解非遗、认识非遗、珍爱非遗，非遗的传承与传播才能够更加良性有序地发展下去。2017 年 3 月，有着百年历史的大世界以"上海非物质文化遗产展示中心"的新身份正式对外开放。我校牵头全市 19 所中高职院校大世界"传习教室"运营已经两年多了，探寻非遗、品味非遗、体验非遗，取得很好的社会效应。在两年多的运营中，逐渐形成"以传习教室为平台，以非遗技艺为支点，以实践创新为主轴"的工作思路。"见人见物见生活"是非遗保护的重要理念，只有真正走进现代生活，通过非遗的活态传承，让更多的人接触、体验和了解非遗，才能真正地将这些"历史文化基因"保留并长久发展下去。我们通过中小学生职业体验、非遗传习这一载体，让中小学生能接触和学习一点非遗的手艺或知识，从而在更宏观的视野下，为非遗的传承与发展提供更好的发展空间。我们的工作得到了时任市委书记韩正、副市长翁铁慧同志的好评。现在有瓷刻、书法、面塑、剪纸、国画、中国结等 12 项非遗手工艺，每年组织 300 节左右公开课，近万人参与，非遗走出校园、走出殿堂、走近大众，让更多学生、市民感受中国文化的魅力。凭借"大世界"非遗传承的号召力影响力，推动非遗在中小学生、中职学生及市民中学起来、用起来，让非遗技艺活起来、传下去，推动非遗文化与学校文化育人有机结合，培养学生对中国传统文化的兴趣与热爱，主动学习、传承、弘扬，成为具有传统文化根基的人。

我在 2012 年去台湾，考察了诚品书店，特意去了松山文创园，它集多种文创业态于一体，衰败的厂房经过腾笼换鸟式的改造，搭建成新型的文创产业园，成为台湾对外交流的一个窗口。他们推动的"生活美学""台湾生活工艺运动"，促进了文创产业发展，他们学习了日本、美国的东西，很好地保留了中国的传统文化之根，把中国传统文化用时尚、新颖的形式进行体现，像法蓝瓷、琉璃工坊等。要学习他们这种全心投入的工作精神与生活态度，注重每个环节的过程，追求尽善尽美的境界。我还去了士林高商，给我留下深刻印象的是学校营造的文化氛围和传达出来的文化精神。我向时任黄校长讨教，签订了两校合作协议，回来又派干部、专业教师专程去考察，后来因为各种原因合作中断了，我们的"营销节"就是脱胎于此。如今我们正在进行的专业文化空间改造，最早的根源就是来自台湾。咖啡馆、图书馆、博物馆等这些全新项目的植入，是一场从"心"开始的革命，引起了师生广泛的情感共鸣，改造后焕发出了勃勃生机。我一直想让贵州路189号现代商贸开放实训中心真正开放出来，与其说是一个职业培训、职业体验的平台，更想做成一个未来学习中心、创新创业的孵化器，把文化内核转化为生活智慧，成为青年学生的心灵栖息地。在一个有电竞、动漫、文创、各类非遗文化体验的专业文化空间里，有美味咖啡、精品美食，能会客访友，有创新创业孵化，孕育出精致脱俗的非遗文化，体验现代时尚生活的乐趣，一定会成为最有吸引力的未来学校。

　　非遗传承人是弘扬工匠精神的重要载体，是职业道德、职业能力、职业品质的体现，也是未来劳动者的一种职业价值取向和行为表现，工匠精神的内涵体现在敬业、精益、专注、创新等多个方面。我校邀请了任德峰、李建刚、张心一、蒋道银等一批国家级非遗传承人、非遗项目进校园，成立工作室、学生社团，开发课程，让学生有机会与非遗零距离对话，与大师面对面对话，跟随大师学习原汁原味的非遗技艺，感受大师高尚的德行、精湛的技艺、孜孜以求的职业精神，学习、领悟优秀传统文化的博大精深。大师们专注细节的严谨、坚守岗位的执着、力求完美的追求，给学生播下工匠的"种子"。这些非遗传承人的敬业精神和荣誉感对本校教师也是很大的教育，职业不仅是一种谋生手段，更是一种事业追求，一份生命守望。这些大师不为利益所动、踏实务实，以"执着"守护非遗，以"坚守"丰富非遗。但凡取得一定成就的企业，都有一条亘古不变的定律，那就是不急于求成，注重产品的质量品质，产品质量成为企业无形的名片。因此，我们在发展过程中要摒弃浮躁，让严谨求实、精雕细琢、精益求精、极端负责的工匠精神贯穿于教书育人全过程，促进学校有质量的发展、可持续的发展。"工匠精神"是党和国家对我们提出的要求，更是新时代的要求，"匠心文化"是学校基业长盛不衰，坚若磐石的基础。

05　海派餐饮，世界表达

金秋十月，我们怀着喜悦的心情来到巴黎。以"海派餐饮，世界表达"为主题，进行国家级非物质文化遗产代表性项目"上海本帮菜肴传统烹饪技艺"展示与交流，向大家介绍中国传统烹饪技艺、烹饪文化。希望通过"蓝带"这一平台，让法国各界人士了解正宗的"上海味道"、中国烹饪文化、上海传统烹饪制作技艺。

首先，我要表示感谢。感谢安德鲁·君度先生，君度先生在去年访问上海蓝带校区时确定了本次活动，他的全力支持使本次活动得以成行。本次活动得到了法国巴黎蓝带厨艺学院的鼎力支持，得到上海蓝带厨艺职业技能培训学校、上海蓝带商务公司全力配合。本次活动也得到了中国驻法国领事馆文化处全程的悉心指导、具体帮助。本次活动列入上海市非遗协会、上海市餐饮烹饪行业协会年度工作计划，由于工作日程冲突，高春明、王慧敏两位会长无法出席本次活动，我代表上海市非遗协会、上海市餐饮烹饪行业协会及两位会长向安德鲁·君度先生及各位嘉宾表示敬意和感谢。

第二，我非常感动。我们邀请上海"本帮菜"第四代传人、国家级非遗传承人任德峰先生，上海市劳动模范、上海新锦江国宾馆主持国宴菜品研发的徐佳杰先生，上海光大国际大酒店中式面点厨师长、面塑大师安斌先生，与我们学校的中国职业教学名师、中国烹饪大师张桂芳女士，进行表演和展示上海传统烹饪制作技艺，探索活态化的非遗传习方式。我们还特聘了国家一级评弹演员周红女士参加本次活动，周红女士与著名评弹艺术家徐惠新先生还专门为本次活动创作了评弹开篇《醇厚上海》。希望通过这些大师、名师的帮助，与上海市商贸旅游学校师生一起，为大家立体地呈现一场集专业性、艺术性于一体的美食文化盛宴。

第三，是寻找新的感觉，推动餐饮烹饪行业开放包容、互学互鉴、中西融合。"上海本帮菜肴传统烹饪技艺"于 2014 年被正式列入第四批中国国家级非物质文化遗产代表性项目目录。"本帮菜"是上海一张独特的城市名片，虾子大乌参、油爆虾、八宝辣酱、扣三丝，这些本帮名菜是老上海人味觉上的集体记忆，也是名副其实的城市方言，而在这些经典名菜背后则是一整套鲜为人知的本帮传统技艺。今天，我们用世界的眼光重新打量上海本帮菜肴传统烹饪技艺，从历史文化、技法特征、审美取向更为全息地表达本帮菜味觉艺术感受，用世界表达来反映"上海味道"的精髓所在。

最后，预祝本次展示与交流圆满成功，希望通过本次活动让更多人感受上海本土餐饮文化底蕴，让更多法国餐饮业内人士了解传承中不断创新的中国传统烹饪技艺与江南文化。也希望在不久的将来有法国各界人士到"上海蓝带"学习中国餐饮技艺、了解中国餐饮文化，为海外中国餐饮提供技术支持。

06　深度跨界融合　弘扬中国文化

　　最近，我们在上海博物馆举行了"蓝带之夜·上博"文化交流活动。蓝带国际总裁安德烈·君度先生，中华文化促进会副主席李智平，法国、意大利、古巴、澳大利亚、日本、挪威等多位驻沪总领馆总领事、文化代表以及社会各界知名人士、艺术家出席了本次文化活动。这次活动选择上博，希望从更高的文化层面来思考中国美食文化、非遗文化、传统烹饪技艺和现代审美情趣。我们的文化盛宴，更见证了一个行业的蜕变——越来越有温度、有质感，以"小而美"的样式找寻与境外嘉宾的审美共鸣，并依托新鲜活跃的专业人士将上海本帮菜的魅力从上海向全国及境外辐射开来。中西文化融合，深度跨界融合，具有较高的功能互嵌、文化内涵与艺术品位，蕴藏着文化移植、文化熔铸、文化转换的尝试，是深入研究海派文化、江南文化后的灵光闪现。力图使中国传统文化基因与当代文化相适应，与现代社会相协调，以人们喜闻乐见、具有广泛参与性的方式推广开来，把跨越时空、超越国度、富有魅力、具有当代价值的中国文化弘扬起来，立足本国又面向世界，把中国餐饮的创新成果传播出去。而这一步"出圈"的跨越，不是短时间的"爆红"效应，而是积累了 5 年左右的蓄力成果。未来如果上海本帮菜能走出去，一定要有我们自己文化的东西。

　　本次活动期间，正值举办"美术的诞生"巴黎国立高等美术学院珍藏展。巴黎高美对中国艺术影响深远，徐悲鸿、林风眠、潘玉良、吴冠中等一批中国艺术家赴法求学，很多人就是注册在巴黎高美之下，是世界上最具影响力的美术学院之一，历史悠久，大家辈出。"美术的诞生"主题艺术展，来自巴黎高等美术学院珍藏的 86 件绘画、雕塑作品及相关文献，全面呈现了法国太阳王至拿破仑帝国时期的欧洲美食文化、艺术、历史和思想的生动全景。在策展人的陪同讲解下，精彩纷呈的法国宫廷料理和宫廷生活画面,更让与会嘉宾大开眼界。同时,各位嘉宾又参观了世界顶级的青铜器收藏,上海博物馆著名的中国古代青铜馆。青铜器是古代社会文明的重要标志,雄浑庄严的青铜器沉淀着文明的厚重。400 余件青铜珍品,以其独特的造型、精美的纹饰、高超的工艺,记录了中国古代自公元前 18 世纪到公元前 3 世纪,延续了 1 500 年的辉煌与荣耀,上博珍藏的青铜器给海外嘉宾留下了深刻印象。千年青铜器遇见"美术的诞生",为各位嘉宾带来震撼的沉浸式、全场景的中法文化体验,激发对于未来世界的无限期待和种种遐想。两者皆深层次地追求着永恒、卓越与和谐,源于生活而臻于至善。

本次文化活动,由中国烹饪大师、国家级非遗传承人、本帮菜第四代传人任德峰先生领衔,把上海本帮菜传统技艺与中国饮食文化、现代审美情趣有机融合,把餐饮上升到工艺美学层面,既讲究美食的营养口味,又讲究美食空间的仪式感的塑造,给人以惊艳的感觉。任德峰及我们的教师团队,既设计又践行,胸有成竹,原材料转化为成品的全过程,构思、设计、制作、修正直至成型,这一系列的呈现过程,便是从心理到践行,从情感到理智,从技术到审美的反复糅合过程,是非遗文化活态传承、非遗技艺不断修炼的过程,也是心灵清澄的过程,审美新感性不断累积的过程,这是重塑非遗匠人群体形象最着力的大手笔。对我来讲,实际上有着好奇、冒险、担心、沉静、否定、惊喜、欣赏等一系列情绪反复纠缠的心路历程,最终否定之否定地螺旋上升,成为肯定自我的欢乐节奏与旋律,成为自我价值实现的甜蜜回忆。本次体验活动,还邀请上海蓝带餐饮艺术总监、法国"最佳手工艺人"带领的蓝带上海主厨团队共同完成,本帮特色与法国经典料理技法融会贯通,更在食材、口味、艺术呈现、寓意等多方面将中法两国的经典与创意巧妙结合,全面展示了江南美食、精致法餐的特色。蓝带国际总裁安德烈・君度先生认为,通过在上海博物馆举办的本次活动,对博大精深的中华文化有更深的了解,以江南美食文化为载体,完美展现了中西文化,特别是中法双方艺术大师的碰撞与融合,让人兴奋不已。中西餐饮艺术大师深入探讨未来餐饮认知的边界、技术创新的艺术范式、技术与艺术的协同创新问题,有利于使餐饮行业不断传承与创新,期待更多元的艺术表达。

中国传统美食不仅对菜肴本身有美感要求,也讲究环境、情调和文化氛围,讲究组合之美,与菜肴的匹配之美。本次美食活动,以"荷花"为主题,结合中餐独有的美食艺术雕刻技艺——食雕,将江南地区"寓文于食,融情于景"的理念融入器皿、餐桌的整体设计之中,以微缩江南园林景观为核心,整体效果令人叹为观止。餐桌中央的"碧绿草坪山坡"上矗立着造型别致的江南园林建筑，"草坪搭成的园林荷塘"中摆放着"心里美"萝卜雕刻而成的荷花。搭配用于放置三种风味小食的哥窑粉青铁线盏三味碟，绘有海水江崖纹的茶具、黑枝木雕刻的书卷形底座、用于盛放黄酒的青铜爵杯……尽显尊贵高雅的江南宴饮气派。景泰蓝工艺制作的香槟杯、点心饮品杯则分别使用了法国国花鸢尾花、中国国花牡丹的造型，既与江南美食相呼应，也体现中法两大美食强国的文化交融。我认为，未来高端餐饮将由追求"形"转向总厨"内心世界"的表达、文化的传达。我们餐饮现在另外一个重要线索就是二十四节气，二十四节气是中国人仿照太阳照射地球的角度所创造的独特的时间刻度，经过无数代人的努力，使得时间有了形体，有了空间，有了线条、色彩、温度和味道。它涵盖广泛，包罗万象，春生夏长，秋收冬藏……置于全球化的语境之下，看似传统的本帮菜制作与追求便立刻有了光彩，仿佛漫天星斗辉映着现实与历史的夜空。通过独特的本帮美食制作技艺和仪式空间的营造，使食客进行膜拜式的体验，也用纯正的本帮口味征服了这些美食家。把本帮菜提高到江南文化、海派文化的高度来认识，在保持独特性口味的同时，积极吸收借鉴国内外一切优秀文化，博采众长、兼收并蓄，彰显海派餐饮文化的包容与创新。

同时，我们邀请了上海画坛的著名艺术家——陈家泠先生，为本次活动创作了"淡雅的荷花"，与"上海蓝带"联名制作了礼品丝巾，让人眼界为之一新，那种发自内心的情感共鸣油然而生，平添了浓浓的人情味。不仅如此，还向各位嘉宾介绍了非物质文化遗产——面塑技艺。这些俏皮可爱、色彩鲜艳的"刀马旦"以基础面粉为原料，配以简单工具，通过师生精湛的手上功夫——捏、搓、揉、掀后而成，堪称指尖上的艺术品，中外嘉宾爱不释手。结合每一道美食，还精心搭配了中国传统民族乐器演奏的民乐《茉莉花》《春江花月夜》，融合了异域和异国风情的民乐合奏《天山之春》《玫瑰人生》等。本次餐饮技艺展示，邀请了来自亚洲年轻音乐家的杰出代表、中国著名二胡演奏家赵磊演奏了《二胡无限动》和著名咏叹调《爱情像一只自由的小鸟》，为本次活动和现场嘉宾带来了味觉、视觉与听觉相结合的别致体验，产生特殊的心理效应与高雅境界。我们以上海蓝带为平台，深入挖掘本帮菜的文化价值，进行创造性转化，在体验式、互动式上多做尝试，以源于生活、高于生活的艺术形式，进一步增强非遗推广的文化底蕴，在求新求变中，突出文化、丰富特色，通过与艺术的结合，让中国传统烹饪技艺焕发出新的活力，成为"引进来"与"走出去"效仿的经典模式，有利传播中华文化。我们透过上海本帮菜传习、传承、弘扬工匠精神，让其成为一种生活的态度以及信仰，而这一文化空间的建构，须得到大师们的专业支撑才可实现。总之，我们把传统烹饪技艺与与生活、艺术、创新相融，成为浑然一体的艺术，成为精神生活的艺术，逐步敲开更多"艺术"之门，或许只有这样，才值得沉浸与歌颂。

07　举办"上海蓝带"的办学思考

　　非常欢迎市鉴定中心的领导到上海蓝带厨艺职业技能培训学校来指导工作,上海蓝带的发展离不开各位领导一贯的支持与帮助。根据孙主任、顾主任的指示,跟各位领导汇报一下我们的办学思考与具体实践,有利于我们更好地解放思想,贯彻国务院颁发的《国家职业教育改革实施方案》,更高水平地开展职业培训工作。

　　上海职业教育必须走国际化之路。首先是视野,用国际化视野来看我们的职业教育,通过与世界一流国际教育集团合作,让我们可以近距离学习先进经验,站在世界高度、面向世界来思考如何建设一流的专业(学科)、培养一流的人才,推动学校转型发展,重新制定学校发展目标和规划,提升职业教育的地位,提升学校的吸引力、影响力、竞争力。第二是定位,用终身学习、终身教育视角重新确定办学定位,职业教育要走出学校的楼阁,适应上海社会经济发展的需要,为未来上海建设卓越的"全球城市"培养复合型、具有跨文化交际能力的专业人才,满足人民群众终身学习、享受美好生活的愿望。第三是文化,职业教育不仅是学技艺,还要学文化,我们参加世界技能大赛有较多人际互动的项目成绩不理想,除了语言因素最大的问题是文化素养、综合素质。我们的职业培训、考试也已习惯于每一个问题都有标准答案,必须知道问题的标准答案,才能考出好成绩,而跟标准答案不同的就一定是错的。而蓝带培训,特别是高级班,恰恰更鼓励学员自己去思考,并表达出自己的想法,这就是批判性思维的基础,值得我们好好学习。第四是道路,"上海蓝带"高起点、高水准地开展高级西餐厨艺职业技能培训中,对于商贸旅游学校借鉴其先进的办学理念、管理水平、技能技艺具有重要意义。但更关键的是"洋为中用",更好地"中国化",通过"国际视野"打造"上海特色",融合成为自己的发展"道路"。国际化不是照搬照抄国外,不加思索全盘接受国外的形式和活动，不是把我们自己变得跟别人一模一样。用龙应台的观点来总结，"国际化"要求有两点：一是要懂得世界，懂得语言、文化、思维差异；二是能够让世界懂得你，你知道自己是谁，从哪里来，能够说明自己和别人的不一样。推进教育国际化，有利于开阔视野、筑高平台。闭门造车很难真正创造出符合时代要求的教育，甚至容易陷入夜郎自大的自我封闭中。

"上海蓝带"的国际化办学探索。在全球化时代，任何学校都不可能关起门来封闭发展，必须要"请进来，走出去"。上海要成为国际著名旅游城市，从人才培养的角度来说，学校所培养的人才不仅要满足来自本国、本土化的要求，而且要适应国际化的形势需要。2015 年，经人力资源和社会保障部批准，上海市商贸旅游学校与具有 125 年办学历史、世界上第一所西餐与西点人才专业培训机构、被誉为法国饮食文化的摇篮和继承者的法国蓝带 (Le Cordon Bleu) 国际集团公司属下蓝带厨艺学院合作，成立了国内首家中外合作的培训机构——上海蓝带厨艺职业技能培训学校。蓝带国际的现任主席 André J. Cointreau 先生是法国著名的君度酒和人头马干邑家族的直系后裔，蓝带在保留传统法国美食的基础上不断改革，成为当今世界顶级的酒店管理和厨艺管理学院。蓝带在厨艺、酒店会议以及饭店经营领域提供高质量的培训，主要课程包括厨艺、甜点、烘焙和葡萄酒。其中最经典的厨艺课程就是教授学生掌握精深、全面、一流的法式料理和甜点技艺，课程内容包括基础、中级和高级三个层次。蓝带国际学院是世界上雇佣法国大厨最大的雇主，包括在日本、韩国、泰国、秘鲁、加拿大等国家，这些米其林星级厨师和国际厨艺比赛获奖者，用他们的严格、经验与智慧，兼容并蓄，传承创新，使独特的实践操作课程成为"蓝带"的特色。"上海蓝带"现有厨艺、甜点、烘焙和葡萄酒经典课程班学员近 500 人，由法国顶级厨师（教学时，配一个翻译，两个助理），使用法国顶级原材料，通过小班化教学，让学生在短时期内学得专业知识，并在实习中获得实际操作经验，积累人脉。这些小型的教学方式，对于帮助学生了解法国历史、现状和人们的思维方式，帮助学生进行实践体验提供了多种机会。

举办"上海蓝带"的积极意义。我们率先尝试引进西餐厨艺、甜点的国际教学课程、技能标准和人才培养模式，与国际水平接轨，帮助学校成为上海及全国高端餐饮业人才培养高地提供了有力的人力资源与技术支撑，为学校品质魅力与文化品牌的塑造提供了强有力的支撑。将蓝带部分课程内容植入学校烹饪专业课程之中，使学生享受到蓝带师资、课程的实惠，了解他们的教育理念和经验的精粹，吸取有利于烹饪专业教学有益的东西，并内化为我们自己的观念形态，从学技能到学文化，学校对优秀毕业生给予蓝带课程的学习奖励。每年举行"蓝带"奖学金比赛，让两岸四地美食爱好者及本市的专业教师、学生分享合作办学的成果；蓝带短期课程的开设与中小学生职业体验课程，受到广泛好评。举办"上海蓝带"使我们更快更好地了解世界高水平职业教育发展的动态，学习、引进和交流世界优秀的文化，并使之与中国文化融合起来，同时积极传播中国的优秀文化，并使之融合。通过"上海蓝带"国际化平台，引入"上海本帮菜"国家级"非遗"项目，建立"海派餐饮传习中心""面塑博物馆"，使其成为集展示、体验、传播、传习、传承等功能于一体的上海餐饮文化项目；与蓝带国际集团合作，将中国饮食文化发扬光大，为"一带一路"建设添砖加瓦。教育是国家发展进步的重要推动力，也是促进各国人民交流合作的重要纽带，对于加强国与国之间的人文合作深入发展具有重要示范意义。我们积极推动中国文化交流活动，就是希望发挥不同文化的各自优势，提升相互间的合作潜力，真正为餐饮行业发展、非遗文化传承和创新性转化服务，也能让世界看到祖国美好生活的前景。

积极参与世界技能大赛。世界技能大赛这两年很热，已经成为我们鉴定中心最重要的工作。世界技能大赛是当今世界地位最高、规模最大、影响力最强的职业技能赛事，被誉为"世界技能奥林匹克"。"上海蓝带"也是按照各位领导指示和要求，尽力做好我们的工作，承办 2018 年中国技能大赛——第 45 届世界技能大赛全国选拔赛，承担上海烹饪、甜点两个世赛训练基地，训练参加全国比赛选手；接待国际技能大赛组织主席、CEO 等官员，获法国农业部等颁发的"最佳法国美食文化教育大奖"。承办了2019 年中国技能大赛——第 45 届世界技能大赛全国选拔赛烹饪、甜点、烘焙和西餐服务 4 个项目的 5 进 1 比赛，承担烹饪项目参赛选手最后的集训基地，协调各方力量做好各项保障服务工作。昆明高级技工学校蔺永康同学获第 45 届世界技能大赛烹饪项目铜牌，获市人社局嘉奖奖励，市总工会"工人先锋号"荣誉。我们要继续以上海举办第 46 届世界技能大赛为契机，强化职业技能培训领域国际合作交流，争取成为世界技能大赛烹饪项目国家选手培养基地，为第 46 届世界技能大赛做好相应服务工作。"上海蓝带"是在市人力资源和社会保障局、市鉴定中心积极支持和大力推动、指导下成立的，困难正一个个被克服，办学水平稳定，新的合作课程有序推进，感谢各位领导一贯的大力支持。

《国家职业教育改革实施方案》明确指出，要"开展高质量职业培训"，落实职业院校实施学历教育与培训并举的法定职责，希望市鉴定中心能够继续支持，"带动各级政府、企业和职业院校建设一批资源共享，集实践教学、社会培训、企业真实生产和社会技术服务于一体的高水平职业教育实训基地"。《国家中长期教育改革和发展规划纲要（2010—2020年）》明确指出：要提高中国教育国际化水平，培养大批具有国际视野、通晓国际规则、能够参与国际事务和国际竞争的国际化人才。按照联合国教科文组织的说法，国际化教育应该给青年人提供了解世界性问题的知识，培养他们对于世界性问题的关注和解决世界性问题的决心。换句话说，国际教育是培养各国学生对于世界性问题的知识、态度和价值观的教育。《上海职业教育高质量发展行动计划（2019—2022年）》指出，要提升职业教育国际影响力，加强国际化人才培养，充分彰显上海改革开放前沿优势，着力打造上海职业教育国际化特色品牌。深化职业教育中外合作办学探索，提升职业教育国际化水平。我们烹饪专业将继续与世界高水平蓝带国际、中国烹饪协会、益海嘉里等产业龙头合作，共同制订人才培养方案，共同推进专业建设，培养具有国际视野、符合国际标准的技术技能人才。

08 传承匠心，触摸未来

我们举行黄浦区"7·15世界青年技能日"暨"大国小工匠"职业体验活动，以"传承匠心，触摸未来"为主题，旨在让青少年"体验一个项目，了解一门职业，感受一种文化"，让广大青年学生感受技能的魅力，触摸到适合自己的职业发展方向，从而引领更多年轻人顺利地走上未来的职业道路，将尊重技能、热爱技能的理念注入每位青少年的成长基因中。本次活动的体验项目具有生活化、时尚化、实用等特点。体验项目的设计，从知识理论、动手实操到心理测试，让每个前来体验的青年人有较完整的沉浸式体验技能的机会，逐步引领青年学生学技能、促就业、助扶贫。

陶艺拉胚、陶艺彩绘是大家比较喜欢的一个体验项目，让泥土变成漂亮的陶器，在陶器素胚上进行彩绘，表达各自对美好的理解，这两个项目映衬着华夏数千年的文化和生活。面塑是我们学校的一个特色项目，运用不同成形手法将面团塑造成不同的形态，可以是花鸟鱼虫等动植物，也可以是神形各异的人物。食品雕刻中果蔬雕则是用西瓜、萝卜、芋头等原料雕刻成各种人物、动物、花卉等造型来美化菜肴装点宴席的一种技艺。这些项目既是专业技术的一部分，又是艺术殿堂里独特的一门艺术，要求有较高的审美情趣。包括插花体验，中国传统插花讲究花材的运用，体现和谐之美。精细木工也是一个时尚项目，也是一个创造美的过程，不管是中外木工工具、现代工艺，都能够为我们带来文化、艺术的美感。

现代科技改变了我们的日常生活方式、学习方式，这次华为事件更是激起大家对科技的关注。很多小朋友觉得科技是遥不可及的东西，我们通过本次活动就是想让大家亲身体验科技的魅力，通过亲自动手的方式来了解各种机器人，感受有趣新奇的工业机器人、无人机等，让青少年儿童认识人工智能。3D打印是《中国制造（2025）》规划中重点发展的高新产业之一，通过 3D 打印体验，让学生了解简单的基础操作，体验打印的过程，把计算机上的蓝图变成实物。头号玩家是 VR 体验，"VR 山地车""VR 消防体验"等，在计算机上生成的三维环境中具有很强的娱乐感和体验感，满足求知欲与好奇心。电竞管理服务是一个新兴的职业岗位，市场缺口很大，我们今天邀请玩家一起来参与我们的体验项目，也是想让大家了解这一行业发展趋势，国家需要一大批从事电子竞技运动竞赛裁判、主持与主播、赛事（活动）组织与管理、电竞视频剪辑、后期制作等工作的高素质技术技能人才。

世界技能大赛全称为"世界青年奥林匹克技能大赛"（简称"世赛"），是世界技能领域最高赛事，每 2 年举办一届，第 45 届世界总决赛将于 8 月在俄罗斯喀山举办。我们承办了 2018 年中国技能大赛——第 45 届世界技能大赛烹饪、甜点的全国选拔赛，承担上海烹饪、甜点两个世赛训练基地，训练参加全国比赛的选手。承办了烹饪、甜点、烘焙和酒店服务四个项目的世赛 5 进 1 比赛，成绩排名第一的选手作为第 45 届世界技能大赛参赛选手，我校毕业的吴佳妮作为酒店服务项目参赛选手，祝愿她取得优异成绩。现在，我们正在对"星光计划"职业技能大赛进行总结，进行第 46 届四个项目校内选手的选拔、训练工作，职业技能竞赛是加强技能人才培养、促进优秀技能人才脱颖而出的重要途径。我们要利用好蓝带国际的优质教育资源，加大高技能人才培养合作力度，让精益求精的工匠精神更加深入人心，为打造具有影响力的类型学校打下坚实基础。

青年强则国强，青年兴则国兴。青年的知识技能发展水平决定一个民族的创新能力。希望通过开展世界青年技能日宣传活动，在全社会弘扬劳动光荣、技能宝贵、创造伟大的时代风尚，形成"崇尚一技之长，不唯学历凭能力"的良好氛围。职业教育是国民教育体系和人力资源开发的重要组成部分，是广大青年打开通往成功成才大门的重要途径，肩负着培养多样化人才、传承技术技能、促进就业创业的重要职责。职业教育作为一个类型的教育，必须坚持产教融合、校企合作，坚持育训结合、工学结合、知行合一，着力提高人才培养质量，培养适应产业转型升级和富有产业创新精神的青年工匠、大国工匠，建设一支庞大的知识型、技能型、创新型高技能人才队伍，让每个人都有人生出彩的机会，涌现出更多"技能青年""能工巧匠"，让拥有较强动手和服务能力的人才进入劳动大军，促进大众创业、万众创新，适应劳动者多样化、差异化需求。

09   打造社区"文化客厅"，
培养"中国故事"讲述者

　　"上海是我长大成人的所在，带着我所有的情怀……"多年前，一曲《喜欢上海的理由》唱出了年轻人对这座城市的感性认识。本学期开学的第一课，我向大家说明推荐、喜欢贵州路的理由，它既是我们的"家"，又可以从她身上看到上海这座城市的变化、中国的变化。文化是城市的灵魂，城市历史文化遗存是前人智慧的积淀，是城市内涵、品质、特色的重要标志。要妥善处理好保护和发展的关系，注重延续城市历史文脉，像对待老人一样尊重和善待城市中的老建筑，保留城市历史文化记忆，让人们记得住历史，记得住乡愁，坚定文化自信，增强家国情怀。今年，黄浦区"海派黄浦，红色荣耀"人文行走主题学习活动在我校拉开帷幕，上海旅游节推出了"阅读上海"系列活动，"发现之旅""红色自拍节""红色旅游线路设计大赛"等活动。如何让市民、外来旅游者走进贵州路及其周边的大街小巷，了解这座城市巨变背后的故事，成为我们这个城市新的"打卡"之地？这需要我们各个专业的师生，用各自的专业技能，用心地去"行走"来探寻贵州路街区、了解它的前世今生。我们班子成员、党员团员重点去"国歌唱响地"黄浦剧场（原金城大戏院）、上海解放时南京路上升起的第一面红旗的永安公司绮云阁、新中国第一家国营百货商店——第一百货，以及最近改建后位于100弄7楼的"上海复古生活展"，采访我们的全国劳模报告团。

　　美术专业通过写生、摄影、微视频比赛等方式，通过实地考察南京路商业形态结构变化，以及城市"微更新"激发出的贵州居民区、云中居委"好八连纪念厅"，用新鲜的视角，侧面来展现、体验上海的味道，感受过去30年上海城市空间的巨变，从物理层面深入到化学层面，重温一座城市中最具温情、最值得回味的故事，了解上海文化发展的多元性，感悟时代进步和社会发展，感受新时代上海人的精气神，进一步增强"四个意识"，坚定"四个自信"。旅游专业借助中小学生职业体验、南京路"微旅游"等形式，通过贵州路社区的深度"微行走"，了解其"前世今生"，更加深刻地感受上海的历史文化变迁，在不同时间、空间上搜寻"红色记忆"，弘扬社会主义核心价值观。南京东路步行街是外地游客来沪必逛景点之一，在这条充满国际范、上海味、时尚潮的步行街上，拥有着一大批像新雅、泰康、第一食品等老字号，四季不变的"买买买"，说着各地方言的人们排起长队是一道风景线，这条街满足着人们对生活品质的需求。贵州路上的里弄、小巷、石库门，各类网红餐饮，好泳包子、老上海双档、光头牛肉面馆、莱莱小笼、肥汁米兰小锅米线……上海及各地特色美食齐聚这里，漫步于街头巷尾，总能感受到这座城市由内而外散发出的开放气质，包容心态。

商贸旅游学校位于贵州路 101 号，是贵州路上最大的单位，是老闸捕房旧址所在地，黄浦区的爱国主义教育基地、文物保护单位，也是今年市、区人文行走的起点。作为一所坐落在南京路贵州路、具有红色基因和历史故事的老校，如何呼应"申城行走，人文修身"的要求，如何顺应市民精神文化需求，体现城市温度，传承、弘扬红色文化、爱国主义精神和革命传统，大力宣传"红色文化""江南文化""上海文化"，不忘本来，面向未来，再续民族之魂的人文修身。谈论上海的历史风貌保护街区，我们早已习惯了"新天地""武康路"这样的意象。可曾想到身边也有一片传统的、本土化的空间？同样构成了今天上海城市精神，甚至更具"原点"意味的文化风景？贵州路，全长 600 多米，九江路到厦门路，从"商业起点再出发"的上海世茂广场到苏州河工业遗存"衍庆里"，有一批具有纪念意义的历史建筑，可阅读的建筑，是近代中外文化的交融点。我们自己学校的老闸捕房以及南京路五卅惨案流血处，中国饭店（铁道宾馆），最近修缮的中国大戏院，正在改建的北京路牛庄路这片上海开埠以来闻名的"五金一条街"。

特别是贵州路的脸面——南京路，过去被称作"大马路""中华商业第一街"，在新中国成立初期物质相对匮乏的年代，这里满足了人们对于小康生活的向往和体验；这里的方寸柜台上、玻璃橱窗间，卖火了无数上海品牌，见证了一个时代关乎生活、关乎时尚的脉络和印迹；这里的商业服务和体验，更是上海留给八方来客的最直观感知。我们的一位校友回忆说，读书时每天要来来回回穿行步行街四次，这条马路对她来说几乎就是当时生活的全部。"上世纪七八十年代，步行街时装公司大楼顶上有个大大的钟，那个时候的学生都没有手表，就靠着这个钟来看时间。"学校门口恰是食品公司的后门，每天都有现制的面包，这些面包是她们童年舌尖上的最好回忆，步行街上时装公司、永安百货、第一百货的橱窗让人流连忘返。我们以"人文行走"为契机，通过南京东路街道"相//遇·贵州路"主题展览活动，把导览志愿者队伍培育建设起来，利用贵州路109号"零距离家园共享空间"，更好地了解贵州路街区的文化历史，参与设计贵州路街区（串联云中、牛庄、贵州、厦门四个居委）人文行走路线，培养"中国故事"的讲述者，使建筑可以阅读，街区更适合漫步休憩，市民遵法、诚信、文明，街区始终是有温度，让更多人感受在漫长时光中积淀的地域色彩和文化个性，推动人文行走项目生态化发展，从了解贵州路街区的前世今生，更好地了解700年上海历史，了解鸦片战争以来的中国近代史，为街区进一步更新提供文化再生动力。

　　充分利用老闸捕房、南京路商业博物馆等平台，积极推动跨学科、专业的综合学习，把学校的地域优势转化为办学优势，推动思政课程和课程思政建设，成为有效开展"三全育人"工作的有力抓手。置身于会务中心、商业博物馆这样一座有故事的建筑里，循着老闸捕房、五卅运动、南京路百年商业变迁史等线索，穿梭于老照片、老物件之间，仿若时空交错，历史触手可及。商业博物馆收集、收藏了一些自开埠以来各个时期的生活用品，比如风琴、西洋镜、放映机、留声机、皮箱、缝纫机、台钟等，还有"文革"时期的像章、饼干听等。这些物品都曾是老一辈人生存不可或缺的工具，每一件都留存了时代生活的痕迹，收藏这些物品，只是想让更多的人认识上海历史，了解当时的商业情况，表现新中国成立以来，个人命运和共和国发展紧密相连。团委、学生会，可以联合文物专业、市场营销专业等，通过"行走　阅读　亲历者口述历史"的形式，挖掘老照片、老物件、老车票、老粮票、老布票等及其背后故事，发现新中国70年伟大历程中的黄浦故事，不断丰富商业博物馆展品及内涵，反映时代的变迁和社会的发展进步，从人们衣、食、住、行、用发生变化的故事以及身边的变化看社会的发展，培养"中国故事"讲述者。

　　各个专业根据各自特点，设计典型工作任务，形成注重解决实际问题、提升实践智慧的实践性学习方案，强调多样化的实践性学习，如调查、访问、考察、服务、展示、分享等。充分挖掘社会资源，重过程、重实践、重体验，凸显实践感悟、知行合一，使其内容具有较强的亲和力、针对性和时代感。需要我们用绣花般的细心、耐心、巧心提高精细化管理水平，使学校成为产生文化的容器、承载文化的载体，绣出学校的品质品牌。要变"填鸭式"为"启发式"，改"说教式"为"对话式"，转"接收式"为"探索式"，真正让课堂

"活"起来。这就要求我们的教师自己首先要成为"中国故事"的生动讲述者，既要有扎实的基础知识、完整的理论结构、深厚的理论功底，又要有宽广的知识视野、出色的教学本领、熟练的信息技能，讲清楚思想精华和道德精髓，讲清楚其历史渊源、发展脉络、基本走向，讲清楚其独特创造、价值理念、鲜明特色，以课程育人、实践育人、协同育人系统整体推动学校人才培养模式变革。我们要实现中华民族伟大复兴的中国梦，推动构建人类命运共同体，参与全球治理，需要培养一批让外国人听得懂的"中国故事"讲述者，懂得中华传统文化，懂得上海 700 余年建城史和 170 余年开埠史，让世界更好地了解中国、了解上海。

打造社区公共空间、社区"文化客厅"，让学校成为有特色的"旅游打卡地"。一流城市催生一流教育，一流教育成就一流城市。我们说办家门口的好学校，就是要打开校门，让社区居民有获得感。学校开放未必都是让大妈来跳广场舞，可以尝试错时开放学校图书馆，让居民合唱队到学校来排练，寒暑假开放更多公共空间、提供免费职业培训课程。贵州路社区要打造 24 小时活力街区，博物馆课程中心可以向社区、社会开放，丰富游客和市民的文化生活；顾绣、书法、装裱等非遗项目向社会开放，让文化遗产与现实生活相融相通；学校的"咖啡馆"与创新创业相衔接，开展咖啡冲泡、品鉴、咖啡艺术等各类主题活动，与周边餐饮、剧院、文创、博物馆等文化空间形成互动，江南文化与海派文化在这里相遇，带来全新文旅体验，生活美学体验。"美应该是一种生命的从容，美应该是生命中的一种悠闲，美应该是生命的一种豁达。"人声鼎沸、市井烟火气也是贵州路的气质之一，小街与之背靠的大型商圈彼此"互哺"，众多的网红餐饮小店，让更多人走进来感受新时代的市井生活，感受上海多元的文化氛围；引入国家级非遗传承人任德峰等一批大师，开设"商旅厨房"，把美食提升到艺术与情感的层面；把南翔小笼、顾绣等非遗项目传习打造成为黄浦的文化地标。

今天，中华传统文化元素已经渗入当代年轻人感兴趣的诸多领域，社区需要"青和力"，不同气质的城区，会在不同诉求的年轻人群体中展现出不同的吸引力。我们应更加主动地迎接年轻人、拥抱年轻人，把相关专业的建设成果向社会辐射，打开校门、将传统文化通过文化创意形成富有个性、充满时代气息、具有民族特点的文化元素，经过互动、传播、分享的放大，加深对"城市，让生活更美好"的理解。我们应该知道我们怎么对待"前浪"，"后浪"就会怎么对待我们。我们生活在上海，生活、学习在贵州路街区，因为我们尊重之前的历史和传统，"后浪"也会尊重我们留下的"美"的东西，生活的

"美"是对过去延续下来的秩序有一种尊重。把开放实训中心作为开放文化空间，主动融入社区、融入北京东路地区，为南京路做厚"后街经济"服务。189号这个"螺蛳壳"里如何做"道场"，考验着我们的水平和智慧，如何真正成为职业体验、技能培训、非遗传习和创新创业"四位一体"的综合性职业体验学习平台，让"美好教育""美好生活"成为学校的品格，让校区、街区、社区浑然一体，帮助更多的人在老洋场、新魔都"走进美好与欢乐"，深入感受高品质慢生活。久而久之，"匠心学校"品牌，将在学校吸引力、创造力、竞争力的步步激活中，愈发闪耀。从长远看，商旅文一体化发展、产教融合、育训结合、政校企协同创新和成果转化，终将使学校教育品质再上台阶。为更开放的上海当好社区"文化客厅""公共文化空间"，这是办人民满意的教育、美好教育的重要内容，是引导社区人民群众追求更美好生活的有力依托。

10 投入小而美的公共文化空间设计中

作为全球新一轮产业变革的核心驱动力，人工智能正在尝试与我们所在的世界构建起广泛而深刻的连接，从而以一种全新样式塑造人类未来。在这样一个历史性进程中，如果我们教育不改变，内容不改变，空间不改变，对象不改变，学习方式不改变，未来会怎样？我提出，打开大门、打破围墙，让学校真正"开放"，成为社区居民的一个好去处，成为社区公共文化空间、"文化客厅"，成为重塑人际关系的公共场所。

未来职业学校不仅是职业教育、技能培训的场所，也是社区居民可以共享的公共活动空间、社交空间和文化空间。希望借助这一次 189 号的改造以及 101 号的改造方案设计，能围绕小而美的公共文化空间概念来进行改造，希望借助专业的力量，使我们修缮后的空间内涵与颜值并重，用美好空间塑造美好心灵。空间是服务于人的，好看的空间，人们才愿意走近它，走进它。尤其是 189 号实训中心的活动空间面积都比较小，需要更多乐意为"未来学校""美好生活"设计的专业人士一起来参与。无论是学校改造也好，社区更新也好，最终目的都是为了人。空间改造时，一方面要关注空间的服务功能、信息化运营管理，另一方面还要关注这些"公共文化空间"的设计感和美学品位。实训中心的活动主体是学生，还要兼顾开放性，空间里有了人文性和社会性，才有可能成为美好的公共文化空间，体现"匠心文化"的教育空间。对周边居民来讲，我们打造的"未来学校""公共文化空间"，并不是一种可有可无的奢侈品，而是城市、社区重要的基础设施、功能设施，是居民"美好生活"的必需品。整体改造时，不仅要考虑年轻人的需求，还要满足老年人和儿童的需求，特别在寸土寸金的中心城区，通过这次更新与改造，构筑更有温度的学习空间，腾笼换鸟释放出更大的价值和发展潜力，成为孕育新增量、新动能的重要载体。

最近，开展"四史"教育，上海作为中国共产党的初心之地，红色文化一直是上海这座城市的底色，那么，在开展"四史"教育的过程中，怎么利用自身资源多、形式活、贴百姓的独特优势，致力打造"家门口的'四史'学堂"。这次，101号进行改造，包括老闸捕房的修缮，要把陈列馆重新做起来，结合现代技术、声光电，以图文并茂的形式，真实还原革命先驱和志士仁人在黄浦的光辉足迹。学校也是五卅惨案的发生地，利用好学校"南京路商业博物馆"这一平台，通过"读""讲""演"多种形式并举，了解南京路的前世今生，讲活历史故事、用活红色资源。通过沉浸式的学习宣讲，让周边学校学生、社区居民更好地了解"老闸捕房"故事，知史爱党、知史爱国、知史明责，感悟爱国的力量。当然，也可以连接周边红色地标资源，譬如，我们去年开展的贵州路街区的"初心之旅"，黄浦剧场是《义勇军进行曲》的唱响地，永安公司是上海解放后第一面红旗升起的地方，将学校周边沿线文化亮点有机连接起来、文化底蕴充分展现出来，从根本上留住海派文化的"根"和"魂"。不断挖掘"红色宝藏"，打造"四史"学堂，发挥红色资源的"教科书"作用，培养"中国故事"讲述者，讲出质量、讲出水平，在触摸城市历史的同时，多角度、全方位深度了解黄浦"红色基因"，了解在时代变迁中形成的以"海派文化"为特质的文化根脉，做到"走得再远都不能忘记来时的路"。

要把历史上、记忆中的地标，变成一个可触摸、可体验的未来学校，变成一个体现新发展理念的职业学校，变成一个用独特语言讲述新时代上海职教故事的商贸旅游学校。打造"四史"学堂，不是喊口号，要有具体的支持措施，保障机制。譬如，我们的图书馆，现在有四个合唱队在活动，疫情后可以考虑晚上、周末常态化向社区开放，与社区、新经济组织和各类读书会合作，开辟"101书房"，打造一个时尚的阅读新天地。要在时尚的推动下，打破阅读固化的格局，获得新的阅读形式与生机，提升学校的书香味，感受诗和远方。在传统之中融入新时代的时尚元素，既有传承又有创新，正是上海文化、时尚精神的本质所在。最近，与"格局商学"签署合作协议，借助会务中心、采用网络直播互动的方式，让"四史"教育上"云端"。利用互联网技术，借助"巨屏全息还原真实场景的网络教学系统"，使井冈山、延安、上海等地的红色资源实现共享，开展线上沉浸式学习，不用走出黄浦就能享受到全国的优质教育资源，把上海的红色资源辐射到全国。与专业建设相契合，建立跨专业的综合直播团队，与区文旅局合作建设"黄浦文化之旅"项目，在黄浦最知名的地标与大家一起讨论"吃、住、行、游、购、娱"，让黄浦的历史文化、红色文化与"上海购物"、高品质生活一起鲜活起来，体现黄浦的"行走之美"。这次189号布局调整，要突出体现代表上海城市文化的顾绣、"南翔小笼包"两个非遗项目，加强产教融合，激活传统文化遗产活力。也可以开放学校的博物馆课程中心、电竞体验馆，丰富群众精神文化生活。

　　未来教育已经悄悄走来，我们如何拥抱未来教育？这是我们今天谈论小而美的公共文化空间建设的基础。创造高品质生活，离不开职业教育。不管你是否认识到，一个项目要想得到各方的青睐，必须带有时尚性，这里的时尚，表达的是一种商业价值，也是一种时代精神。经典与时尚，不是对立项，流行的东西、时尚的东西，才能引起人们的参与欲望。希望以本次微改造为切入点、结合点、着力点，使之转化为一项项具体的任务举措，从细处着眼、从细节入手，守正创新、打造更多有内容有特色的品牌项目，融入我们的未来学校建设中，由单纯的传授知识技能，走向文化品位的进步与提升。

附 录

让子弹飞一会儿

2018 年末，上海贵州路 101 号。走近这栋充满旧时光味道的"老闸捕房"，一股上世纪历史感扑面而来。这是一栋历史名楼，当年震惊中外的"五卅惨案"，就发生在此地不远处。近百年的沧海桑田，这里早已物是人非。现在，这栋著名的西式建筑早已修葺一新，成为了上海商贸旅游学校的会务实训中心。校长李小华，就在里面等待记者一行。初见李校长，给人的第一印象就是"气场大"，他身材壮硕、声如洪钟。作为上海职业教育的"开路先锋"之一，上海商贸旅游学校一直走在上海职业教育改革的前端。而李小华就是这所学校的校长和领头人。

一、职业教育改革"先锋"

李小华当商贸旅游学校校长十一年，这所位于上海最繁华地段——南京路步行街北侧的学校，也逐渐成为了这座城市的名片之一。

就在前不久，来此担任人工智能基地揭幕嘉宾的诺贝尔奖得主乔治·斯穆特，对这所学校包括建筑在内的硬件设施赞叹不已。谈到这里，李校长不禁莞尔，言语中流淌着止不住的自豪感："很多人来这里参观，都是忍不住要发朋友圈的。"

值得李校长为自己学校感到自豪的，自然远不止于此。

十多年来，在他的带领下，上海商贸旅游学校在职业教育领域，取得了不俗的成就。在职业教育专业布局调整优化的历史大背景下，他和他的学校能够走到今天，实属不易。

2006 年，上海商业职业技术学校和旅游服务职业技术学校这两所职业学校合并，成立了上海商贸旅游学校。对于李小华来说，次年就来到这里履任校长，显然肩上压力不轻。

"我到这所学校来任校长的时候,上海的职业学校超过一百所,到现在只有七十多所。"上海在校学生规模大幅减少,上海职业教育同质化竞争日趋激烈。李小华对于形势判断迅速而准确。所以,他提出了"办学生喜欢的现代化精致学校",这几年,硬是给他闯出一条职业教育的新路来。

和著名的法国蓝带国际合作、对学校专业大刀阔斧地改革、引入各个行业名师、大师任教……这些项目没有一个是轻而易举能完成的,但都在他的开拓创新下一一成功。这都足以印证,他这十多年来在职业教育领域的孜孜不倦的探索,是可贵而可敬的。

二、思维活跃的办学人

说起上海商贸旅游学校,近几年给人印象最深的莫过于他们和法国蓝带国际的合作。近几年,"上海蓝带"声名鹊起,着实给职业教育开辟了一条亮丽的新路。

李校长说,上海作为这样一个国际化的大都市,黄浦区要努力建设成为"现代高端服务业发展的标杆",区域内职业学校聚焦"高端"是势在必行的一件事情。因此有了这个想法,他就开始不遗余力地推行。在他的不懈努力下,2012 年,上海商贸旅游学校与世界最著名的厨艺餐旅学院蓝带国际,签署了一份具有历史意义的合作协议——这是第一次外资私营实体和中国政府学校强强联手。这无疑为上海提供了世界领先的西餐教学与培训,也提升了其作为世界著名旅游城市的地位。李小华感叹,自己不仅是亲历者、见证者,更是实践者。而最令他震撼的,还是中西方巨大的教育管理理念的差距。"这样的合作,对于整个教育管理系统的思维,带来了颠覆性的变化,"他说,"中国传统教育理念,都是具象的,是教很具体的东西;而法国人的理念是注重方法,是一个完整的系统,是可持续发展。"他坦言,从蓝带国际的办学理念上,自己也受益匪浅。他认为,这种新的办学模式和理念,对于中国职业教育的启示,是颠覆性的。

令他感到欣慰的是,短短几年来,上海蓝带急剧发展壮大,在国内外积聚了良好口碑。这就是对他在职业教育领域开拓创新的最好的肯定。

李校长坦言,职业教育办学,必须要颠覆原来的办学思维。所以他一再强调要办"精致化"和"学生喜欢"相结合的职业教育。近几年,商贸旅游学校从原先的二十多个专业,一下子精简到了十个专业。"接下去两三年,我们还会砍掉一些专业。"很多学校在做"加法"时，李小华反其道而行之，在做"减法"，提出了"小而精"的办学思维。他认为，只有学生喜欢去学的专业，才能充分发挥学生的能动性，为他们自己未来的职业作更好的规划。

在当前热门的"人工智能"和"电竞"领域，李校长坦言他们正在做精心的专业设置和布局。在他看来，电竞产业具有很长的产业链，发展前景看好，是很吸引学生的，学生也愿意全身心投入进去。但是，作为专业的设计者，李校长认为电竞行业的工作岗位，实际上和传统行业没有本质区别。"电子竞技馆里的摄录像、比赛实况转播、主持人，电竞的赛事组织、赛事运营和赛事管理，包括场馆的管理，和传统专业岗位有相似之处。"他认为，电竞这个产业需要大量的专业人才，因此，他认为应该聚焦"电竞"将传统营销专业、美术专业和酒店服务专业等有机结合起来。能想到此举，并马上付诸实施开设专业，让人不得不对他办学思路之活跃心生敬佩。

三、"让子弹飞一会儿"

有的人，似乎天生就有号召力和凝聚力。李小华就是一个。他手下的教师，都坦言愿意跟着李校长干，直到退休。

"作为我来说，手下那么多的人跟着你干职业教育，我有一种使命感，"李小华说，"不管是对于老师还是孩子们，我总喜欢说'让子弹飞一会儿'，说不定过几年就看到效果了。"在李小华看来，他清醒地认识到，目前的职业教育正发展到一个急剧变化的时期，同时也是最佳的转型时期。职业教育只要给予充分的时间和资源，一定会看到成果。目前社会上确实对于职业教育有部分偏见，认为"考不上大学的学生"才去职业学校。李校长对此很坦然，他认为有偏见不重要，重要的是要让职业教育走近更多人，让更多人去了解，才会吸引更多的关注。

不论是对于手下的教师，还是学生，李小华都有足够的耐心。对于老师，他说得非常纯粹和直接："一帮兄弟们跟着你干，当然得为他们负责。很多学校，一个校长退休了，这个学校就垮了。"所以他的使命感和压力非常巨大，他把整个学校的老师，都扛在肩膀上。他认为学校师资团队是一个不可分割的团队，每个老师身上都具有闪光点。而他手下的团队，也没有辜负他的培养，老师们夜以继日地进行着一个个新项目，不停地创新实践，这就是对他最好的回报。对于如何培养学生，他看得更加透彻。很多社会上对于中职生有偏见，认为是"读不出书"的孩子。所以李小华提出学校的育人目标,是培养"有能力的好人"。这里面有双层意思,一来,学校为他们培养职业规划和可持续发展的能力,另一方面李校长认为,不管成绩好坏,每个孩子都是有巨大潜力的,首先要教会他们做人,先做人后做事,做好人,做最好的自己。作为学校就要不遗余力培养他们,让他们有梦想,通过努力去实现。"梦让生命更美好",这是商贸旅游学校坚持了十年的主题活动。

其实很多企业里,职业学校毕业的学生很受欢迎,就是因为他们的可塑性很强。"给他们一个好的环境,进行严格的要求和培养,这些学生的未来都会很美好。"李小华说。

李小华:培养有能力的好人 办精致的职业学校

Q=上海教育新闻网

A=李小华

Q:今年正值改革开放四十周年。能否先请您简单介绍一下,在时代发展的背景下,学校经历了怎样的发展历程? 有哪些重要的转折点?

A:上海市商贸旅游学校,是2006年由商业职业技术学校和旅游服务职业技术学校合并而成的,是两个国家级的重点职业学校合并而成的。实际上它是把原黄浦区和南市区的所有职业学校合并在同一个学校下,这是一个重大的具有里程碑意义的转折。实际上也是在整个上海职业教育布局大调整,区域的职业教育大调整的背景下展开的。它的这段经历,也掀开了职业教育的布局调整的序幕。

Q:近年来,国家对于职业教育越来越重视。您认为,中职学校在发展现代职业教育方面可以重点从哪些方面发挥作用? 在办学中又有哪些困惑?

A:实事求是地说,近年来上海的职业学校的数量是在减少的。我到这所学校来任校长的时候,上海的职业学校超过一百所,到现在只有七十几所。中国的家长还是希望自己的孩子去读普通高中。在这样的大背景下,职业教育怎么来转型? 所以我提出什么是好的职业教育,就是你培养出来的人,一定能服务于整个区域经济发展、服务于产业迭代更新的。所以我想从职业教育本身来说,它必须办学生喜欢的学校。职业教育和普通教育相比生源困难,职业学校必须要创立自己的品牌,因为你必须吸引孩子到你的学校来学习。所以职业学校，一定要围绕内涵建设去发展。要由原来做大做强的思路，转变为做精做特做强。在很多学校提倡全面布局的时候，我们来做"小而精"。所以最近商贸旅游学校发生的最大的改变，就是把很多专业都摒弃了。由原先的 20 多个专业，精简到了现在的十个专业。而且我们还会在两三年里，调整更多的专业。我们要保留的专业一定是国内、上海居于领先的专业，一般的普通专业要逐步淘汰。所以，我觉得在当前的时代背景下，所谓的转折就在于对于办学思维的根本性的颠覆。

另外，我要把商贸旅游学校，办成一个开放性的学习平台、育训结合的平台。对于学校的定位，也发生了很大变化。原来仅仅局限在学历教育，现在我们也在拓展社会培训。社会培训主要分两个方面，一个主要针对成年人，包括为社区培训，包括职业资格教育培训、考证、鉴定等；还有一块就是中小学生的职业体验。近年国家投入了很多资金很多项目给职业学校，那么怎么来发挥这些资源的作用，怎么与社区、与附近的中小学进行有效对接。普通学校不具备这些专业的教育设施和环境，我们要把自己的课改成果，与周边学校进行分享，通过职业体验，为他们拓展类课程、研究性学习提供服务，为教育综合改革，为素质教育做一些贡献。这其实也是职业教育新的办学途径、新的展示平台。

另外一个要思考的是，原来的一些社会培训项目，怎么来升级换代？怎么来改变人们对于职业教育、职业学校的偏见。我们现在针对社会培训的内容，正在进行升级换代，这其实是根据产业迭代的变化而变化的。原来我们的培训都是最低端的培训，现在我们也在引入"高端"，和法国蓝带国际进行合作，提升了人才培养的规格，引进了国际教学培养的方式。这样的合作，对于整个教育管理系统的思维，实际上也有一个颠覆性的变化。中国传统教育理念，都是具象的，都是教很具体的东西；而法国人是强调方法，是一个系统，强调精工细作、精益求精、融入文化。这种培训模式和理念，对于我们职业教育也很有启示意义。

Q：我们处在一个飞速发展的时代。听说学校在专业设置和教学方面，做了很多探索，比如人工智能，比如电竞，能否介绍一下？

A：在人工智能发展的背景下，我们的教学内容，确实也发生了颠覆性的变化。比如说我们着力做的电子竞技专业。对于学生来说，电竞是很吸引他们的，学生也愿意投入进去。这个产业的产业链很长，很有发展前景。里面的工作岗位，实际上和传统行业没有本质区别。"电子竞技馆里的比赛实况转播、赛事主持人、赛事组织、赛事运营和管理,包括场馆的运营管理,和传统专业岗位有相似之处,但又有本质区别,更有专业性,需要有信仰。"电竞这个产业需要大量的专业人才,因此,我认为应该聚焦将"电竞"与传统营销专业、美术专业和酒店服务专业等有机结合起来。与头部企业合作,加强专业内涵建设,加快专业布局调整优化,建立产教融合、育训结合的办学机制。

Q:学校的育人目标是培养"有能力的好人",这个"有能力"和"好人"怎么解释?

A:在进入商贸旅游学校之前,很多学生可能没有梦想,但作为学校来说,很重要的是要帮助学生进行职业生涯规划。引导学生有梦想、创造梦想。作为学校,应该做的就是促进学生找到自己的人生"坐标",能够在未来体面地生活。这些学生实际上是被传统应试教育筛选下来的,那该如何激发学生的梦想?所以,我提出了培养"有能力的好人",实际上就是要转变学生的精神面貌,在传统观念里,读不出书的就是"坏人"。但在我们看来,学校对于学生行为规范的要求很高,至少在学校里,外在行为规范,我们抓得非常紧。企业为什么需要职业学校的孩子,就是因为他们的可塑性很强。给他们一个好的环境,进行严格的要求和"匠心"培养,这些学生都会有美好的未来、美好的生活。

我们花了很多心思,请了很多行业大师来进行授课,就是为了让这些孩子看到,这些行业大师,也不一定个个都是高学历,但重要的是有"梦想",有追求、能坚持,敬业爱岗,刻苦钻研技术,有持续的学习能力,就是有工匠精神。

Q:您以前担任过普通中学的校长,2013 年被评为特级校长,又到工程技术管理学校柔性流动,在不同类型的学校当校长,有什么感触?

A:从普教的校长到职业学校的校长,我个人作比较,我觉得当职业学校的校长的主观能动性更强,而且自己可作为的空间更大一些。因为职业学校的所有的资源,都需要校长去开拓去集聚,所以校长的站位高不高,心胸大不大,就决定了这所职业学校未来的发展空间。

Q:您觉得一名优秀的校长,应该怎样去实现自己的教育理想和情怀,从而去影响更多的人?

A:我总是说,我不是为了做特级校长而做特级校长,我觉得这样可以影响更多的人。是希望用我们自己的魅力,来影响更多的人来关注职业教育。所以我们要请诺贝尔奖得主来,说得实在一点,就是希望可以引起社会更多的关注,让职业教育引起更多人的重视。为什么要开展中小学生的职业体验？实际上也是想让社会各界，包括我们的政府官员，来了解职业教育、关注职业教育，上海职业教育的结构形态已经和过去发生了巨大变化了。职业教育的课程和育人模式，是符合现代青年人的，是现代的学习方式。所以从某种意义上说，我们可能比普通高中向素质教育转型要快得多。

作为我个人来说，手下那么多的人跟着你干职业教育，对于我来说也是一种使命感。很多学校，一个校长退休以后，这个学校就垮下去了。作为一个校长，你是在用思想和梦想来影响学校的师生员工。所以，我喜欢说"让子弹飞一会儿"，对于我来说，我还是想带着激情和理想，带着手下的老师们继续往前冲。

Q：虽然近年来有了很大转变，但坦诚地说，社会对职业教育仍存有偏见。如果让您为职业教育代言，您主要会向社会大众介绍什么？

A：就像我刚才说过的，我希望影响更多有影响力的人。从教育部提出的"职业体验周"，到上海的职业体验的推广，未来还有一些职业体验规定的活动。我倒是想，是不是可以不用强制的介入，而是让学校的孩子们，甚至是社会上的大众，自发地来职业学校进行体验。譬如说让家长来体验。家庭和家长在学生教育成长过程中是非常重要的角色。要改变中国传统文化中"学而优则仕"的思维方法很难，尤其是家长，我们要通过开放，让大家了解职业教育的优势所在，学历高未必是能力强，未必是对社会发展的适应性强。实际上，应该从顶层设计入手，改变目前对于人才的评价方式才是重要的。对于职业教育来说，要让大众了解和认可我们是一个渐变的过程，我们尚需努力。当然，我们现在也有中高、中本的直通车，满足了一部分家长对于接受高等教育的期待。让社会、让家长、让更多初中教师、校长们了解职业教育，特别是上海职业教育的改革到了怎么样一个程度，很有意义。

《上海教育》（改革开放四十周年　我的教育情怀系列）专访

后　记

　　在上海市商贸旅游学校工作的十三年对我来讲是非常宝贵的,不仅让我尽己所能把智慧和汗水倾注在挚爱的教育事业上,也让我对教育、职业教育有了更深的理解,更让我以彻底无畏的态度去追逐自己的梦想! 我永远感激这个优秀的群体! 永远感激商贸旅游学校的各位学生、家长以及支持学校办学的各界朋友! 2007 年 7 月,突然宣布我到商贸旅游学校任校长,面对领导和组织的信任、学校干部和群众的期待,我没有退路。既然接受,就要力争做到最好。总体上说,我是幸运的,能在争取最大的理解和引起最小关注的状态下完成身份变换和转型,殊属不易。回顾这十三年,对我来讲更是个恩赐,有充分的时间来慢慢咀嚼和细细体味很多知识和道理,完成从校园文化到社会文化的适应和超越,来检验和印证书本上的理论、专家们的宏论。

　　这几年,奔走于无休止的忙碌和会议,习惯了掌声和笑脸,也经历了很普遍的煎熬和挣扎,看似春风得意、顺风顺水的我却时常陷入迷茫和困惑之中,内心滋生了不可抑制的再次突破自我的念头。现代世界是一个技术引领的世界,商贸旅游学校要继续在上海职业教育界生存下去,客观化和理性化的"工匠学校"建设就是必由之路,也是从传统走向现代化不可逾越的发展阶段,必须把"匠心文化"贯穿在学校依法治理的全过程、各方面,事关当下和未来。本书从学校设计的角度,重点呈现我对学校转型发展的思考,也算是一家之言。教育是需要理想的,我提出打造"工匠学校""学生喜欢的现代化精致学校",希望摒弃功利主义的思想,回归教育的本源，按照职业教育的办学规律，按照学生可持续发展的需要，建立与现代学校相适应的制度体系，可靠应用、有效执行，形成稳定有序的治理格局。

　　本书也是我参与上海名师工程"高峰计划"的重要内容。在写作期间，得到各方领导的高度重视，也得到许多同事的关心和支持。本书虽然涉及学校工作的各个领域，但并不追求全面涵盖，主要是针对"工匠学校"建设的难点、堵点问题的思考、感悟，以及职业学校如何面向未来的实践行动。写一本书需要思考、耐心和自律，需要更多的头脑和思考渗透进来，为此，征求、借鉴了专业人士、同事、朋友们的建议和智慧，力图具有一定的超越性、创造性，形成自己独特的对"工匠学校""学生喜欢的现代化精致学校"的见解。尤其是这次疫情，少了电话，没了应酬，终于能够享受宁静，脱身诱惑，可以有更多时间进行独立思考、写作与修改。为了使本书前后文在内容、风格上能够连贯统一，对一些已发表的文章也作了较大篇幅的删改。

　　华东师范大学职业教育与成人教育研究所所长徐国庆教授在百忙之中为本书作序；在编辑阶段，上海市教科院杨四耕研究员在阅读了本书草稿后就本书的内容和结构给出了有价值、有深度的建议；华东师范大学出版社对本书做了精心的编校，扮演了不可或缺的角色，在此我向他们表示衷心的感谢。在本书的规划阶段，方方面面的专家也给出了许多有帮助的意见，恕不一一致谢。在此，向所有关心支持上海市商贸旅游学校的有识之士一并致谢。

李小华

2020 年 6 月 15 日

原点教学：提升区域育人质量的策略研究

	978 - 7 - 5760 - 0212 - 6	56.00	2020 年 8 月
聚焦学科核心素养的课堂教学	978 - 7 - 5675 - 8455 - 6	36.00	2018 年 11 月
指向学科核心素养的课堂教学范式	978 - 7 - 5675 - 8671 - 0	54.00	2019 年 6 月

学校课程发展丛书

数学学科课程群	978 - 7 - 5675 - 9445 - 6	58.00	2019 年 8 月
科学学科课程群	978 - 7 - 5675 - 9593 - 4	34.00	2019 年 9 月
核心素养与课程设计	978 - 7 - 5675 - 9462 - 3	46.00	2019 年 9 月
语文学科课程群	978 - 7 - 5675 - 9441 - 8	56.00	2019 年 9 月
品牌培育与学校课程	978 - 7 - 5675 - 9372 - 5	39.00	2019 年 9 月
英语学科课程群	978 - 7 - 5675 - 9575 - 0	39.00	2019 年 10 月
体艺学科课程群	978 - 7 - 5675 - 9594 - 1	34.00	2019 年 10 月

跨学科课程的 20 个创意设计

	978 - 7 - 5675 - 9576 - 7	34.00	2019 年 10 月
学校课程与文化变革	978 - 7 - 5675 - 9343 - 5	52.00	2019 年 10 月

品质课程实验研究丛书

学校课程框架的建构：HOME 课程的旨趣与架构

	978 - 7 - 5675 - 9167 - 7	36.00	2019 年 9 月

聚焦育人目标的课程设计：红棉花季课程的愿景与追求

	978 - 7 - 5675 - 9233 - 9	39.00	2019 年 10 月

核心素养导向的课程设计：花园式课程的文化与聚焦

　　　　　　　　　　　　　　978 - 7 - 5675 - 9037 - 3　　48.00　　2019 年 10 月

学校课程文化的实践脉络：百步梯课程的逻辑与架构

　　　　　　　　　　　　　　978 - 7 - 5675 - 9140 - 0　　48.00　　2019 年 11 月

学校课程发展策略：SMILE 课程的逻辑与深度

　　　　　　　　　　　　　　978 - 7 - 5675 - 9302 - 2　　46.00　　2019 年 12 月

聚焦内涵发展的课程探究：芳香式课程的理念与实施

　　　　　　　　　　　　　　978 - 7 - 5675 - 9509 - 5　　48.00　　2020 年 1 月

以儿童为中心的课程：欢乐谷课程的旨趣与维度

　　　　　　　　　　　　　　978 - 7 - 5675 - 9489 - 0　　45.00　　2020 年 1 月

学校课程体系的建构："小螺号课程"的架构与创生

　　　　　　　　　　　　　　978 - 7 - 5760 - 0445 - 8　　45.00　　2020 年 9 月

特色学校聚焦丛书

每一个孩子都是一棵树　　　　978 - 7 - 5675 - 6978 - 2　　28.00　　2018 年 1 月

教育不是一个人的事："众教育"36 条

　　　　　　　　　　　　　　978 - 7 - 5675 - 7649 - 0　　32.00　　2018 年 8 月

不一样的生命，一样的精彩　　978 - 7 - 5675 - 8675 - 8　　34.00　　2019 年 3 月

童味正醇：特色学校的文化图谱　978 - 7 - 5675 - 8944 - 5　　39.00　　2019 年 8 月

特色普通高中课程建设探索　　978 - 7 - 5675 - 9574 - 3　　34.00　　2019 年 10 月

儿童是天生的探索者：360°科学启蒙教育

　　　　　　　　　　　　　　978 - 7 - 5675 - 9273 - 5　　36.00　　2020 年 2 月

做精神灿烂的教师：教师自我成长的 5 个密码

　　　　　　　　　　　　　　978 - 7 - 5760 - 0367 - 3　　34.00　　2020 年 7 月

让教育温暖而芬芳   978 - 7 - 5760 - 0537 - 0 36.00 2020 年 9 月

跨学科课程丛书

大情境课程：主题设计与创意评价

        978 - 7 - 5760 - 0210 - 2 44.00 2020 年 5 月

社会参与素养的培育模型与干预机制

        978 - 7 - 5760 - 0211 - 9 36.00 2020 年 5 月

大概念课程：幼儿园特色主题活动设计

        978 - 7 - 5760 - 0656 - 8 52.00 2020 年 8 月

核心素养导向的课堂教学丛书

漾着诗性智慧的课堂教学 978 - 7 - 5675 - 9308 - 4 39.00 2019 年 7 月

转识成智的课堂教学：核心素养导向的历史教学

        978 - 7 - 5760 - 0164 - 8 40.00 2020 年 5 月

学导式教学：学会学习的教学范式

        978 - 7 - 5760 - 0278 - 2 42.00 2020 年 7 月